国家社科基金项目
大连理工大学人文与社会科学学部出版基金资助

《左传》篇章零形回指研究

殷国光　华建光　刘文霞　郑路　著

创于1897
商务印书馆
The Commercial Press

图书在版编目(CIP)数据

《左传》篇章零形回指研究 / 殷国光等著. —北京：商务印书馆，2020
ISBN 978-7-100-19032-9

Ⅰ. ①左… Ⅱ. ①殷… Ⅲ. ①中国历史—春秋时代—编年体 ②《左传》—研究 Ⅳ. ①K225.04

中国版本图书馆 CIP 数据核字(2020)第 175363 号

ZUŎZHUÀN PIĀNZHĀNG LÍNGXÍNG HUÍZHǏ YÁNJIŪ
《左传》篇章零形回指研究
殷国光 华建光 刘文霞 郑路 著

商 务 印 书 馆 出 版
(北京王府井大街 36 号 邮政编码 100710)
商 务 印 书 馆 发 行
北京虎彩文化传播有限公司印刷
ISBN 978-7-100-19032-9

2020 年 11 月第 1 版 开本 880×1230 1/32
2020 年 11 月北京第 1 次印刷 印张 9⅜
定价：48.00 元

目　　录

图表索引

第 1 章　绪论

本章主要通过讨论回指的界定和分类来确定本文的研究对象——篇章零形回指(1.1 和 1.2),进而简述以《左传》作为专书来研究上古汉语篇章零形回指的意义(1.3),最后条列本文所要研究的基本内容及相关的研究方法和技术路线(1.4)。

1.1　回指的界定和分类

1.1.1　回指的界定

回指(Anaphora)是篇章衔接(Cohesion)的重要手段,与篇章生成与理解密切相关,备受语言学、哲学、心理学、翻译学、认知科学、人工智能等领域学者的关注。根据克里斯特尔(Crystal,1997)和许余龙(2004:1),回指指的是如下的语言现象:当篇章中先后出现的两个表达式共同指涉同一对象(主要是实体)时,其中一个表达式需要依赖另一指称成分才能完成释义和确定所指对象。前者可称为回指语(Anaphor),后者称为先行语(Antecedent),两者共同指涉的对象则称为回指对象。

回指有广、狭之分。广义上讲,凡是具有回指功能的词语或语言片段都可以称为回指,具体可以分为名词性回指、动词性回指、形容词性回指、副词性回指以及小句回指。其中名词性回指最为典型常见,因而狭义的回指仅指名词性回指。本文研究的是狭义回指,偶尔会涉及小句回指。

就狭义回指而言,按照回指对象是否在篇章中出现,回指可以分为内指和外指:前者的回指对象存在于篇章语境之内;后者的回指对象处于篇章之外,其识解强烈依赖言语语境乃至百科全书知识。两者之中,内指是回指的主流现象。本文所言的回指,不做特别说明时均为内指。

1.1.2 回指的分类

回指的分类标准很多,既可以根据回指语的形式和句法位置来分类,也可以根据先行语的形式、语义特征、句法位置来分类,还可以根据回指语与先行语的关系来分类。

1.1.2.1 以回指语为标准

按照回指语的形式,回指可以大致分为名词回指(Fully lexical NP anaphora)、代词回指(Pronominalized form anaphora)和零形回指(Zero form anaphora)。按照回指语的句法位置,则可以分为主语回指、兼语回指、宾语回指、定语回指等。本文主要研究主语回指和兼语回指。

1.1.2.2 以先行语为标准

按照先行语的形式,回指则可以大致分为回指名词类、回指代词类和回指零形式类;按照先行语的句法位置,又可以分为回指主语类、回指宾语类、回指定语类等。本文只考察回指主语(兼语)类。

1.1.2.3　以回指语与先行语的关系为标准

在篇章中，先行语和回指语在序列先后、距离远近和语义关系上呈现出多种变化，因而可以分别从这三个角度对回指进行次类划分。

首先，按照先行语和回指语在篇章中的先后关系（即回指方向）可分为以下两类：大多数情形是先行语先于回指语出现，回指方向是由后向前，即我们通常所说的回指；极少数情形是先行语后于回指语，回指方向由前向后，学界一般称之为前指（Cataphora，又译为"反指""下指""预指"等），是极其边缘的现象，用例颇少，本文暂不做研究。

其次，按照先行语和回指语的篇章距离，可分为句内回指（Sentential anaphora）和篇章回指（Discourse anaphora）：前者回指语与其先行语处于同一小句；后者回指语与其先行语处于不同的小句，按照间隔小句的数量，又可以进一步细分为近距离篇章回指和远距离篇章回指。

最后，按照先行语和回指语的语义关系，可分为直接回指和间接回指（也称联想回指）：在直接回指中，先行语和回指语所指对象完全相同；在间接回指中，先行语的语义会激活一个包含回指语所指对象的语义框架，但先行语本身不与回指语直接发生同指关系。两者之中，直接回指更为常见，属于本文的主要研究对象；间接回指的详细讨论见 5.1.1。

1.2　篇章零形回指

1.2.1　篇章零形回指的定义

根据上文对各种回指的界定，所谓篇章零形回指（Zero discourse anaphora,ZDA),指的是回指语采取零形式且与先行语分属不同篇章小句的回指现象。具体到本文来说,只研究其中回指语处于主语和兼语位置且回指语后于先行语的用例,例如:①

(1)1 初,[公]i 筑[台]j,2Φi 临[党氏]k,3Φi 见[孟任]l,4Φi 从[之]l。(庄 32.4)

(2)1 初,[祭封人仲足]i 有宠于[庄公]j,2[庄公]j 使 Φi 为卿。(桓 11.3)

例(1)共有 4 个篇章小句,除第 1 句外,其余 3 句均存在回指。其中第 2、3、4 句的主语均采用零形式,其先行语均为"公",属于本文的研究对象。第 4 句宾语位置的"之",其先行语是第 3 句的"孟任",属于宾语位置的篇章代词性回指,不属于本文的研究对象。同理,例(2)第 2 句"使"字后的兼语位置存在零形回指,属于本文的研究对象;而该句主语位置上的"庄公"则为名词性回指,故不属于本文的研究对象。

1.2.2 篇章零形回指与省略的关系

"省略"有多种定义,其中最具代表性的是吕叔湘先生的说法。他在《汉语语法分析问题》(1979:67—68)中说:"如果一句话离开了上下文或者说话的环境意思就不清楚,必须添补一定的词语才清楚;第二,经过添补的话是实际上可以有的,并且添补的词语只

① 凡引用《左传》文句,均按照杨伯峻(2009)的分章来标注出处,如"庄 32.4"表示该例见于杨注本庄公三十二年第四则(章)。所引用例子中,[ ]表示指称成分,Φ 表示零形式,小写字母 i、j、k 等表示指称成分之间的共指或异指关系,同标为共指,异标则为异指。阿拉伯数字 1、2、3、4 等表示小句的序号。

有一种可能,这样才能说明是省略了这个词语。否则只能说是隐含。"这一界定着眼于省略与隐含的区别:前者可以补出而且必须补出,且只能有一种补出方式;后者不能补出或者不必补出,即使可以补出,其方式也不止一种。这一界定下的省略与本文所言的零形回指,在所指范围上大体相当。

本文之所以未采用"省略"而选用"零形回指"这一术语,主要是因为零形回指研究在研究旨趣上与传统省略研究存在着极其重要的区别:

首先,在研究目标上,"省略"研究关注所省略成分的补回,侧重的是静态的果;而"零形回指"研究则更关注找回省略成分的具体机制,侧重的是动态的因。

其次,在省略功能的认识上,"省略"研究关注的是"省略"的简洁性,而"零形回指"研究关注的则是省略的篇章衔接功能、话题凸显功能、记忆存取功能及社会交际功能。

最后,在研究方法上,"省略"研究主要是对比与"隐含"的区别,具体分类一般止于承上、蒙后之分,大致还是属于句法层面的静态分析;而"零形回指"研究则主要是对比与名词回指、代词回指的区别,进而在篇章生成与理解的大背景下分析各种回指形式的选用机制,属于篇章层面的动态分析。

1.3　为何要研究《左传》篇章零形回指

为何要研究《左传》篇章零形回指?这个问题可以进一步分解为两个小问题:一是在上古汉语篇章回指研究中,为何要选择零形回指,而非代词回指或者名词回指;二是在对上古汉语篇章零形回指进行研究时,为何要选取专书形式,并且该专书要选择《左传》。下面分别加以简要说明。

1.3.1 为何要研究上古汉语的篇章零形回指

我们之所以要选择研究上古汉语的篇章零形回指,原因主要有三:

首先,很多句法现象必须借助篇章零形回指来加以解释。吕叔湘(1984:445)早已指出:"汉语的句法分析之所以比印欧语系语言困难,原因之一就在于汉语隐藏和省略的部分太多。"而我们在研究动词配价时也发现,语义角色的句法隐现无法单纯通过句法分析来解释,必须充分考虑篇章零形回指的总体机制。

其次,综观汉语篇章回指成果,明显呈现出两个不平衡性:一方面,古汉语篇章零形回指的研究成果远远少于现代汉语(详见第3章综述部分);另一方面,零形回指的研究成果明显少于代词回指。因此,上古汉语篇章零形回指仍属于刚刚起步的研究领域,基本面貌尚不清楚,很多研究议题尚待展开,迫切需要专门加以描写和分析。

最后,与现代汉语及现代英语相比,上古汉语篇章回指系统的一大特点就是缺乏第三人称代词回指系统——尤其是主语位置,使用代词来回指说者、听者之外篇章实体的现象相当罕见。相应地,许多其他语言需要用第三人称代词来承担的回指功能,在上古汉语回指系统中则分别由零形回指和名词回指来分担,而且主要是由前者来承担。因此,对上古汉语篇章零形回指加以充分细致的研究,有望揭示出该回指系统的一些有价值的特点,从而为检验、补充和修正当下各种回指理论提供一些难得的语言实例。

1.3.2 为何要选取《左传》专书这一研究形式

我们之所以选择专书研究的形式，主要是因为上古汉语各文献在时代、地域、语体上都有差异，只有对各专书篇章零形回指分别加以研究之后，才有可能进行更大规模的对比研究。

至于为何选择《左传》这一专书，主要是基于以下两点考虑：一是《左传》中各种语体风格的篇章——不管是独白还是对话，不管是长篇叙事还是大段议论——都很常见，因而可以完整展现上古汉语篇章零形回指的基本面貌；二是《左传》篇幅比较大，篇章零形回指用例相当多，为量化统计的运用提供了足够大的样本量。

1.4 《左传》篇章零形回指的研究方法

理论选择应以语言事实为依据。具体语言现象既是理论的出发点，往往也是它的归宿。（陈平，2006）基于此立场，我们采取了局部试验的研究方法，先检验当下各种篇章零形回指分析理论的适用性。具体来说，我们先根据对《隐公》语料的全面量化分析来检验话题连续性理论（以 Givón［1983］为代表）、可及性理论（以 Ariel［1988，1994］为代表）和层级结构理论（以 Man & Thompson［1986，1987］、Fox［1987］、陈平［1987］、徐赳赳［1999，2003］等为代表）的适用性。考察结果表明，单纯依据上述任何一种篇章回指理论都难以完全解释《左传·隐公》中的零形回指现象，因而需要修正和补充现有的篇章回指理论。最终，我们确定研究《左传》篇章零形回指的理论框架应当以话题连续性理论为基础，同时吸收可及性理论中的显著性因素和层级理论中的话语层级作为补充，话题连续性的测量应基于话语所处的层级，篇章零形回指的分析应结合语篇中存在的话语语义信息。（第4章）

目前，句法学和篇章学已经逐渐呈现交融之势，一方面句法学研究者发现很多句法现象只有借助篇章学研究才能得以完满解释，另一方面篇章学研究者则注意到脱离句法学研究的篇章分析容易流于主观和支离。因此，无论是从事句法学还是篇章学研究，都应该致力于句法与篇章的结合。基于此立场，我们在研究《左传》篇章零形回指时，将以动词配价这一句法理论为基础。具体来说，动词配价理论的基础作用体现在以下三个方面：根据动词配价确定所考察小句是否存在零形回指，从而使零形回指的判定有了一个客观可行的依据；根据谓语核心动词的语义来确定回指对象的语义角色，进而推导出回指对象的部分语义特征（如[述人][有生][男/女][单数/复数][等级高/等级低]等），从而为初步筛选先行语提供了最基本的语义线索；在对潜在回指对象进行优选过程时，需要充分利用动词配价信息来确定该小句之内各论元之间的指称关系以及该小句论元和邻近小句论元之间的指称关系，从而在全面确定各种指称关系的大背景下解决零形回指释义问题。（第4章和第7章）

语言解释必须以详尽的语言描写作为基础。因此，我们在对语料进行多层次多角度标注之后，穷尽性量化统计了《左传》篇章零形回指的分布情况，具体包括指称距离、潜在干扰、先行语句法位置和形式、延续性等各种参数，在此基础上分析和探讨《左传》零形回指的基本规律。（第5章和第6章）

为了揭示《左传》零形回指的特点，我们又进而采取了比较研究法：一方面将《左传》篇章零形回指与名词回指、代词回指进行对比（限于部分选篇），由此来捕捉零形回指不同于其他两种回指形式的特点；另一方面将《左传》篇章零形回指与现代汉语的篇章零形回指进行对比，由此来揭示两者的异同。在此基础上，我们构建了《左传》篇章零形回指选用模型。我们还进一步在功能语言学框架内探讨了篇章零形回指的概念功能、语篇功能和人际功能。（第9章）

此外，基于现代语言学理论应与传统训诂学相结合的认识，我们一方面在解读各用例时都注意充分吸收传统训诂学（尤其是《杜注》《孔疏》及清人《左传》考订笔记）的解释，从而最大限度地保证自己的解读有凭有据，另一方面反过来根据总结出的篇章零形回指规律，结合句法学和词义学分析方法来尝试解决那些纷争已久的篇章零形回指歧解用例。（第8章）

第2章　基本概念及标注符号

本章将界定本文的基本概念，具体分为语篇理论概念（2.1）和配价理论概念（2.2）两部分，其中回指、先行语、回指对象三个基本概念在上一章有所涉及，本章将加以补充说明。最后，本章将结合语篇实例给出本文的标注符号（2.3）。

2.1　语篇理论基本概念

语篇理论部分，我们主要讨论语篇结构单位（即语篇、语段、篇章小句）、语篇结构（只讨论其中的修辞结构），以及与回指分析密切相关的三组概念。

下面依次对上述概念加以界定。

2.1.1　语篇

语篇（篇章）研究面对的研究对象首先是一个个相对独立的语篇。这些语篇如何切分？需要哪些语篇结构单位？这些结构单位之间的区别和联系又是什么？所有这些都是语篇研究首先需要加以处理的问题。对此，徐赳赳（2010）将语篇结构单位分为四个层次，即：小句、复句、段落、篇章。这一划分适用于分析现代汉语语篇,因为现代汉语书面文献都有作者添加的新式标点,并且还有作者根据语义划分的自然段。

但这一划分并不完全适用于古代汉语研究。众所周知,上古文献本身既没有标点,又没有段落,因而一方面难以按照自然段落来考察《左传》语篇,另一方面又难以区分清楚单句和复句。语篇完全由阅读者根据自己的理解来"离章辨句",结果虽有今人标点本,但各家在断句、分段方面仍存在不小的差异,很难做出取舍。更甚者,即使是同一标点本,语篇中相似文本内容的断句和段落划分也不尽相同。鉴于以上认识,本文主张将语篇结构单位划分为三种,即:语篇、语段和小句。这一处理保留了语篇(即篇章)和小句,取消了段落和复句,代之以语段。本节及 2.1.2 和 2.1.3 将依次对语篇、语段和小句这三个单位进行界定,其中小句的界定最为复杂,与徐文也有一些明显差异。

所谓语篇(Text),指说话者为实现一个完整交际意图所构建的语义上连贯的言语产品。这些语篇按照载体形式可以分为口头篇章和书面篇章。有些学者(如 Coulthard,1985)为了区分这两种形式,特意将前者称为 Discourse(话语),后者称为 Text(文本);本文不做这一区分,统称为语篇。按照体裁,语篇可以分为对话体和独白体,前者具体又可以分为日常会话体、辩论体、新闻采访体等次类;后者可分为叙事体、评说体、说明体等次类。《左传》语篇大多为叙事体,所以本文所言的篇章零形回指规律主要反映的是叙事体篇章的特点。不过,《左传》中也有一部分评说体和对话体,例如:

(1)君子曰:"宋宣公可谓知人矣。立穆公,其子享之,命以义夫!《商颂》曰:'殷受命咸宜,百禄是荷。'其是之谓乎!"(隐 3.5)

(2)季康子使冉有谓之曰:“千乘之国,不信其盟,而信子之言,子何辱焉?”对曰:“鲁有事于小邾,不敢问故,死其城下可也。彼不臣,而济其言,是义之也,由弗能。”(哀14.2)

例(1)为独白体中的评说体,例(2)为对话体。Fox(1987)的研究表明,英语口头形式的日常会话(属于对话体)与书面形式的说明体(属于独白体)在回指使用上有明显差异。有鉴于此,本文在研究中也会适当对比这两种语体与叙事体,这部分研究主要体现在第9章零形回指选用机制的具体分析之中。

语篇是篇章研究的最大单位,与言语情境直接相连,能成功实施一个完整的言语行为。具体到《左传》,大多数语篇都是为解《春秋经》而作;因此,我们以《春秋经》条目为依据,将解释不同经文条目的传文划分为不同的语篇。当然,这其中有一部分传文本来连属,只因解经需要而人为割裂;对于这一类传文,我们均根据杨伯峻的看法来加以整合。通过上述操作,我们就可以得到《左传》所有的语篇。

2.1.2 语段

《左传》绝大多数语篇都包含一个以上篇章小句(Utterance,以下简称为小句,记作U,具体定义详见2.1.3),仅个别语篇只有一个小句,例如:

(3)1 四年春,卫州吁弑桓公而立。(隐4.1)

(4)1[武氏子来求赙]i,2Φi 王未葬也。(隐3.4)

(5)1 二年春,[公]i 会戎于潜,2Φi 修惠公之好也。3 戎请盟,4 公辞。(隐2.1)

例(3)之类的语篇只有1个小句,自然不存在篇章层面的零形回指现象,故而不属于本文的研究对象。例(4)的语篇含有两个小句,例(5)的语篇含有4个小句,两者均含有篇章层面的零形回指。就例(4)的语篇而言,只需借助小句这一概念就可以加以描述;但对于例(5)的语篇,则并非由4个小句直接组成,而是前两个小句先组合,同时后两个小句进行组合,然后这两个小句组合体再进而组合成整个语篇。显然,面对例(5)这样的语篇,我们还需要一个术语来指称介于单个小句与整体语篇之间的过渡性单位,这就是语段(Segment)。

有了语段这个概念,我们就可以说,语篇只有两种实现方式:要么由单个小句而来,要么由语段而来。而语段则只是小句的加长版,因而由小句至语段只是量变。在这一界定之下,三者的关系可以简单图示如下:

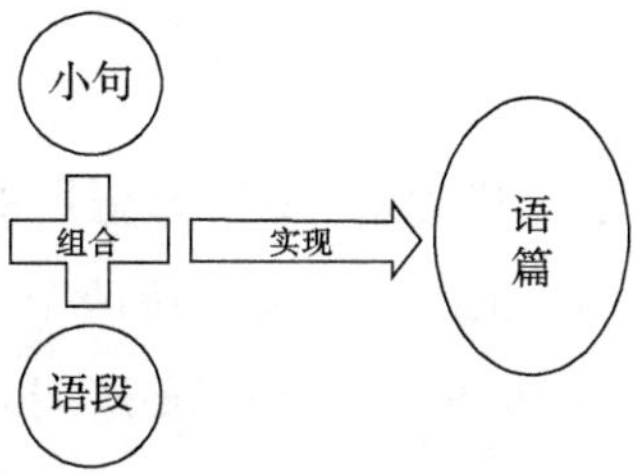

图2-1　小句、语段、语篇关系示意图

语段可以由下至上通过归并小句逐级得到。一般来说,表述一个中心意思的一组小句可归并为一个语段,如篇章中记述同一人物、同一事件的一组小句。如例(5)第1句和第2句(分别记作U1和U2,下同)说的是"会面",可以归并为一个基础语段;U3和U4说的是"约盟",也可以归并为一个基础语段。这两个基础语段分属二事,但所涉及的人物却相同,所以进一步又可以归并为一个更大的语段,最终由该语段实现为语篇。

语段也可以由上至下通过切分篇章逐级得到。首先,话题链中断与否是语段分界的最重要标志。例如:

(6)1[大叔]i 完、聚,2Φi 缮甲、兵,3Φi 具卒乘,4Φi 将袭郑,5 夫人将启[之]i。6[公]j 闻其期,7Φi 曰:"可矣。"8Φj 命子封帅车二百乘以伐京。(隐 1.4)

该例 U1—5 句的话题是大叔,U6—8 句的话题是庄公,U5 和 U6 之间发生了话题转换,因而可将此处作为两大语段的分界线。

其次,时空转换处也可作为语段分界标志。例如:

(7)初,郑武公娶于申,曰武姜。生庄公及共叔段。庄公寤生,惊姜氏,故名曰寤生,遂恶之,爱共叔段,欲立之,亟请于武公,公弗许。及庄公即位,为之请制。公曰:"制,严邑也。虢叔死焉。佗邑唯命。"请京,使居之,谓之京城大叔。(隐 1.4)

该例"及庄公即位"与"初"相对,是两大语段的分界标志:之前说的是武公在位时的事情,主题是庄姜对待两个儿子的不同态度;之后说的是庄公在位时的事情,主题是庄姜屡屡为共叔段争取封邑。

此外,语体改变与否也是识别语段分界的重要手段,具体可分为以下两种情况。

第一种情况是叙述语中独白语和对话语的区分。《左传》语篇中,直接引语引述话题参与者言说的内容,这些内容与语篇中叙述人物行为、事件的叙事语不同,分处不同层级。《左传》中直接引语的典型标记就是"曰""谓"等言说动词,因此这些动词可作为不同语体的分界点。例如:

(8)1[州吁]i 未能和其民,2[厚]j 问定君于[石子]k。3[石子]k 曰:“4 王觐为可。”5Φj 曰:“6 何以得觐?” 7Φk 曰:“8 陈桓公方有宠于王。9 陈、卫方睦,10 若朝陈使请,11 必可得也。”12[厚]j 从[州吁]i 如陈。(隐 4.5)

U4、6、8、9、10、11 为直接引语,属于同一个语段,这一语段嵌入由 U1、2、3、5、7、12 构成的更高一级的叙事语语段。

第二种情况是评说语与叙述语的区分。《左传》语篇在记述历史事件的同时,一些语句或对语篇刚刚叙述的人物或事件进行评价,或对语篇中与人物、事件有关的原因、结果进行补充、说明或解释,我们把这些语句统称为评说语。评说语属于“节外生枝”的内容,与叙述语分属不同话语层面,因而分属不同的语篇层级。《左传》中评说性语句的典型特征是,小句述谓核心语一般是“书”“称”“曰”“言”等表示评价、言说义的动词。这些评说语在语篇中的位置可分为两种:或者是在叙述语后,处于结语位置;或者是夹在叙述语之间,处于插入语位置。例如(划线部分为评说语):

(9)夏四月,费伯率师城郎。不书,非公命也。(隐 1.3)

(10)公伐诸鄢。五月辛丑,大叔出奔共。书曰:“郑伯克段于鄢”。段不弟,故不言弟,如二君,故曰克。称郑伯,讥失教也。谓之郑志。不言出奔,难之也。遂置姜氏于城颍,而誓之曰:“不及黄泉,无相见也。”既而悔之。(隐 1.4)

(11)齐为庆氏之难故,甲申晦,齐侯使士华免以戈杀国佐于内宫之朝。师逃于夫人之宫。书曰“齐杀其大夫国佐”,弃命、专杀、以穀叛故也。使清人杀国胜。(成 18.2)

例(9)评说语为结语,例(10)(11)评说语则为插入语。拿例(10)来说,此例从“书曰”到“难之也”属于插叙语句,交代《春秋经》何以用"郑伯克段于鄢"这样的言辞记述郑国庄公兄弟之间发生的一场战争，插叙语句与其前后叙述的庄公讨伐共叔段和庄公软禁母亲等内容分属不同的语篇层级。这类插入性质的语段无论在结构还是意义上都有很大的独立性，必要的时候可以单独离析出来作为独立语篇来加以研究。比如，《左传》中以"君子曰"引出的评说语段，可以归总在一起，作为评说语篇的样本，以与叙事语体语篇进行对比研究（详见第9章）。

2.1.3 篇章小句

篇章小句（Utterance）是《左传》篇章回指研究中的基础单位，它关涉到篇章零形回指的确定及指称距离的计算。本文认为，典型的篇章小句应该具备以下三个特征：

语音上：前后自成一读，被语音停顿隔开；

功能上：具有表述性，至少含有一个主谓结构；

结构上：具有句法独立性，不作为其他句法结构的成分。

其中，结构标准和功能标准都是必要条件。违反其中一条，即不视为篇章小句。例如：

（12）公入而赋："大隧之中，其乐也融融。"姜出而赋："大隧之外，其乐也泄泄。"（隐1.4）

（13）郑良佐如陈莅盟，亦知陈之将乱也。（隐7.6）

（14）四者之来，宠禄过也。（隐3.7）

（15）惠公之薨也，有宋师。（隐1.9）

（16）费伯帅师城郎。（隐1.3）

（17）公闻其期，曰："可矣。"命子封帅车二百乘以伐京。（隐1.4）

例（12）划线部分虽前后都有停顿，但不具有表述性，也不具有句法独立性(只作更大句法结构的状语),所以不视为篇章小句。例(13)划线部分虽有表述功能,但整体作“知”的宾语,不具有句法独立性,所以不视为篇章小句。例(14)和(15)划线部分为“主之谓”结构,该部分虽有表述功能,且前后都有停顿,但分别作主语和时间状语,不具有句法独立性,所以仍不视为篇章小句。例(16)和(17)为兼语句,其中的“城郎”和“帅车二百乘以伐京”虽具有表述功能,但结构上不具有独立性,所以不能视为篇章小句,故而整个兼语句处理为一个篇章小句。这一处理不同于徐赳赳(2003),因为徐文只以主谓结构作为小句界定的标准,并未考虑结构独立这一要求。

显然,只符合功能标准的言语单位就是句法学中的小句(Clause)。而加上结构标准,则可以先将那些非独立的句法小句排除在篇章小句之外。那么,是不是独立的句法小句就是篇章小句了呢?也不全是。因为我们的篇章小句定义还考虑了语音标准。比较:

(18)1 燕人畏郑三军,2 而不虞制人。(隐 5.4)

(19)1 戎轻而不整……(隐 9.6)

(20)1 许无刑/而 2(郑庄公)伐之……(隐 11.4)

以上 3 句都含有连词“而”,构成“VP1 而 VP2”格式,其中例(18)和(19)的 VP1 和 VP2 均陈述同一个对象,例(20)则分别陈述不同的对象;例(19)和例(20)VP1 和“而”之间均没有停顿,例(18)则有停顿。对于这些“而”字句,我们的处理方式是:VP1 和 VP2 所述对象不同时,则“而”字句不管是否有停顿,均处理为两个篇章小句,即完全按照结构标准和功能标准来加确定;而当

VP1 和 VP2 所述对象相同时，则需要考虑语音标准，VP1 和“而”之间有停顿者切分为两个篇章小句（以“/”标识），无停顿者处理为一个篇章小句。

上述“而”字句的处理方式当然适用于所有含有“连词”的言语片段（如例 21 和 22 的“则”字句），此外还可以推广到没有连词的紧缩复句（如例 23 和 24）以及连动句（如例 25）：

（21）1［绞］i 小而轻，2 Φi 轻则寡谋。（桓 12.3）

（22）1 凡诸侯同盟，2 于是称名。3 故 Φi 薨/则 4Φj 赴以名。（隐 7.1）

（23）1 彼竭/2 我盈。（庄 10.1）

（24）1 君退/2 臣犯。（僖 28.3）

（25）1 陈五父如郑莅盟，2 歃如忘。（隐 7.6）

当然，停顿与否很难有一个绝对合理的标准。目前，我们的处理方式是，VP1 和 VP2 相加总音节数（不含 VP1 之前的主语）超过四个则判定为 VP1 和 VP2 之间有停顿。

既然考虑了语音标准，当某句子成分特别长时，就可考虑将该句子成分处理为独立的篇章小句，甚至处理为语段。这主要发生在谓语动词为言语动词和心理动词之时。例如：

（26）楚屈瑕伐罗，斗伯比送之。还，谓其御曰：“莫敖必败，举趾高，心不固矣。”（桓 13.1）

（27）吾闻之：国将兴，听于民，将亡，听于神。神，聪明正直而壹者也。依人而行。（庄 32.3）

（28）初，臼季使，过冀，见冀缺耨，其妻馌之，敬，相待如宾。（僖 33.6）

（29）晋侯梦大厉，被发及地，搏膺而踊，曰：“杀余孙，不义。余得

请于帝矣!”坏大门及寝门而入。(成10.4)

例(26—29)“曰”“闻”“见”“梦”的宾语成分都不止一个句法小句。若根据结构独立性原则,这些动词后的宾语部分只能视为篇章小句的一个部分,这显然极不妥当。对于这类用例,我们采取的处理方式是,将这些宾语视为另一层面的述说,与主句的表达构成嵌入关系。以例(28)来说,可分析如下:

(28’)1初,臼季使,2过冀,3见X:4冀缺耨,5其妻馌之,6敬,7相待如宾。(僖33.6)

其中U4—7构成一语段,与U3为详述关系;接着U3—7构成的语段再与U1、U2构成顺承关系。

2.1.4　修辞结构

根据上述界定来看,语篇结构一方面具有层级性,并非线性小句的简单加合;另一方面具有递归性,语篇成分之间的语义关系可以不断重复使用。因此,在语篇结构描述和分析时,我们必须充分彰显和把握语篇的这两个特征。为此,我们采取了修辞结构理论(Rhetorical Structure Theory,简称RST),该理论由Man & Thmopson(1986,1987)创立,利用多种修辞关系将传递完整意义的语篇单元有机地组织在一起,因而可以用来描写自然语篇结构。由于语篇结构反映了作者对关系结构类型及其表现形式的选择,因而称之为修辞结构。

根据该理论,语篇的最小单位是命题,一般表现为小句;语篇一般由命题组组成,这些命题组具有内在的修辞结构,其中大多数修辞结构具有不对称关系,包含一个核心部分(Nucleus)和一个或多个附属部分(Adjunct),如背景、条件、让步、原因/目的、问答等,只有并列、列举、顺承等少数修辞结构为多核心构造。这些修辞结构具有递归性,从小句连接到语篇本身,所有的层级都共享一套相同的关系模式。例如:

(30)1 羽父请以师会之,2 公弗许,3 固请而行。(隐 4.4)

(31)1 凡诸侯薨于朝、会,2 加一等;3 死王事,4 加二等。5 于是有以衮殓。(僖 4.4)

(32)1 四月,郑人侵卫牧,2 以报东门之役。3 卫人以燕师伐郑,4 郑祭足、原繁、泄驾以三军军其前,5 使曼伯与子元潜军军其后。6 燕人畏郑三军,7 而不虞制人。8 六月,郑二公子以制人败燕师于北制。(隐 5.4)

例(30)三句组合成一个语段,修辞结构为顺承,有三个核心。例(31)U1 和 U2、U3 和 U4 分别构成条件关系语段,两个条件关系语段并列,并与 U5 结合,形成更高层次的因果关系语段。例(32)U1 和 U2 组合一个语段(甲),后者为原因/目的,属于附加成分;U4 和 U5 组成一个语段(乙),为并列关系,均为核心;U6 和 U7 组成一个语段(丙),为对比关系,后一句为核心;语段甲、乙、丙与 U3、U8 一起构成一个更大的顺承语段,四者均为核心。

2.1.5 先行语、回指对象

2.1.1—2.1.4 已经界定了语篇结构单位和修辞结构。本节开始界定与回指分析密切相关的一组概念——先行语和回指对象;接下来两个小节(2.1.6—2.1.7)则介绍另外两组概念——指称距离、潜在干扰项和潜在先行语;话题、话题链、指称链和话题延续性。

先行语(也有学者称为先行词[①])指篇章语境中与回指语所指内容相同、或隐含回指语的所指、担任一定句法成分的表达式。这些表达式一般采用的是词语形式,但有时也可以是小句或小句组合。回指对象则指先行语和回指语共同指向的语篇实体,两者的根本区别在于:回指对象着眼于语义,先行语则着眼于语形。例如:

(33)夏,郑子人来寻盟,Φ且修曹之会。(桓14.2)

(34)初,郑武公娶于申,Φ曰武姜……。(隐1.4)

(35)伯棼射王,Φ汰辀,Φ及鼓跗,Φ着于丁宁。(宣4.3)

(36)冬,宋人以诸侯伐郑,Φ报宋之战也。(桓14.4)

例(33)小句"且修曹之会"中的零形主语与紧邻前句主语"郑子人"所指相同,因而其先行语为名词语"郑子人",回指对象则为[郑子人],回指语和先行语的所指相同。例(34)小句"曰武姜"的主语采用零形回指形式,回指对象为武公所娶之妇,为"娶"的隐含受事,因此其先行语为动词"娶",隐含回指对象,回指语和先行语的所指不完全相同,这类回指属于间接回指,其先行语有些文献(如徐赳赳,2010)称为触发词。例(35)也属于间接回指,回指对象为[箭矢],先行语为动词"射"。例(36)小句"报宋之战也"属于评说句,评述前文所述事件,其句首主语采用零形回指形式,零形回指的先行语为小句"冬,宋人以诸侯伐郑",回指对象为宋伐郑这一事件。

① 鉴于《左传》零形回指的先行词不限于词语,故本文选择先行语这一称谓。

2.1.6 指称距离、潜在干扰项、潜在先行语

指称距离(Referenal distance,又称为回指距离)指回指语所在小句与先行语所在小句之间间隔小句的数量。(Givón,1983)两个小句紧邻时,指称距离为1,间隔一个小句,指称距离为2,其余以此类推。

潜在干扰项(Potential reference)指回指语所在小句回推至先行语所在小句这一片语段中出现的可竞争作为先行语的指称形式(一般是名词语形式),不包括先行语本身。"潜在干扰项"需要满足三个条件:第一,采取非零形式;第二,出现在由回指语所在小句至先行语所在小句的语段内;第二,回指语所在小句谓语动词的词义选择特征(如[述人][生命][施事性],等等)和论元选择要求(如体词性宾语、小句宾语,等等)不能排除其作为先行语的可能性。① 若潜在干扰项为0,则干扰值为0,若潜在干扰项为1,则干扰值为1,其余以此类推。

至于潜在先行语(Potential antecedent),则指回指语所在小句回推至先行语所在小句这一片语段中出现的符合回指语所在小句谓语动词"语义-句法"要求的所有指称形式,简言之即潜在干扰项与先行语之和。

下面举例加以说明。例如:

(37)夏,莒人入向,Φ以姜氏还。(隐2.2)

(38)惠公元妃孟子。孟子卒,Φ继室以声子。(隐1.1)

① 这三条与陈平(1986)提出的确定潜在干扰项的三条标准有细微差别,详见殷国光等(2013)。

(39)羽父请以师会之,公弗许,Φ固请而行。(隐4.4)

例(37)Φ的先行语为邻近小句的"莒人",指称距离为1;地点名词"向"不符合"还"的语义要求[+生命],故而潜在干扰项为0;潜在先行语为1。例(38)Φ的谓语动词"继室"要求回指对象具有[+生命][+男性]的语义特征,其前可竞争作为先行语的名词语有两个:惠公和孟子。其中,"惠公"和"继室"的语义要求兼容,而"孟子"的所指为女性,且已卒,不能满足"继室"的语义要求,所以不能视为潜在干扰。因此,该例Φ的先行语"惠公",潜在干扰值为0。例(39)Φ的先行语为"羽父",指称距离为2;"羽父""师""公""之"四个指称形式均满足"请、行"的"语义-句法"要求,所以潜在先行语为4,潜在干扰则为3(即除去先行语"羽父")。

需要着重指出的是,Givón(1983)指称距离计量法依照的是语篇中小句的线性排列。这一点需要加以改进,因为语篇并非简单的线性组合,而是具有层级的话语组织,因而指称距离的测量亦不能简单地以话语的线性排列为依据,而应基于话语层级测量回指语与其先行语之间的间隔(殷国光、刘文霞,2009)。比较:

(40)公伐诸鄢。五月辛丑,大叔出奔共。书曰"郑伯克段于鄢。"段不弟,故不言弟。如二君,故曰克。称郑伯,讥失教也:谓之郑志。不言出奔,难之也。Φ遂置姜氏于城颍。(隐1.4)

此例Φ的先行语为段首的"公",两者所在小句之间间隔11个小句,若按照线性距离计算则指称距离为12。但若考虑语篇层级,则从"书曰"至"难之也"11个小句都属于插叙,补充说明《春秋经》记事的体例及其原则,与回指语、先行语处于不同的语篇层级,因而计算指称距离时可不考虑,如是指称距离则为2,只间隔了"五月辛丑,大叔出奔共”这一小句。显然,基于语篇层级测量指称距离,既符合语篇的实际情形,还可以大大降低回指语与先行语之间的距离。

2.1.7 话题、话题链、指称链、话题延续性

“话题(Topic)”同时涉及小句与语篇、语法与语义-语用,是一个争议颇多的术语。Givón(1983),Li & Thompson(1984),徐烈炯、刘丹青(1998),曹逢甫(2005),方梅(2005),屈承熹(2006)等都有比较详细的论述。

本文接受方梅(2005)的看法,认为话题是一个跨越不同层面的概念:当针对单个小句而言时,称为句内话题,一般由主语成分来充当;当句内话题辐射多个小句时,即成为语篇话题。例如:

(41)1[秦伯]i 伐晋,2Φi 济河焚舟,3Φi 取王官及郊,4[晋人]j 不出。5Φi 遂自茅津济,6Φi 封殽尸而还。7Φi 遂霸西戎,8Φi 用孟明也。(文 3.4)

就小句层面而言,U1 和 U4 的句内话题分别是秦伯(秦穆公)和晋人;但若就语篇层面而言,语篇话题则是秦伯,该语篇实体是除 U4 之外的 7 个小句的言说对象。如果我们将 U4 视为 U3 的补充性修饰句,那该语篇中“秦伯”实际上一直占据着各核心小句的主语位置,并且所指实体一直被连续提及。在这种情况下,我们就说 7 个小句形成一个以“秦伯”为话题的话题链。

话题链是研究篇章的学者经常涉及的一个概念,指语篇中前后相连、具有相同话题的一组小句;这些小句因话题相同,前后相连,形似链条,因而称为话题链。(屈承熹 2006;徐赳赳 2003,

2010）又如下例的"宣子"，构成了长度为10的话题链：

(42)1[宣子]i于是乎始为国政，2Φi制事典，3Φi正法罪，4Φi辟狱刑，5Φi董逋逃，6Φi由质要，7Φi治旧洿，8Φi本秩礼，9Φi续常职，10Φi出滞淹。（文6.1）

有时，某一语篇实体虽然也是在后续小句中被连续提及，但是指称该实体的语言成分并非都处在小句主语位置。这时我们称该实体构成了一个连续的指称链。例如：

(43)1[祭仲]i专，2[郑伯]j患[之]i，3Φj使[[其]i婿雍纠]k杀[之]i。（桓15.2）

该例U2、3的"郑伯"构成了一个长度为2的话题链；相比之下，"祭仲"则构成了一个长度为3的指称链：在U1、U2、U3中都被提及，但只在U1出现于主语位置，在其余两句均出现于宾语位置。据此来看，话题链实际上是指称链的特殊一种，是连续性最高的指称链。

话题延续性则指话题在后续语篇中的影响力和范围。根据Givón（1983），话题延续性包括三个方面：（1）主题延续性；（2）行为延续性；（3）话题/参与者延续性。Givón（1983）认为，主题延续性是其他连续性的基础，在行为连续性或话题/参与者连续性发生改变的情形下，主题延续性可以保持不变。例如：

(44)晋赵鞅i卜救郑，占诸史赵、史墨、史龟。史龟曰："是谓沈阳，可以兴兵……"，史墨曰："盈，水名也，子，水位也……"史赵曰："是谓如川之满，不可游也。郑方有罪……"阳虎以周易筮之，遇泰☷之需☵，曰："宋方吉，不可与也……"Φi乃止。（哀9.6）

此例，语篇涉及的话题参与者有晋赵鞅、史龟、史墨、史赵、阳虎等，涉及的动作行为有"占、卜、曰(按:实为占卜后所言)、筮、曰"等，但语篇始终围绕"卜救郑"这一核心事件展开，因此，虽然话题/参与者(赵鞅、史赵、史墨、史龟、阳虎)发生改变，但是语篇叙述的主题只有"赵鞅"。

我们认为，Givón(1983)话题延续性的三个方面其实不在同一平面上。三者之中，主题延续性属于上位概念，行为连续性和话题/参与者延续性属于下位概念，主题连续性通过行为连续性或者话题/参与者延续性具体体现。其中，行为连续性至少包括两种情形：一是以人物为中心，即在话题/参与者不变的情况下，语篇叙述话题/参与者的一系列不同动作行为，这些动作行为往往依照时间顺序线性展开，具有连续性，如下述例(45)的"公子"；一是以事件为中心，即在话题/参与者发生变化的情形下，语篇围绕一个核心行为或事件展开，这一事件也具有连续性，如上述例(44)赵鞅等的"占卜"。

(45)壬寅，公子入于晋师。丙午，入于曲沃。丁未，朝于武公。戊申，使杀怀公于高粱。(僖24.1)

《左传》是史书，众多的历史事件都是围绕人物展开，话题一般情况下指向事件的参与者，因此我们考察《左传》话题延续性时，以话题/参与者延续性考察为主，兼及行为连续性，无论话题/参与者连续性还是行为连续性，其体现的都是主题连续性。

2.2 配价理论基本概念

本文采用《庄子动词配价研究》所构建的配价理论框架，该框架采用和改造了泰尼埃尔(Lucien Tesniere)的配价语法理论,以词项为单位,适宜于细致刻画各类动词的语义特征、配价结构及句法配位规则。这既为我们判定小句中零形回指的存在提供了科学的依据,又为回指释义提供了重要的语义－句法线索。

下面简要介绍跟本文密切相关的几个配价理论概念,详情可参阅《庄子动词配价研究》。

2.2.1　词项

多义动词不同的词汇意义,往往会直接影响其联系语义成分的功能,进而当然也会影响其语篇实现机制。因此,研究动词的配价,不能笼统地以词为单位,而有必要引入"词项"的概念(参看王宁,1994)。所谓词项,是词汇意义相近,语义功能、句法功能相同的义项的聚合。由于"词汇意义相近"是一个带有主观色彩的标准,所以我们在确定词项的时候,更重视"语义功能、句法功能相同"的标准。所谓语义功能相同,是指配价结构相同。它包括两层意思:一是动词支配语义角色的指数(价数)相同,二是动词支配语义角色的类型(价质)相同。所谓句法功能相同,是指基本句式相同。同一动词不同音项下的义项当分属不同的词项,同一音项下的各义项,若语义和句法功能相近,则可合并为一个词项。

2.2.2　语义价和句法向

动词的配价(Valence)涉及语义、句法两个层面,因而我们赞同邵敬敏(1996)将"价"区分为"语义价"和"句法向"两个层级的主张。一个动词所能构成的全部句式(包括基本式、派生式)都取决于它的语义价和句法向。所谓"语义价"是指,在语义层面上,一个动词在以该动词为核心的语义结构中所能支配的、不同类型的语义角色。所谓“句法向”是指,在句法层面上,一个动词在以该动词为述谓中心词的基本句式中,不借助介词所能关联的、处在主宾语位置上的、不同类型的语义角色。当动核结构投射到句法层面上时,要受到句法层面的制约,由此而产生出语义价与句法向不一致的现象;句法向以语义价为基础,所有句法向都是语义价,句法向所涉及的语义角色不能超出语义价的范围,即语义价的指数≥句法向的指数(参看邵敬敏,1996)。

根据价数和向数的差异,动词分为一价一向动词($^{1}V^{1}$)、二价单向动词($^{1}V^{2}$)、二价双向动词($^{2}V^{2}$)、三价双向动词($^{2}V^{3}$)、三价三向动词($^{3}V^{3}$)等。例如

(46)秋七月,天王使($^{2}V^{2}$)宰咺来归($^{2}V^{3}$)惠公、仲子之赗。缓($^{1}V^{1}$),且子氏未薨($^{1}V^{1}$),故名($^{2}V^{2}$)。(隐 1.5)

(47)公赐($^{3}V^{3}$)之食。食舍($^{2}V^{2}$)肉。公问($^{2}V^{3}$)之,对($^{1}V^{2}$)曰:“……”公语($^{3}V^{3}$)之故,且告($^{3}V^{3}$)之悔。(隐 1.4)

2.2.3 语义角色

根据语义特征的不同,动词可以分为动作动词、状态动词和关系动词三类,这三类动词在语义层面所联系的语义角色具体可分为 3 大类 14 小类。下面分述如下。

2.2.3.1 主事

主事和客事是必有语义角色。主事即主体语义角色,一般实现为主语,包括施事、当事、系事。施事指发出动作或发生变化的主体,具有使动性、感知性,谓语动词为动作动词。当事是与某一

状态或某一变化相联系的主体，谓语动词为状态动词。系事是与某种关系相联系的主体，谓语动词为关系动词。例如：

(48) [北戎]$_{\text{施事}}$侵郑。(隐 9.6)

[君子]$_{\text{当事}}$死，[冠]$_{\text{当事}}$不免。(哀 15.5)

[胜]$_{\text{系事}}$如卵，[余]$_{\text{施事}}$翼而长之。(哀 16.5)

2.2.3.2　客事

客事即客体语义角色，一般实现为宾语，有时通过介词引入。客事包括表事、受事（含成事）、对象、使事、意事和源点/目标。表事指与某种关系相联系的客体，谓语动词为关系动词。受事指动作的承受者或变化形成的结果，对象指动作、状态所涉及的事物，使事指动作的致使对象，意事指动作的意使对象，源点/目标指位移动作的源点或终点，谓语动词均为动作动词。例如：

(49) 颍考叔为[颍谷封人]$_{\text{表事}}$。(隐 1.4)

豹自后击而杀[之]$_{\text{受事}}$。(襄 23.3)

乙酉，宋公及[诸侯之大夫]$_{\text{对象}}$盟于蒙门之外。(襄 27.4)

及文王即位，与巴人伐申而惊[其师]$_{\text{使事}}$。(庄 18.5)

秋，秦师侵芮，败焉，小[之]$_{\text{意事}}$也。(桓 4.3)

原不降，命去[之]$_{\text{源点}}$。(僖 25.4)

秋，栾盈自楚适[齐]$_{\text{终点}}$。(襄 22.3)

2.2.3.3　补事

补事是可有语义成分，是背景语义角色，包括工具、处所、时间和度量。工具指实现动作行为的方式、方法、途径以及藉以实现动作行为的工具、材料、手段等。处所指动作、状态、关系发生的空间位置。时间指动作、状态、关系发生的时点或持续的时段。度量指补充说明涉及动作、事件的数量。例如：

(50)奉之以土田，抚之以[彝器]$_{工具}$，旌之以[车服]$_{工具}$，明之以[文章]$_{工具}$。(昭15.7)

楚令尹子元欲蛊文夫人，为馆于[其宫侧]$_{处所}$，而振万[焉]$_{处所}$。(僖28.3)

[秋八月戊寅]$_{时间}$，王穆后崩。(昭15.4)

在位之中，[一]$_{度量}$朝于襄，而[再]$_{度量}$见于君。(文17.4)

2.3 标注符号

以上三节简要介绍了本文的基本概念，此节则对本文的基本标注符号做一简要说明：

篇章层面符号：

零形回指语：Φ，间接回指用 Φ' 标注

先行语：An

指称成分：[ ]，同指的指称成分以同一下标表示，依次为[ ]i/[ ]j/[ ]k/[ ]l……

指称距离：D

潜在干扰：G

延续值：H

篇章小句：U，依次用阿拉伯数字标明序号，如 U1、U2、U3……

回指语所在小句：U_{Φ}

先行语所在小句：U_{An}

句法层面符号：

名词语:N

代词:Pro

动词:V

介词:P

主语:S

宾语:O

定语:A

旁语:Obl

句法结构:C

语义层面符号:

语义实体:[ ]

语义特征:[±]

其他偶尔使用的个别符号随文注明。

第3章　汉语零形回指研究述评

汉语零形回指研究始于20世纪70年代。四十多年来,学者们对汉语零形回指研究的基本问题做了探讨,如零形回指的确定及其研究范围、零形回指研究中小句的划分、零形回指的释义方法、零形回指的功能、零形回指的制约因素等,并取得了一定的研究成果,梳理、回顾这些研究成果可以使我们更好地把握汉语零形回指的研究现状,为进一步进行汉语回指研究奠定基础。下面围绕以上议题逐一加以述评。

3.1　零形回指的确定及其研究范围

3.1.1　零形回指的确定

零形回指没有实际的语音或书写形式,如何确定这种零形式存在与否,这是零形回指研究首先需要解决的问题。

篇章语境中如何确定零形回指,时贤的观点主要有二:(1)陈平的"语义语法格局说";(2)王德亮的"动词论元说"。

陈平(1987)是国内首篇研究零形回指的论文。他"依靠全句的语义语法格局"判定小句中是否存在零形回指。他说,"如果从意思上讲句子中有一个与上文中出现的某个事物指称相同的所指对象，但从语法格局上看该所指对象没有实在的词语表现形式，我们便认定此处用了零形指代。”

王德亮（2005）依据动词的论元结构核查语句中是否存在表现为零形式的语义实体。他说，“每个谓语动词都需要一定数目的名词或名词短语来充当它的论元（Argument），通过核查语句的表层字符串（Surface string），如果发现在表层字符串中出现的语义实体的数量小于谓语动词所需要的论元数，那么我们断定在此语句中有零形式的语义实体。比如，如果一个谓语动词要求有两个论元，而字符串中只有一个语义实体，那么肯定有一个语义实体是以零形式出现，来充当谓语动词的论元。”

我们认为，陈平的“语义语法格局说”、王德亮的“动词论元说”确定零形回指的基本原则是相同的，他们均以动词谓语为中心，考察实际篇章小句中是否存在表现为零形式的句法成分。相对而言，王德亮的“动词论元说”较陈平提出的“语义语法格局说”前进了一步，实际上是把陈平提出的“语义语法格局说”量化为确定零形回指的具体标准——以动词支配的论元数目作为确定小句中是否存在零形回指的依据或参照，这为判定小句中是否存在表现为零形式的句法成分提供了客观的依据，避免了陈平以语义语法格局为主而带来的主观性。

众所周知，汉语一词多义现象极为普遍，动词词义不同，其联系语义角色或句法成分的功能也存在差异，上古汉语尤其如此。鉴于此，我们认为在确定零形回指方面，应以动词词项作为基本单位，基于动词词项的配价结构确定小句中采用零形式的句法成分。唯有如此，才能充分体现“动词的词汇意义对其语义功能和句法功能的制约"①。

3.1.2　零形回指的研究范围

零形回指的研究范围到底限于哪些句法成分？陈平(1987)提出的观点最具有代表性。他把零形回指的范围限于下述两种情形：一者，谓语动词的支配成分；二者，主谓谓语句、名词谓语句、形容词谓语句等非动词谓语句中的主语。

廖秋忠(1984)从篇章角度研究省略现象。他认为，"只有支配成分才能省略，非支配成分是不能省略的。"我们认为，廖秋忠从篇章角度所说的"动词支配成分的省略"与陈平提出的零形回指的第一种情况相同，实际上属于零形回指的研究范围。

理论上讲，宾语、旁语位置毫无疑问也存在零形回指，比较：

(1)a. 秋七月，有神降于莘。惠王问诸内史过曰："是何故也？"(庄32.3)

b. 十六年春，"陨石于宋五"，陨星也。"六鹢退飞，过宋都"，风也。周内史叔兴聘于宋，宋襄公问焉，曰："是何祥也？吉凶焉在？"(僖16.1)

c. 公问于众仲，曰："卫州吁其成乎？"(隐4.3)

以上都是"问"字句。"问"是三价双向动词，问者一般实现为主语，所问之内容实现为宾语(代词化时用"之")，所问之人实现为旁语(代词化时用"焉")。a例三个语义角色均出现，不存在零形回指，其中所问内容在上文已经出现，在"问"字句则以代词"之"表达("诸＝之乎")。b例所问内容在"问"字句未出现，但在上文

① 详见殷国光(2009:7)。

出现过，对照a例可视为零形指代。c例所问之内容在"问"字句未出现，在上文未曾出现过，所以自然不能视为是零形指代。显然，在这一分析思路下，同样的"问+焉/PN"格式，需要根据所问内容上文是否提及而加以区分。这要全面实施起来很有难度，一者工作量巨大，需要一一进行信息新旧状态的判定，二者由于文献语言分析缺少足够的言语场景信息和文化背景信息，很多时候信息的新旧其实很难判定。正是基于以上两点考虑，从研究的可行性和操作性出发，我们选择接受陈平界定的研究范围。不过，应该承认，从理论建构角度来看，如何将宾语等非主语位置的零形回指纳入研究，是一个值得去开拓的研究领域。

3.2　零形回指研究中小句的划分

零形回指研究涉及小句、篇章两个层面，在小句范围内确定采用零形式的句法成分，在篇章范围内确定与之同指的回指对象。因此，零形回指研究首先需要把篇章划分成小句。

如何划分小句，代表性的观点有二，即陈平、宋柔的"标点符号说"和徐赳赳的"兼顾停顿和功能的一个主谓结构说"。

陈平(1987)"以标点符号为标记，把用逗号、句号、问号等断开的语言片段算作小句"。宋柔(2000)研究计算机处理汉语的能力，他"把小句定义为由逗号、句号、分号、叹号、问号以及表示直接引语的冒号和引号所分隔的字符串"。他的小句划分方法与陈平基本相同。

徐赳赳(2003)认为，篇章回指研究中，无法完全按照传统的句子概念划分小句，必须采用一种能反映篇章回指特性、适合篇章回指研究的小句。为此，徐赳赳首次提出了用于篇章分析的小句概念——篇章小句，提出“以一个主谓结构（包括主语为零形式）为划分的主要标准，以停顿和功能为划分篇章小句的次要标准”。同时对现代汉语中连动句、兼语句、主谓谓语句等一些特殊句式的篇章小句划分也做了说明。

我们认为，陈平、宋柔的“标点符号说”和徐赳赳的“兼顾停顿和功能的一个主谓结构说”，虽然各自依据的具体标准不同，但其本质并无二致，因为标点符号本身就是话语停顿的标记，而且带有话语停顿标记的语言片段一般情况下应是具有表述性或者带有述谓核心语的语言片段，因此，依据这两种标准均能划分出篇章回指研究中的大部分小句。

同时，我们认为“标点符号说”存在一个小小的缺陷，即汉语中用逗号隔开的语言片断未必都是小句，古汉语中尤其如此。如用逗号隔开的时间状语、名词谓语句的主语、一般主谓句的主语、主谓谓语句的大主语、充当主语或宾语的并列名词语等，这些语言片段之后的停顿都属于非谓语之后的停顿，不应将其视为小句，只能视为句子成分。

因此，对于陈平、宋柔的“标点符号说”，我们认为应予补充说明：即用逗号隔开的语言片断只有含有述谓中心语时，才能称为小句，否则，只能视作句法成分。

对古代汉语而言，文献典籍本身没有标点符号可以利用，即使有今人的标点本，在断句问题上亦是见仁见智，如杨伯峻《春秋左传注》和上海古籍出版社《春秋经传集解》的标点就有诸多相异之处，故而上古汉语篇章回指研究难以完全采纳“标点符号说”作为小句界定的标准;采纳徐赳赳“兼顾停顿和功能的一个主谓结构说”固然可以确定大部分小句,但难以厘清《左传》语篇中结构复杂的语言片段,而且诚如上述,如此断句则会将一些凸显汉语句法特征的特殊语篇片段处理为不同的小句。

徐赳赳考察汉语“多动词小句中的零形回指”,从其研究对象出发,以“一个主谓结构”作为划分篇章小句的主要标准,因而将连动句、兼语句、主谓宾语句视为不同的篇章小句。我们认为,连动句、兼语句、主谓宾语句等句式区别于汉语其他句式的特征之一就在于连用的谓词性词语之间没有停顿,如果将这些特殊句式视作两个小句,则失去了这些句式应有的形式特征。

因此,在小句划分上,我们提出如下观点:凡自成一读(被语音停顿隔开的)的、含有述谓核心语的独立的语言片断,我们视为小句,否则视为非句。(具体界定可参见 2. 1. 3)

3.3 零形回指的释义方法

先行语指语境中与零形回指具有相同指称对象的句法成分。那么,如何判定零形回指的先行语及解析出所指称的对象?时贤所提出的释义方法可以概括为如下六种:(1)基于话语语义线索的判定法;(2)基于话题连续性的判定法;(3)基于语用和语义的判定法;(4)基于可及性的判定法;(5)基于向心理论的零形回指解析;(6)基于意义和形式的判定法。详述如下。

Tao(1996)基于篇章话语语义线索判定零形回指的先行语和解析出回指对象。他认为,汉语“回跳”模式中的零形回指常常伴随一些话语语义线索。所谓“回跳”,即篇章中远距离的零形回指,篇章在间隔了较长的指称距离、经历了较多的潜在干扰之后,话语仍可采用零形回指这种形式指称篇章前文中的先行语。Tao 认为这些话语语义线索的大量存在是“回跳”模式中运用零形回指的关键,听者/读者必须特别关注这些和零形回指的所指相关的话语线索,借助这些线索找回零形回指的所指,如:(1)前面的话语语境,(2)与所指相关的动词的特殊语义要求,(3)由零形回指表述的所指的特殊特征,(4)和所指相关的特殊的词语(动词,经常是动词的重复),(5)语言使用者关于世界的一般的知识,包括他们的社会的、文化的、个人的经验等。

You 和 Lee 提出基于话语话题连续性来判定解析零形回指的回指对象。①

You(1996)提出了用于分析零形回指的三个原则:最近原则、首要原则和分离原则。最近原则指离下个小句的零形回指对象最近的那个成分,可能是该零形回指的回指对象。新的所指对象通常倾向由有关“介绍/变化的世界”的谓语引进,如“想、相信、梦想、看见、听见”等。首要原则指某个零形回指的回指对象不出现在本小句,除非有特殊标记;在所有可能成为某个零形回指先行语的成分中,“(次)话题连续性”的主要成分比其他成分更容易充当回指对象的所指;如果该“(次)话题连续性的主要成分并非是潜在的所指对象,那么找回零形回指对象的所指就会受到距离约束”。分离原则指所指没有转换时,该成分就是零形回指的所指对象。由“介绍/变化的世界”的谓语(如“想、相信、梦想、看见、听见”等等)刚

① You & Lee 的零形回指研究,本文转引自徐赳赳(2003:82—83)。

刚引进的新成分可能成为话题连续性的焦点。如果这个焦点回指的话题延续性在关联词、情感短语、谓语和反身代词等方面都比新引进的成分高一个层次的话，所指对象将从新成分转换到原先的主要成分上。You 认为，这三个原则在不单独依靠语用信息的条件下，可以找到某个零形回指的回指对象。她的话题延续性指一系列具有相同话语主题的小句，从属于相同的宏观主题。

Lee（2002）认为，使用话语结构、语义对应和语境知识能够帮助我们找回零形回指的所指。Lee 也提出了判定回指所指的三个原则：新近原则、开始原则和语境原则。她认为这些原则的操作是在话题延续性的层次结构上进行的。在话题连续性中，她确定了陈述中开始的部分和开始的主语。当某个新成分出现时，应该考虑这个新成分和该成分后的谓语之间的语义相符性。如果这两者不相符合，那么就在当前话题延续性之内寻找其延续性，一个一个地找，直到找到这个回指的所指为止。

徐赳赳基于语用和语义判定零形回指的回指对象。徐赳赳（2003）认为，语用和语义（主要指句子中动词的意义）是判别多动词句子中的零形回指的回指对象的主要因素，句法（这里主要指句子的语法结构）处于次要的地位。

许余龙、蒋平基于可及性判定零形回指的先行语。许余龙（2002）认为，汉语中零形回指是高可及性标示语。他提出了基于先行语的主题性和回指语的可及性的篇章回指确认机制，其中关于零形回指的确认原则如下：

在其他条件相同的条件下，在语篇处理的某一刻：

a 遇到的一个高可及性标示语表示：

i 先行语是小句的主题，如果指称对象在小句的前半部分提

及,或

ii 先行语是期待主题或显著的期待副主题,如果指称对象在前一小句中提及。

蒋平(2003)认为,除了 Ariel(1991)提出的制约因素,如距离、竞争、凸显、一致性等会对先行语的可及性产生影响外,先行语的句法位置、层次性和非生命性等因素也会影响其可及性。

王德亮(2005)、许宁云(2010)在向心理论模型的基础上,提出了汉语零形回指的解析算法。

我们认为,回指释义是一个极其复杂的语言处理过程,需要参照句法、语义、语用、百科知识等多个方面的形式和信息。不过,在具体研究中,针对不同的研究目标可以努力建构不同侧重的释义模型:如果是面向计算机的自然语言处理,那么释义模型应该偏向句法-语义;如果是面向人的语言机制分析,那么释义模型不应该舍弃语用和百科知识,不过仍应该尽量去借鉴和吸收前人研究已经挖掘出的那些在零形回指释义中有重要作用的句法-语义信息。特别是在研究古代汉语零形回指释义时,仍应该尽量从更容易把握的句法-语义入手,实在无法完成释义时才求助于语用和百科知识。

3.4 零形回指的功能

零形回指涉及句法、篇章两个层面,因而考察零形回指的功能也应从句法和篇章两个角度分析。

从句法角度分析,陈平(1984)认为,汉语中零形回指是一种非常普遍的语言方法，它可以出现在句子中任意一个名词或代词出现的句法位置上，如担任句子的主语、直接宾语及间接宾语等。

从篇章角度分析，时贤对零形回指的篇章功能的研究可以概括为两个方面：一是维持话题；一是转换话题。

陈平(1986)描写了两种类型的篇章零形回指：一是零形回指用于编码紧邻小句的主语，即零形回指用来编码主语位置上的所指，这个所指与紧邻的前一小句的主语相同，与其具有共指关系，凡是后续小句的主语采用零形回指且与紧邻小句主语相同的，均属于零形回指维持话题之列；一是零形回指用于编码所指发生转换的主语，即零形回指用来编码主语位置上的所指，而这个所指与紧邻的前一小句的主语不同，零形回指指向紧邻小句的非主语成分或者其他小句的句法成分，后续小句主语发生转换，凡是后续小句的主语采用零形式且与紧邻小句主语不同的，均属于转换话题之列。

从功能角度考察，这两种类型的零形回指其实表明了篇章中零形回指所具有的两种功能：一是维持话题，保持话题连贯；一是转换话题，推进篇章。

陈平(1987)探讨了话语语义结构特征对零形回指的制约，他对所指对象强烈的承前性和启后性的探讨实质上表明的就是零形回指所具有的维持话题和转换话题功能。

Tao(1996)研究了汉语“回跳”模式中的零形回指。他认为，在某些话语语境中，零形回指可以用来终止当前话题，把篇章话题返回到前面提及的一个话语所指，这个所指不在紧邻的前面的语域中。“回跳”模式中的零形回指表明了当前谈论话题的非连续性，它的使用表明篇章话题发生转换。

Mao(2003)考察了《左传》中"转换所指的连续性零形回指",即前后紧邻的两个或两个以上的小句,其主语连续使用零形回指,且零形回指的所指各不相同。他把这种现象称为"转换所指的连续性零形回指"。他的考察表明,上古汉语中即使篇章话题连续转换,仍然可以采用零形回指。

屈承熹(2006)认为,话题或主语位置上的零形回指,在话题链中标示高连续性,连续性可以从篇章既有话题(紧邻前句的主语)展开,也可以从存现句导入的指涉对象(存现动词的宾语)展开。从篇章既有话题展开的零形回指表明当前话题连续;从存现句导入的指涉对象展开的零形回指则表明篇章当前话题发生转换。

我们认为,零形回指最核心的功能有二:从语篇结构来说,零形回指是为了保持话题的连续性;从语篇实体而言,零形回指凸显的是那些在语篇进程中处于激活或高可及状态的语篇实体。

3.5 零形回指的制约因素

研究汉语零形回指的学者,在描写零形回指句法、篇章分布的同时,大多致力于零形回指制约因素的考察。这些因素可以归纳为四点:(1)话题连续性的制约;(2)话语层级结构的制约;(3)语用原则的制约;(4)其他因素的制约。下面逐一加以介绍。

3.5.1 话题连续性的制约

Li & Thompson(1979)从话语功能角度研究汉语中零形回指的

选择。他们考察了16—18世纪早期白话文学作品中的第三人称代词和零形回指，发现选择第三人称代词和零形回指的一个关键性因素是“连接性”。

“连接性”指一个小句与它前面一个小句形成一个语义单位的紧密程度。他们的观点可以概括为：两个小句之间的连接性越高，越倾向于在第二个小句中使用零形回指。连接性包含小句中各种句法的和语义的特征，也包括说话者对语用情形的观察。

陈平（1984）研究了现代汉语的第三人称零形回指，研究结果表明：可预测性和可忽略性是影响现代汉语第三人称零形回指使用的主要原因。他的观点可以概括为：零形回指的所指的可预测性和可忽略性越高，越倾向于选择零形回指。

可预测性依据三个标准衡量：①有效或无效的竞争名词，②与前面小句连接性的高低，③可及性的高低。可预测性高的所指一般是有效的、连接性高的、可及性高的名词性成分；反之，则可预测性低。

可忽略性同样依据三个标准衡量：①特指还是泛指或任指，②处于从句位置还是主句位置，③有生命的所指还是无生命的所指。可忽略性高的所指一般是泛指或任指的成分，或处于从句位置，或属于无生命的所指；反之，则可忽略性低。

陈平（1986）考察了现代汉语叙事话语中所指的引进和追踪。在解释零形回指的选择时，他提出有两个“话语－语用”因素与零形回指的选择有关：一是所指的高连续性，一是所指的高忽略性，这与陈平（1984）基本相同。

陈平（1987）分析了话语结构特征对零形回指的制约。他认为，话语结构特征对零形回指的制约主要体现在所指对象的连续性上。他的观点可以概括为:所指对象的连续性越强,回指时使用零形式的可能性越大。

连续性的强弱取决于所指对象在话语组织中所处的地位。这种地位表现在两个方面:一是微观连续性,一是宏观连续性。只有在两者俱强的情况下,才能断言所指对象具备很强的连续性。

微观连续性具体体现在话语中回指对象与其先行词在各自所在句子中的地位,具体表现为先行词的启后性和回指对象的承前性。先行词处于主语位置时,启后性最强,宾语次之;回指对象处于主语位置时,其承前性最强,宾语次之。

宏观连续性具体体现在话语中回指对象所在的句子与零形回指所在的句子在话语语义结构体中的联系。连接回指对象所在小句和零形回指所在小句的语式在语义结构体中的层次越低,宏观连续性越强。

廖秋忠(1984)分析了动词支配成分从缺的原因,其中一个主要条件就是话题链。话题链指具有相同话题的、前后连贯的一组小句。话题链体现的正是小句间的话题连续性。

李樱(1985)认为,从位置角度看,零形回指用在话题链内;从功能角度看,话题位置的零形回指用来把小句组成话题链,保持话题连续性。①

Pu(1997)认为,话题连续性是零形回指出现、分布的决定性因素,话题连续性最明显的体现就是话题链。当语义连续性保持时,在间隔多个小句的情形下,人们宁愿选择零形回指。

Mao(2003)对上古汉语的研究表明,话题连续性是制约《左

① 李樱的研究转引自屈承熹(2006:220—223)。

传》篇章零形回指选择的决定性因素。

3.5.2 层级结构的制约

Tai（1978）最早从事汉语零形回指研究，他从句子和话语两个层次研究汉语零形回指，尝试依据话语层级结构解释汉语叙事体中零形回指的选择。

Tai认为，一段话语可以分为不同的段落，每一段落可以进一步分析为句组（称为部分）。他认为篇章中有两种类型的段落边界和三种类型的部分边界，这些边界对话语回指产生限制。在一个给定的段落，如果共指的名词短语是同类描写中邻近部分的主语，则零形回指能够跨越部分的边界；如果共指的名词短语跨越了段落的边界，一般不会运用零形回指。

陈平（1986）认为："如果回指与其先行语处于同一层级，回指与先行语之间的干扰处于另一层级，那么无论是回指与其先行语之间的距离还是紧邻的前面的语域中语义上兼容的所指都不可能干扰话语采用零形回指。经常是这种情形，具有干扰话题的小句作为附加语附属于包含零形回指或其先行语的小句。"

陈平（1987）把句子与句子之间的层次关系分为两种：一种是句法结构中的层次关系，一种是语义结构中的层次关系。

句法结构的层次关系对零形回指的制约表现在：从线性顺序看，零形回指与其先行语所在小句之间存在间隔语句；从层次关系看，间隔语句同前后有关句子不属于同一层次，间隔语句往往是最前面小句中某个动词的支配成分，因而回指仍可以采用零形式。

语义结构的层次关系对零形回指的制约表现在：连接回指语所在小句和先行语所在小句的语式在语义结构体中的层次越低，

所指对象的宏观连续性越强，宏观连续性越强，越倾向于采用零形回指；反之，采用零形回指的可能性越小。

3.5.3 语用原则的制约

Huang（2000）构建了一个“新格赖斯回指语用理论”，在这种理论框架下，回指很大程度上是由“新格莱斯语用原则”的互相作用决定的，即 M－原则和 I－原则。这两个原则受到“DRP、信息凸显和会话引申原则”的限制。他认为运用新格莱斯语用原则可以很好地解释汉语中的零形回指。

3.5.4 其他因素的制约

徐赳赳（2003）研究了“多动词小句中的句内零形回指”，认为制约句内零形回指对象所指的因素主要有指称距离、词汇意义，有时还受到篇章、上下文和语用的制约。

Mao（2003）考察了《左传》叙事性语料中的零形回指。他认为其他一些因素，如固定的语用模式（问－答）、对话、平行的句法结构、转换所指的连续性零形回指对《左传》中零形回指的选择具有制约作用。

曾立英（2008）从结构特征探求影响零形回指的因素。她认为，直接引语结构、叙事语结构、流水句结构、双名结构、存现结构、事件结构等对零形回指的使用产生影响。

除了上述学者所做的研究，汉语、英语以及心理语言学专业的一些学位论文也多涉及零形回指，如王灿龙（1999）、郑庆君（2003）、刘大祥（2006）、王艳秋（2008）、蒋平（2004）、王义娜（2006）、翁依琴（2006）、许宁云（2006）、杨宁（2008）等。

我们认为,在研究比较随意的口语会话时,语用原则的制约作用更为明显;而在研究相对比较典雅的文献语料时,话题连续性和层级结构的制约会更加明显。所以,我们在研究《左传》篇章零形回指时主要考虑的是话题连续性和层级结构的制约作用。

3.6　小结

上文我们从五个方面简要回顾了国内外学者对汉语零形回指所做的研究。这些研究成果奠定了汉语零形回指研究的框架和基础,为后人进行汉语回指研究提供了有益的范式和参考。

通过反思这些研究,我们认为:

篇章小句区别于句法小句,凡自成一读(被语音停顿隔开的)的、含有述谓核心语的独立的语言片断,方可视为篇章小句。而在确定篇章小句是否存在零形回指时,应将句法和篇章学结合,以动词词项作为基本单位,基于动词词项的配价结构确定小句中采用零形式的句法成分。考虑到研究的可操作性,我们仍采取陈平(1987)的意见,暂时只研究谓语前的零形回指,即主语(或话题)位置的零形回指。在确定解析零形回指即确定先行语和回指对象时,我们主张首先要尽量挖掘句法 - 语义的作用,同时结合语用和百科知识。保持话题连续性固然是零形回指的功能,但代词回指也有此功能,两者之间具体又有何区别,仍有进一步研究的必要;同样,转换话题的功能实际上三种回指都可以去实现,各自的差异也需要加以挖掘;还有就是,上述功能分析都只关注零形回指的语篇功能,其他层面的功能(概念功能和人际功能)有待加以分析。

至于零形回指的制约因素，虽然已经基本描述出了各种类型，但各自的权重还可以进一步展开讨论。

综观这四十年的汉语零形回指研究历程，的确取得了很多研究成果，但与汉语语法研究的其他研究方向相比，显然仍很薄弱。首先从范围上讲，汉语零形回指研究主要集中在现代汉语和早期白话，很少涉及上古文献语言，期间虽有 Mao(2003)对《左传》篇章零形回指的考察，但由于其仅限于对《左传》中部分语料的考察，因此他的描写只能是反映《左传》篇章零形回指的部分情形，难以概括《左传》篇章零形回指的全貌。其次，从观察角度说，回指现象涉及句法和篇章两个方面，前人及时贤的研究，较多侧重于篇章方面的考察，较少从结合的角度进行考察。正是基于这两点认识，我们尝试以《左传》为专书语料，以动词配价理论为基础来描写和研究古代汉语篇章零形回指。

第4章　理论框架的构建

本章正文包括三部分，第一部分具体阐述如何基于动词配价理论来确定篇章零形回指及其回指对象或先行语，这是量化描写篇章零形回指分布的前提。第二部分则以《左传·隐公》为基本语料，分别在篇章回指研究的三种主要理论——话题连续性理论、可及性理论和层级结构理论①——的框架内，量化考察《左传·隐公》的主语零形回指现象，考察这三种理论框架的优劣得失。第三部分构建适合《左传》篇章零形回指研究的描写框架。

4.1　动词配价与篇章零形回指

4.1.1　确定是否存在零形回指

要确定小句话题/主语位置是否存在零形回指，具体需要完成以下两项工作：一是确定是否存在零形指代，二是确定该零形指代是否属于回指。

当小句谓语前未出现任何指称性成分时，可判定该句话题/主

① 从篇章角度研究回指的还有Huang(2000)构建的"新格莱斯语用理论"。该理论难以具体量化，故本文暂不采纳。

语位置存在零形指代。例如：

(1)宋华父督见孔父之妻于路，目逆而送之，曰："Φ 美而艳。"(桓1.5)

(2)三月，公及邾仪父盟于蔑，Φ 邾子克也。(隐1.2)

例(1)"曰"和"美而艳"分别是动词谓语句和形容词谓语句的谓语部分，例(2)"邾子克也"是名词性谓语句的谓语部分。划线小句谓语前均没有任何指称性成分，由此可以确定该句存在零形指代。相比之下，例(1)"目逆而送之"核心动词前虽然出现了名词性成分"目"，但"目"只是状语，修饰"逆而送之"，因而整个谓语前仍没有任何指称性成分，由此可以确定该小句仍存在零形指代。

当小句谓语前出现了被陈述的指称性成分时，该句话题/主语位置是否存在零形回指，则需要考虑客事话题化和主事删除两个方面，比较：

(3)声伯四日不食以待之，Φ 食使者而后食。(成16.8)

(4)十三年春，叔弓围费，弗克，败焉。平子怒，令见费人执之，以为囚俘。冶区夫曰："非也。若见费人，寒者衣之，饥者 Φ 食之，为之令主，而共其乏困，费来如归，南氏亡矣。民将叛之，谁与居邑？若惮之以威，惧之以怒，民疾而叛，为之聚也。若诸侯皆然，费人无归，不亲南氏，将焉入矣？"平子从之，费人叛南氏。(昭13.1)

上述例(3)(4)的动词"食"有两个用法：一是自动用法(记为食1)，意为"吃"，(如"不食"和"后食"之"食")；另一是使动用法(记为食2)，意为"给……吃"(如例3"食使者"和例4"食之"之"食")。例(3)"四日不食1以待之"前已出现主事声伯，所以不存在零形指代，"食2使者"和"后食1"前均未出现任何被陈述的指称性成分,所以存在零形指代。而例(4)“食2之”之前虽出现了被陈述的指称性成分,但该成分(“饥者”)和宾语“之”同指,实际上是客事前移作话题,其主事并未显现,因此动词前存在零形主事(按:该例“寒者衣之”句分析同上)。

(5)晋未可灭,而杀其君,祇以成恶。(僖15.4)

例(5)与例(4)一样,也出现了客事话题化,同时主事也未在句法层面直接出现。不同的是,该句是“可”字被动句,当客事话题化时,强制要求句法层面删除主事,因而《左传》中见不到“可”字被动句出现主事成分的用例。基于这一认识,我们认为例(5)并不存在零形主事。

4.1.2 确定回指对象的语义角色

在确定小句中话题/主语位置的零形回指之后,我们进一步就需要确定回指对象的语义角色,这可以充分依据零形回指小句谓语的语义特征。鉴于大多数小句都是动词谓语句,故而这一过程主要就是根据小句核心动词的配价能力来进行,具体包括动词的价数、价质以及语义角色的句法实现方式。

在确定回指对象语义角色时,比较棘手的情况有两种:一是回指对象属于分指还是合指;二是零形回指小句谓语动词自动与使动的区分。分述如下。

4.1.2.1 分指与合指

分指与合指的区分主要体现在回指对象的数量上。分指指零形回指的回指对象由一个句法成分担任,合指指零形回指的回指对象由两个或两个以上句法成分担任。我们以“盟”字句为例进行说明。试比较下述各例：

(6)a. 屈完及诸侯盟。(僖4.1)

b. 阴忌奔莒以叛。[召伯]i逆王于尸，Φi及[刘子、单子]j盟。(昭26.9)

(7)a. 甲戌，晋[赵武]i入盟[郑伯]j。(襄11.5)

b. [楚子]i疆之。Φi及滑汭，Φi盟[吴、越]j而还。(宣8.3)

(8)a. 冬，[齐、郑]i+j盟于石门，寻卢之盟也。(隐3.6)

b. 六月，[公]i会[单顷公及诸侯]j。己未，Φi+j同盟于鸡泽。(襄3.4)

(9)a. 五月，晋立大子州蒲以为君，而会诸侯伐郑。郑子罕赂以襄钟，[子然]i盟于修泽，子驷为质。辛巳，郑伯归。(成10.3)

b. [郑伯]i喜于王命，而Φi惧其不朝于齐也，故Φi逃归不盟。(僖5.6)

(10)[公]i如晋，Φi始朝也。夏，Φ盟于长樗。孟献子相。(襄3.2)

“盟”为二价动词，配价结构为[施事，与事]，两个论元的共现方式有以下4种：(6a)中施事实现为主语，与事由介词“及”引出，论元实现方式为“$S_{施}+P+O_{与}+盟$”，以此类推可确定(6b)“盟”字句零形主语为施事；(7a)中施事实现为主语，与事实现为动词宾语，论元实现方式为“$S_{施}+盟+O_{与}$”，以此类推可确定(7b)“盟”字句零形主语为施事；(8a)中施事和与事合并，共同实现为主语，论元实现方式为“$S_{施+与}+盟$”，以此类推(并结合“同”的语义)可确定(8b)“盟”字句的零形主语为施事和与事的合并；“盟”的与事也可以不出现，只让施事实现为主语，如(9a)，论元实现方式为“$S_{施}+盟$”，据此(并结合“逃归”的语义)可以推定(9b)的零形主语为施事。

从上述分析中可以看出,若例(8b)和(9b)不考虑"盟"字之外其他词语的语义,实际上无法确定其零形主语到底是单独指施事,还是兼指施事和与事。因此,像例(10)这样的"盟"字句,其零形主语实际上存在两种可能,既可以单独指施事(鲁),属于分指,也可以兼指施事和与事(鲁和晋),属于合指。考虑到零形回指延续性高的特点,对于例(10)这类句子,我们一律暂且以合指标注。

4.1.2.2　自动与使动

关于自动和使动的区分,我们先以"败"字句为例。比较:

(11)a. 秋,[秦师]i 侵[芮]j,Φi 败[焉]j,Φi 小[之]j 也。(桓 4.3)

b. 冬十月,[吴]i 军[楚师]j 于豫章,Φi 败[之]j。(定 2.2)

例(11a)"败"后带了旁语"焉",引入致败者,零形主语为败者("秦师"),论元实现方式为"$S_{败者}$ + 败 + $焉_{致败者}$",是自动用法;例(11b)"败"带宾语,零形主语为致败者"吴","之"则回指败者"楚师",论元实现方式为"$S_{致败者}$ + 败 + $O_{败者}$",是使动用法。上述 2 例较易区分,但也有些"败"字句情况就稍显复杂,例如:

(12)公卜使王黑以灵姑銔率,吉。Φ 请断三尺焉而用之。五月庚辰,Φ 战于稷,栾、高败,Φ 又败诸庄。国人追之,Φ 又败诸鹿门。(昭 10.2)

上例"栾、高败"之"败"(记为"败 a")为自动用法,这没有问题。可"又败诸庄""又败诸鹿门"之"败"却有分歧:一认为是自动用法,意为自败,一认为是使动用法,使他败。

杨伯峻在"又败诸庄"(记为"败 b")下注云:"诸字用法同于

栾、高败”，据此则杨视“败 b”为自动用法，“又败诸鹿门”（记为“败 c”）下只注鹿门，据此杨认为“败 c”用法应同于“败 b”，所以不再另行出注。

这种解读可以追溯到陆德明《经典释文》，陆德明对上述三个“败”字均无注音，而于该年下文另一语篇“欲败度”（昭 10.4）下注音：“败，必迈反，下同”。“欲败度”之“败”带宾语，自然是使动用法。陆德明选择在“欲败度”下注明使动之“败”的音，而对上述三个“败”字不置一辞，据此可知陆德明是将“败 b”和“败 c”视为自动用法。

然考察《左传》，“败诸 N”句共 16 例。暂不考虑上述 2 例，其余 14 例主语的语义角色均为致败者，其中的“败”只能分析为使动用法，例如：

(13)郑[子罕]i 伐宋，<u>宋[将鉏、乐惧]j 败[诸]i 汋陂</u>。Φj 退，Φj 舍于夫渠，Φj 不儆。[郑人]k 覆[之]j，Φk <u>败[诸]j 汋陵</u>，Φk 获[将鉏、乐惧]j，宋恃胜也。（成 16.3）

此例出现两例“败诸”句，前例“宋将鉏、乐惧败诸汋陂”的施事“宋将鉏、乐惧”出现，句中“败”为使动用法；后例“败诸汋陵”施事主语采用零形式，据后文“获将鉏、乐惧”，可断定“败者”当为“宋将鉏、乐惧”，因此“败”的用法为使动，即“郑人在汋陵打败宋将鉏、乐惧”。

据此分析，则例(12)的“败 b”和“败 c”应该是使动用法。进一步来看，《左传》“败之”之“败”均为使动用法，因而“败诸”之“诸”更应该分析为代词“之”与介词“乎”的合音，而非单纯分析为介词。

4.1.3　确定回指对象或先行语

确定了回指对象的语义角色，就可以据此确定回指对象所当具备的语义特征。

《左传》中常见的、具有回指对象确定功能的语义特征主要有[±人][±生命][±男性]等，这些语义特征为筛选出潜在先行语并进而确定回指对象或先行语提供了基本的语义线索。

所谓潜在先行语，主要指的是零形回指之前，满足零形回指小句谓语动词语义特征、可竞争作为零形回指的回指对象的名词性词语。依据谓语动词的语义特征，我们可以得到潜在先行语的集合：这个集合的成员可能只有一个，也有可能是多个。当集合成员只有一个时，其实等于已经找到了回指对象或先行语。当集合成员有多个时，则需要综合运用其他语义语法信息、语用信息及百科全书知识来确定回指对象或先行语。这一确定回指对象或先行语的方式，其特点是最大限度地利用动词的配价信息，不到万不得已绝不动用语用信息和百科全书知识，从而保证整个确定过程更为客观可行。例如：

(14)[公子吕]i 曰："[国]j 不堪贰，[君]k 将若之何？Φ 欲与[大叔]l，[臣]m 请事[之]l；Φ 若弗与，Φ 则请除[之]l，Φ 无生民心。"(隐1.4)

此例"欲与大叔"句主语采用零形式，其语义角色为施事，小句谓语动词"与"为二价动词，支配施事和受事，要求零形主语的回指对象当是具备[+人]语义特征的名词性词语。考察前文语境中满足动词语义特征要求的只有一个，即紧邻小句的主语"君"，故而先行语就是"君"。

“若弗与”句与“欲与大叔”句谓语动词相同，其同样要求零形施事主语具有[+人]语义特征，前文语境中满足动词语义特征要求的名词语有三个：紧邻小句的主语“臣”、宾语“之”（按：指代“大叔”），以及紧邻前句的零形主语“Φ”（按：回指“君”），故而有3个潜在先行语。我们之所以能确定其回指对象为君，是因为进一步运用了“若弗与”与“欲与大叔”句法结构平行的语法信息。

“则请除之”句的谓语动词“请”为二价动词，要求零形主语是具有[+人]语义特征的名词语，前文语境中满足动词语义特征要求的潜在先行语有三个：紧邻小句的零形主语“Φ”、紧邻前句的主语“臣”和代词宾语“之”（按：指代“共叔”）。因此，潜在的先行语数量为3。我们之所以能确定其先行语为“臣”，是因为进一步运用了“则请除之”与“臣请事之”句法结构平行的语法信息。

(15)九月甲午，[楚子]i杀[斗成然]j，而Φi灭养氏之族。(昭14.5)

此例“灭”字句零形主语的语义角色为施事，要求潜在回指对象具有[+生命]这一语义特征，前文满足动词语义特征要求的名词语有两个：“楚子”和“斗成然”，潜在先行语的数量为2。但进一步结合前一小句谓语动词“杀”的语义，其受事“斗成然”实际上已经丧失生命，据此可以确定零形回指的先行语只能是楚子。

(16)[惠公]i元妃[孟子]j。[孟子]j卒，Φi继室以[声子]k，Φk生[隐公]l。(隐1.1)

此例“继室”句零形主语的语义角色为施事，要求回指对象具有[+

男性]这一语义特征，前文满足动词语义特征要求的只有名词语“惠公”，故而只有“惠公”为先行语。

(17)[声子]i 将如晋，Φi 遇[之]j 于郑郊，Φi + j 班荆相与食，而Φj 言复故。(襄 26.1)

此例小句中“相”字表明该句记述的是一交互性动作，据此可以确定零形主语(即“食”的主事)的所指对象至少为两个实体，属于合指之列，依据语境可以确定其回指对象包括声子和伍举(“之”所指对象)。

(18)a. 齐侯之夫人三：[王姬、徐嬴、蔡姬]i，Φi 皆无子。(僖 17.5)

b. 十八年春，[虢公、晋侯]i 朝[王]j。[王]j 飨醴，Φj 命之宥。Φj 皆赐玉五瑴、马三匹，非礼也。(庄 18.1)

上述两例有两个零形回指小句均含有副词“皆”，分别修饰谓语动词“无”和“赐”，其语义信息可以帮助确定潜在先行语。a 句“皆无子”中的副词“皆”语义上指向能够生子之人，述宾短语“无子”及前文“齐侯之夫人”提示我们潜在先行语当为紧邻小句的主语“齐侯之夫人”，“王姬、徐嬴、蔡姬”与主语“齐侯之夫人”为同位语，故而先行语为“王姬、徐嬴、蔡姬”。相较而言，b 句“皆赐玉五瑴、马三匹”之“皆”语义上指向受赐之人(虢公和晋侯)，小句谓语动词“赐”的语义表明其零形主语当为“赐者”，而且是社会地位高的人赐予地位低的人，因此零形主语的先行语当为“王”，而非小句的代词宾语“之”(指代“虢公晋侯”)。此例表明，判定零形回指的先行语，不能因为小句中含有表示“全”“都”义的副词就一律认为其零形主语包含多个实体。

(19)a. 昔[周公、大公]i股肱周室,Φi夹辅[成王]j。[成王]j劳[之]i,而Φj赐[之]j盟,曰:"世世子孙无相害也!"(僖26.1)

b. 十一月,[展舆]i因国人以攻[莒子]j,Φi弑[之]j,Φi乃立。(襄31.8)

此例反映的是等级特征,其中:a句动词"赐"语义上要求其主事的社会等级高于客事,由此可以确定先行语为"成王",其宾语"之"则回指周公和大公;b句动词"弑"语义上要求其主事的社会等级低于客事,其包含的语义信息是下臣施之于君上,由此可以确定先行语为"展舆",其宾语"之"则回指"莒子"。

有些语义特征对于远距离篇章零形回指先行语的确定也有作用。例如:

(20)二十四年春,[穆叔]i如晋。[范宣子]j逆[之]i,Φj问[焉]i,Φj曰:"古人有言曰['死而不朽']k,Φk何谓也?"[穆叔]i未对。[宣子]j曰:"昔[[匄]j之祖]l,自虞以上为陶唐氏,Φl在夏为御龙氏,Φl在商为豕韦氏,Φl在周为唐杜氏,晋主夏盟,Φl为范氏,Φk其是之谓乎!"[穆叔]i曰:"以[豹]i所闻,[此]m之谓世禄,非不朽也。鲁有先大夫曰[臧文仲]n,Φn既没,[其]n言立。Φk其是之谓乎!"(襄24.1)

该例两个"其是之谓乎"中,"谓"是言语类动词,主事当为语句,客事为所言之内容。据此可以确定零形主事的潜在先行语为语句,具体回指"死而不朽"这个小句,"死而不朽"为潜在先行语。

通过上述方式,可以确定绝大多数零形回指的回指对象或先行语。但仍有极个别用例还需要进一步考虑话题延续性。例如:

（21）a.［浞］i因［羿室］j，Φi生［浇］k及［豷］l，Φi恃［其］i谗慝诈伪而不德于民，Φi使［浇］k用师，Φk灭斟灌及斟寻氏。（襄4.7）

b.（［楚子］i）以［息妫］j归，Φj生堵敖及成王焉。Φj未言。（庄14.2）

c.［晋穆侯］i之［夫人姜氏］j以条之役生［大子］k，Φi命［之］k曰仇。（桓2.8）

d. 宋武公生仲子。（隐1.1）

（21a）"生浇及豷"零形主语的回指对象到底是谁？是"寒浞"，还是"羿之妻妾"呢？考《左传》"生"字句，其主事既可以是女性，如（21c）中之"姜氏"，也可以是男性，如（21d）之"宋武公"。据此，"生浇及豷"零形主语实际上有两解，无法完全根据任何语义特征来加以排除。我们标注时，之所以将该例零形主语的回指对象确定为"寒浞"，除了谓语动词的语义特征之外，还考虑了语篇主题以及零形回指的话题延续功能。同理，（21b）"生堵敖及成王焉"零形主语所指分析为"息妫"，也是考虑到与后续句"未言"的话题延续性。

4.2　三种篇章理论适用性的检讨：以《隐公》为例

4.2.1　话题连续性理论框架下的考察

以Givón（1983）为代表的话题连续性理论认为，篇章中与话题连续性有关的因素主要有三：指称距离、潜在干扰和延续性。其中，指称距离指语篇中回指语与其先行语之间间隔的小句的数量。

紧邻的两个小句之间的指称距离为1,间隔一个小句,指称距离为2,其余以此类推。当指称距离为1时,话题连续性最大,随着指称距离的增大,话题连续性逐渐减弱。潜在干扰指回指语与其回指对象之间存在的、可竞争作为回指语的回指对象的名词语。只有与相关小句中谓语动词具有语义兼容①的词语才被视为潜在干扰。如果在相关指称距离内没有发现潜在干扰,则潜在干扰值为0。延续性指回指语在随后话语中充当小句的语义论元的数量,无论这个论元担任何种句法成分,采用何种语法形式。也就是说,只要回指语在后续小句中出现,话题就具有延续性。延续性的最小值为0,表明话题一闪现便迅即退出篇章。

前两者与话题所在小句之前的话语语境以及听话者对回指语所指的确认有关;延续性则与话题所在小句之后的话语语境有关,可以凸显说话者的话题意图,是话题重要性的反映。话题连续性理论认为:指称距离越近,潜在干扰越少,延续性越强,则话题的连续性越强;话题的连续性越强,则越有可能使用简化的回指形式,如代词回指、零形回指等。

下面我们分别从指称距离、潜在干扰和延续性三个角度考察《左传·隐公》主语位置上的篇章零形回指。

4.2.1.1 指称距离

考察《左传·隐公》篇章零形回指在指称距离方面的基本情况,结果如下:

① 当指称成分的语义符合相关动词对于[±人][±生命][±施事]等语义特征的要求,我们称之为语义兼容。

表 4－1　《左传·隐公》中零形回指与其回指对象层级结构分布表

指称距离	1	2	3	4	5	≥6[①]	不定	合计
用例数[②]	281	30	13	3	2	7	3	339
比例(％)	82.89	8.85	3.83	0.88	0.59	2.06	0.88	100[③]

数据显示，指称距离为 1 的零形回指高达 82.89％，并且随着指称距离的增大，零形回指的数量锐减，这表明，指称距离的远近与零形回指的使用呈现出比较显著的对应关系，即零形回指多出现在紧邻先行语小句的后续小句中，这与话题连续性理论有关指称距离与篇章回指关系的描述是基本吻合的。

但同时我们也应看到，指称距离大于 1 时，毕竟还有 17.11％的用例使用了零形回指。其中甚至有一些长距离或超长距离的用例出现。如：

(22)［郑伯］i 使许大夫百里奉许叔以居许东偏，Φi 曰："天祸许国，鬼神实不逞于许君，而假手于我寡人，寡人唯是一二父兄不能共亿，岂敢以许自为功乎？寡人有弟，不能和协，而使糊其口于四方。岂况能久有许乎？吾子其奉许叔以抚柔此民也。吾将使获也辅吾子。若寡人得没于地，天其以礼悔祸于许，无宁兹许公复奉其社稷，唯我郑国之有请谒焉，如旧婚媾，其能降以相从也。无兹他族实偪处此，以与我郑国争此土也。吾子孙其覆亡之不暇，况能禋祀许乎？寡人之使吾子处此，不惟许国之为，亦聊以固吾圉也。"Φi 乃使公孙获处许西偏，曰："凡而

① D≥6 的 7 例之中，D＝7、D＝10、D＝11、D＝19、D＝25 的各 1 例，D＝12 的 2 例。

② 不特别注明时，用例数的统计单位均为"例/个"。

③ 合计的比重，本文统一处理为 100，虽然有时由于四舍五入，总百分比会略微偏离 100％。下同。

财贿，无置于许。”（隐 11.3）

上述例句中，两个零形回指之间的线性指称距离长达 25，间隔语句为郑伯所言，属于直接引语，零形回指与其先行语之间的话题连续性受到间隔的直接引语的阻隔，但仍可使用零形回指。

此外，当指称距离≥2 或指称距离为 1 但先行语的句法位置并非小句主语时，篇章中必然会出现话题转换，话题转换而使用零形回指，显然与话题连续性理论并不一致。如：

（23）1［庄公寤生］i，2Φi 惊［姜氏］j，3Φj 故名曰寤生。（隐 1.4）

此例 U3 的零形回指指称距离为 1，但其先行语为 U2 的宾语“姜氏”，话题发生了转换，而仍使用零形回指。又如：

（24）1［郑庄公］i 于是乎有礼。2 礼，经国家，定社稷，序民人，利后嗣者也。3［许］j 无刑/而 4Φi 伐之，5Φj 服/而 6Φi 舍之。（隐 11.3）

此例从 U3 到 U6，每个小句的话题均发生了转换，U4、U5、U6 不属于话题连续的情况，却仍可使用零形回指。

可见，长距离的零形回指和涉及话题转换的零形回指这两种现象都是话题连续性理论无法解释的现象。

4.2.1.2 潜在干扰

考察《左传·隐公》篇章零形回指在潜在干扰方面的基本情况，结果如下：

表 4－2 《左传·隐公》篇章零形回指的潜在干扰分布表

潜在干扰项数	G0	G1	G2	G3	G4	合计
用例数	222	90	25	1	1	339
比例（%）	65.49	26.55	7.37	0.29	0.29	100

数据显示,《左传 · 隐公》中潜在干扰数量为 0 的零形回指占 65. 49% ,潜在干扰数量为 1 的零形回指占 26. 55% ,潜在干扰数量≥2的零形回指仅占 7. 96% 。

这表明,零形回指的使用与潜在干扰的数量具有比较显著的对应关系:潜在干扰的数量越少,零形回指的使用频率越高。上述统计结果也基本符合话题连续性理论有关潜在干扰和篇章回指关系的描述。

但上表也同时显示,34. 51% (117 例)的篇章零形回指的先行语存在干扰,使用零形回指或许会引起读者的误解。例如:

(25)及庄公即位,Φi 为之请制。公曰:"制,岩邑也。虢叔死焉。佗邑唯命。"Φi 请京,使居之,谓之京城大叔。(隐 1.4)

此例小句"请京"的零形话题,除了其先行语"姜氏"之外,还存在两个潜在干扰:"之"(指代共叔段)、"公"。因为它们也都满足谓语动词"请"的语义特征要求,故而它们的存在会对零形话题回指对象的识别构成影响。

4. 2. 1. 3　延续性

从延续性角度考察《左传 · 隐公》中的篇章零形回指,结果如下:

表 4 –3　《左传 · 隐公》篇章零形回指的延续性表

延续值	0	1	2	3	4	5	6	7	合计
用例数	222	59	33	12	5	4	3	1	339
比例(%)	65. 49	17. 40	9. 73	3. 54	1. 47	1. 18	0. 88	0. 29	100

数据显示,《左传 · 隐公》中 65. 49% 的篇章零形回指的延续值为 0,表明多数零形话题在首次出现后便迅即退出语篇,不再延续。

延续值≥1 的比例为 34.41%，但零形回指在语篇中的平均延续值仅为 0.63。

这一结果表明，延续性对于《左传》零形回指的使用并没有产生太大的影响，也就是说，一个话题是否使用零形回指，与它本身在篇章中是否延续并没有多大的关系。这一点与话题连续性理论有关延续性和篇章回指的描述存在较大差异。

4.2.1.4　小结

以上我们分别从话题连续性理论所涉及的三个角度——指称距离、潜在干扰、延续性——对《左传·隐公》的篇章零形回指进行了考察。考察结果表明，在指称距离和潜在干扰方面，语料的实际情况与连续性理论基本一致，即指称距离越近、潜在干扰越少，篇章越倾向使用零形回指，但同时也存在相当数量的用例无法用连续性理论加以解释，尤其体现为长距离零形回指和零形话题转换这两种现象；在延续性方面，语料的实际情况与连续性理论的描述存在较大差异，使用零形回指的话题并未体现出显著的延续性。

4.2.2　层级结构理论框架下的考察

层级结构理论以 Man & Thompson(1986,1987)、Fox(1987)、Tai(1978)、陈平(1987)、徐赳赳(1999,2003)等为代表。该理论认为，影响篇章回指选择的最重要因素是语篇的层级结构。

Fox(1987)基于修辞结构理论考察了英语说明文中代词回指的分布模式：在新的语篇结构单位的开始，提及的指称词语倾向于使用名词回指；同一层级结构单位内，同一指称词语的随后提及倾向于使用简化的回指形式；超过了这一层级结构，一般使用名词回指。

我们知道,语篇/修辞结构具有层次性(徐赳赳,2010)、递归性(陈平,1987)特征,随着语篇的延展,语义层次的增加,语篇层级结构逐渐增大。由两个小句组成的语言片段可以视为一个层级结构,由两个以上小句组成的语言片段同样也可视为一个层级结构,而且小句间语义关系不同,组成层级结构的小句的数量亦不同。这说明层级结构有大有小,小的层级结构构成大的层级结构;从最小层级到最大层级,只要前后两个语言片段之间具有修辞语义关系,就都可以称为一个层级结构。

我们在 2.1 介绍了包含直接引语、插叙语或评说句的语篇层级,下面我们在层级结构理论的基础上进一步讨论由句间语义关系形成的语篇层级结构。

在统计之前,我们需要对如何计算层级进行说明,因为不同的统计方法结果有比较大的区别。结合层级结构理论以及本文进行的回指研究①,我们提出基础语段和直接语段两个概念。基础语段即最小语段,指由语篇中前后紧连、语义联系紧密的两个或两个以上小句组成的最小语言片段。语义关系不同,构成的小句数量亦不同。小句的语义关系可以分为主从和等立两大类。隶属主从语义关系的基础语段一般由两个小句构成,隶属等立语义关系的基础语段至少由两个小句构成。一般情况下,围绕同一语篇实体展开的诸连续小句可以直接归属于同一基础语段。例如:

(26)a. 1 仲子生而有[文]i 在其手,2Φi 曰为鲁夫人。(隐 1.1)

① 王大方(2013)在修辞结构理论框架内考察了远距离的回指,她在文中提出了最小语篇单位和最小修辞结构概念。她的最小修辞结构概念对我们提出基础语段有很大启发。

b. 1[大叔]i 完聚,2Φi 缮甲兵,3Φi 具卒乘,4Φi 将袭郑。(隐 1.4)

c. 1 夫[州吁]i 弑其君,2 而 Φi 虐用其民,3Φi 于是乎不务令德,4 而 Φi 欲以乱成,5Φi 必不免矣。(隐 4.3)

例(26a)的后续小句补充说明紧邻小句的宾语"文",两个小句之间是主从语义关系,构成最小语段。例(26b)的四个小句都以"大叔"为叙述对象,是等立语义关系,构成最小语段。例(26c)五个小句都围绕"州吁"展开评说,也可视为由等立语义关系构成的最小语段。①

至于对话性语篇,则可视为由一系列处于等立语义关系的话轮直接构成,这些话轮既是对话语篇的直接语段,也是对话语篇的最小语段。例如:

(27)1 祭仲曰:"……"2 公曰:"……"3Φ 对曰:"……"4 公曰:"……"(隐 1.4)

该例对话语篇可视为由"祭仲曰""公曰"等四个基础语段直接构成。相比之下,若中间还引入话对这一层级的话,反而很难处理 U2 之类承上启下的话轮,这类话轮不管属上还是归下都无法兼顾承上与启下两种语篇功能。既然如此,还不如直接处理为由话轮直接构成。而且,这一处理对研究零形回指而言也颇为方便,每次话

① 细分的话,例(26b) U1—3 和 U4 之间还可以进一步切分;例(26c) U1—4 和 U5 之间还可以进一步切分,其中 U1—4 内部还可以在 U1—2 和 U3—4 直接切分。但这些句子实际上主语都同指,零形回指都是在凸显话题连续性。上述这种进一步的切分只是细化了语义关系,但这些语义关系并没有影响回指使用,所以这种更为细致的切分对于我们的考察目标而言也就没有多大的实用价值。因此,本文提出最小语段,一定意义上是为了避免传统复句切分中那种切分到小句的繁琐操作。

轮转换也就是语段转换，因而也能更好的解释为何说者经常会以名词形式（如本例的U4）出现。

直接语段则是给定语篇的直接构成成分，直接语段往下切，最终各部分都可以切到基础语段。当语篇的直接语段均由最小语段构成时，则说明该给定语篇只有一个层级；当语篇的直接语段至少有一个不是最小语段时，则说明该语篇至少有两个层级，例如：

（28）1［郑庄公］i失政刑矣。2政以治民，3刑以正邪，4Φi既无德政，5Φi又无威刑，6是以及邪，7邪而诅之，8将何益矣。（隐11.4）

此例U4以U1的主语"郑庄公"为先行语，指称距离为3，属于零形话题转换。两者之间虽然间隔了两个小句，但是从层级结构着眼，这是一个夹叙夹议的语段，以"郑庄公"为主题，对"郑庄公失政刑矣"这一论断进行阐述。U2和U3作为论断依据，构成一个最小层级结构，处于语段的里层，与U1和U4—8处于不同层级，所以从层级结构来看，U1和U4的指称距离为1。

直接语段的切分，可以事件变化或时空变化作为分界标志。例如：

（29）1大叔完聚，2缮甲兵，3具卒乘，4将袭郑，5夫人将启之。6公闻其期，7曰："可矣。"8命子封率车二百乘以伐京。（隐1.4）

（30）1初，郑武公娶于申，2曰武姜。3生庄公及共叔段。4庄公寤生，5惊姜氏，6故名曰寤生。7遂恶之，8爱共叔段。9欲立之，10亟请于武公。11公弗许。12及庄公即位，13为之请制。14公曰："……"15请京，16使居之，17谓之京城大叔。（隐1.4）

例（29）语篇涉及的语篇实体有"大叔（段）""公""夫人"" 子封"

等。依据事件变化,我们将上述语篇划分为两个直接语段,分别是叙述大叔备战袭郑的 U1—5 和叙述公令伐京的 U6—8。例(30)语篇叙述了两个不同时间段的事件:一是郑武公在位时庄姜为共叔段请求君位(以"初"标示),一是郑庄公在位时庄姜为共叔段请求封邑(以"及庄公即位"标示)。因此,我们以"庄公即位"为界,将该语篇分为 U1—11 和 U12—17 两个直接语段。这两个语段的主角虽然都是姜氏,由于发生了较明显的时间转换,所以还是切分为两个直接语段更为合适。

在此基础上,我们考察了《左传·隐公》篇章零形回指与其回指对象的层级分布。我们用符号"Y"表示零形回指与其回指对象小句在修辞结构上间隔的关系层级,其中 Y1 表示间隔一个关系层级,Y2 表示间隔两个关系层级,以此类推。语篇表述的主题不同,则分属不同层级结构。考察结果如下:

表 4-4 《左传·隐公》中零形回指与其回指对象层级结构分布表

同一层级结构			不同层级结构	合计
Y1	Y2	Y3		
288	45	3	3	339
84.96%	13.27%	0.88%	0.88%	100%

数据显示,《左传·隐公》零形回指与其回指对象的层级分布以处于同一结构层级为常,占总数的 99.12%。在同一层级结构中,以间隔一个关系层级为常(84.96%),一般不超过两个关系层级(98.23%)。陈平(1987)考察了话语结构对现代汉语中零形回指的制约,认为零形回指与其回指对象的分布一般不会超过三个语义关系层级。王大方(2013)基于修辞结构理论考察远距离的回

指,认为先行语与其对应的回指成分一般在修辞距离上不会超过两个关系层级,我们的考察结果与两人的结论基本一致。

但是我们也应看到层级结构理论的局限性。根据我们的讨论,只要前后两个语言片段之间具有修辞语义关系,就都可以称为一个层级结构。随着语篇的延展,语义层次的增加,语篇层级结构必然也相应地逐渐增大。因此,跨层级使用零形回指的用例仍需要从其他角度加以解释。此外,层级理论虽克服了话题连续性理论单纯计算线性距离的简单化做法,但语篇层次的具体把握和计算却尚未发展出较为稳定统一的判定标准,各家的统计细则仍有较大的差异。

4.2.3　可及性理论框架下的考察

可及性理论以 Ariel(1988,1994)、许余龙(2004)等为代表。可及性通常指一个人在说话时,从大脑记忆系统中提取一个记忆单位的便捷或难易程度,简单地说,指名词性指称词语在语篇或心理中可及的程度。

Ariel 把篇章中用于回指的指称词语视为可及性标示语,指称词语采用的语言形式体现了其所指向的回指对象的可及性的高低。回指对象的可及性越高,其指称词语的形式就越简化,如代词、零形式、指示代词等,被称为高可及性标示语;名词性词语一般被认为是低可及性标示语。

可及性理论的篇章回指原则是:篇章中回指语的形式编码取决于回指对象的可及性,回指对象的可及性程度越高,越有可能编码为高可及性标示语,反之,则编码为低可及性标示语。

那么,回指对象的可及性又是由哪些因素决定的呢? Ariel

(1988)认为,影响回指对象可及性的因素有四个:间隔距离、竞争度、显著性、一致性。其中,间隔距离指回指语和先行语之间间隔的距离;竞争度指回指语和先行语之间存在的可竞争作为回指对象的名词短语的数量;显著性指回指对象在句子或语篇中的地位;一致性指回指语与先行语是否处于一个相同的认知心理框架。

Ariel(1994)认为,上述四个因素中,有些因素反映的是同一事实,如间隔距离和一致性反映的是关系的远近;竞争度和显著性则反映了回指对象的语篇地位。因此,在实际操作中,Ariel 趋向于将间隔距离和一致性归纳为回指语和先行语之间的联系性,将竞争度和显著性归纳为回指对象的显著性。

可以看到,Ariel 所说的四个因素和话题连续性理论与层级结构理论有许多相通之处。如其所说的"联系性"表现在两个方面:一是零形回指与其先行语之间的线性联系,这与话题连续性理论的指称距离相同;一是零形回指与其先行语之间的层级联系,涉及语篇的层级结构,这与层级结构理论相同。而其所说的竞争度又与话题连续性理论中的潜在干扰名异实同。所以,我们重点考察另外两种理论没有涉及的显著性因素。

Keenan & Comire(1977)提出名词短语的可及性等级体系(NP accessibility hierarchy)。这一理论认为,名词性词语充当的主语、直接宾语、间接宾语和旁语等句法成分中,主语比直接宾语具有较高的可及性,直接宾语比间接宾语具有较高的可及性,以此类推,构成一个从左到右依次递减的线性可及度等级体系。表述如下:

主语 > 直接宾语 > 间接宾语 > 旁语

这一序列表明,小句中,述谓中心语之外,主语、宾语等句法成分地位较高，具有高显著性。其他成分，如补语、定语等，则显著性较低。

以此为基础，考察《左传·隐公》篇章零形回指，结果如下：

表 4－5　《左传·隐公》篇章零形回指先行语的句法分布

先行语句法分布	主语	宾语	定语	旁语	合指	小句	其他[①]	合计
用例数	219	33	3	7	13	59	5	339
比例(%)	64.60	9.73	0.88	2.06	3.83	17.40	1.47	100%

数据显示，《左传·隐公》中先行语以处于主语位置为常，其次为小句和宾语，三者占比达到 91.74%。同时，合指的零形回指一般见于回指前文语境中的主语＋主语/宾语，子句主语、隐含宾语等作为主语或宾语，同样具有高显著性。这样看来，先行语处于显著句法或语篇位置的零形回指高达 95.58%。结合上文的论述，零形回指属于高可及性标示语，其所标记的先行语也因处于显著的句法或语篇位置而具有高可及性，两者的对应关系说明显著性因素制约着《左传·隐公》篇章零形回指的选择，这与可及性理论的篇章回指原则是吻合的。

以上的考察表明，显著性因素对于零形回指的选择的确起着非常重要的制约作用，是对话题连续性理论和层级结构理论的重要补充。如果说话题连续性理论主要是从回指语的使用情况逆向考察语篇中零形回指选择的原因，那么，显著性因素则是从先行语所处的句法或语篇位置顺向考察零形回指的使用原因，故而可及

① 其中，4 例先行语为动词或述宾短语，1 例为子句主语。

性理论中的显著性因素也应作为我们考察《左传》篇章零形回指的理论基础。

4.3 《左传》篇章零形回指研究的理论框架

以上我们分别采用话题连续性理论、层级结构理论和可及性理论对《左传·隐公》的主语零形回指现象进行了量化的考察，考察结果与三种篇章回指理论的回指原则基本吻合。

具体来说，在三种理论中，连续性理论所涉及的三个因素的量化程度最高，便于操作，而且其中的指称距离和潜在干扰两个因素能够解释《左传·隐公》大部分的篇章零形回指现象，因此，我们的研究应当以话题连续性理论为基础。

但是《左传·隐公》中也同时存在很多话题连续性理论无法解释的用例，集中体现为零形话题转换现象。《左传·隐公》的零形话题转换包括两种情形：一是指称距离等于1，但先行语不是小句主语的篇章零形回指；一是指称距离大于1的篇章零形回指。这两种情形都无法用连续性理论加以解释。

我们发现，可及性理论的显著性因素和层级结构理论能对上述现象做出解释，因此可以作为话题连续性理论的补充。其中，可及性理论的显著性因素主要用以解释第一种情形，层级结构理论则主要对第二种情形做出解释。

4.3.1 可及性理论与零形话题转换

首先来看可及性理论与零形话题转换的关系。下表是不同指称距离下零形回指先行语的句法分布情况：

表4-6 《左传·隐公》不同指称距离零形回指先行语的句法分布

句法位置 / 指称距离	主语	宾语	定语	旁语	合指	小句	其他	合计
D=1	181	27	1	5	9	53	5	281
D=2	16	4	2	2	0	6	0	30
D=3	12	0	0	0	1	0	0	13
D=4	2	1	0	0	0	0	0	3
D=5	2	0	0	0	0	0	0	2
D=7	1	0	0	0	0	0	0	1
D=10	1	0	0	0	0	0	0	1
D=11	0	1	0	0	0	0	0	1
D=12	2	0	0	0	0	0	0	2
D=19	1	0	0	0	0	0	0	1
D=25	1	0	0	0	0	0	0	1
D不定	0	0	0	0	3	0	0	3
合计	219	33	3	7	13	59	5	339

首先，我们可以看到，先行语在非主语位置（仅指主句主语）出现与指称距离有一定的对应关系：指称距离为1和2时，先行语占据非主语位置者分别占35.59%和46.37%；指称距离≥3时，同类用例降到6例（分布在9种距离上），仅占21.43%，其中4例为合

指,其余2例先行语为宾语。总体来看,指称距离越大,先行语在非主语位置上出现的概率就越低。由此我们得出推论,转换后的零形回指的先行语如果不是小句的主语,则先行语小句以紧邻零形回指小句为常,两者间最多间隔一个小句。

其次,结合4.3的相关表述,先行语在不同句法位置上的分布情况与该句法位置的显著性呈正相关,即一个句法位置的显著性越高,就越可能在后续小句中使用零形回指指称。

最后,无论指称距离远近,先行语都以居于主语位置为常,而且随着指称距离的增加,以主语为先行语的语篇更是处于绝对优势。这表明,长距离零形回指必须要借助先行语最为显著的句法位置来提醒读者由于指称距离增大和形式简化而造成的某种程度上的信息衰减。

4.3.2 层级结构理论与零形话题转换

首先,话题连续性理论的指称距离界定需要加以修正。话语并非简单的线性组合,而是具有层级的组织;因此,指称距离亦不能简单地计量话语的线性指称距离,而要以层级为计量平台,考察零形回指与其先行语之间的非线性指称距离。

根据表4-1的统计,《左传·隐公》指称距离大于1的零形回指共有55例,我们对这55例的零形回指与其先行语之间的间隔语句做了考察,我们用符号"Y"表示零形回指与其回指对象小句在修辞结构上间隔的关系层级,其中Y1表示间隔一个关系层级,Y2表示间隔两个关系层级,以此类推。语篇表述的主题不同,则分属不同层级结构。考察结果如下:

表 4－7　《左传·隐公》指称距离＞1 的零形回指与其先行语层级结构分布表

指称距离	间隔层级	插入语	对话方	直接引语	对话方+直接引语	关系小句	合计
D＝2	Y1	0	2	2	0	1	5
	Y2	5	1	1	0	18	25
D＝3	Y1	0	0	4	0	1	5
	Y2	0	0	0	1	2	3
	Y3	0	0	0	0	3	3
D＝4	Y2	0	0	0	2	0	2
D＝5	Y2	0	0	0	2	0	2
D＝7	Y2	0	0	0	1	0	1
D＝10	Y1	0	0	1	0	0	1
D＝11	Y2	0	0	0	1	0	1
D＝12	Y2	0	0	0	1	1	2
D＝19	Y2	0	0	0	1	0	1
D＝25	Y1	0	0	1	0	0	1
D 不定	Y2	0	0	0	0	3	3
合计		5	3	9	9	29	55

统计结果表明，指称距离大于 1 的零形回指中，间隔语句可以概括为三种情形：插入语、直接引语、回指语与先行语之间的关系小句。它们与零形回指语和先行语小句处于不同层面，如果依照语篇的线性排列测量回指语与其回指对象之间的指称距离，就会使零形回指与先行语之间的指称距离增大，实际上是人为掩盖了处于同一层级的零形回指与先行语之间的话题连续性。

如果我们不是基于简单的线性排列，而是基于话语层级测量零形回指与先行语之间的指称距离，当零形回指与先行语之间间隔插入语、直接引语、评说语或关系小句时，可以跨过这些处于不同层面的间隔语句考察零形回指与先行语之间的指称距离，此时《左传·隐公》中部分零形回指与先行语之间的指称距离仍为1，零形回指与先行语之间仍具有最大话题连续性。例如：

(31)[公]i曰："不可。先君以寡人为贤，使主社稷。若弃德不让，是废先君之举也。岂曰能贤？光昭先君之令德，可不务乎。吾子其无废先君之公。"Φi使公子凭出居于郑。(隐3.5)

此例零形回指"Φi"与先行语"公i"之间的线性距离为10，而基于话语层级测量的指称距离仅为1，因为"Φi"与"公i"之间的间隔语句为直接引语，分属不同层面。

再比如：

(32)[夏四月，费伯率师城郎]i。不书，Φi非公命也。(隐1.3)

此例零形回指"Φi"与先行语"夏四月，费伯率师城郎"之间间隔语句为"不书"，属于插入语，评价解释《春秋经》的体例，与零形回指和回指对象小句处于不同层面。抛开间隔语句测量，则零形回指"Φi"与先行语"夏四月，费伯率师城郎"之间指称距离为1，仍具有最大话题连续性。

又如：

(33)[豫]i请往，公弗许。Φi遂行，Φi及邾人、郑人盟于翼。(隐1.11)

此例，话语叙述的主题或核心是"公子豫"，间隔语句"公弗许"作为从句补充交代"公子豫"请求的结果，而后语篇继续返回到前文话题"公子豫"的叙述中。在话语语义结构的高一层次，零形回指与先行语小句仍是具有相同话题的小句组合，只不过其间间隔处于不同层次的关系小句。

再比如：

(34)君子谓："[郑庄公]i 失政刑矣。政以治民，刑以正邪。Φi 既无德政，Φi 又无威刑，Φi 是以及邪，[Φi 邪而诅之]j，Φj 将何益矣。"(隐 11.4)

此例话语论述的核心是"郑庄公失政刑矣"，间隔语句"政以治民，刑以正邪"说明"政""刑"在治理国家中的作用，同时作为论据论证何以言"郑庄公失政刑矣"，而后话语继续返回到先前的话题"郑庄公"，因此，虽然零形回指"Φi"与先行语"郑庄公"之间的指称距离为 3，但是因具有同一主题，处于同一层级结构，语篇仍可使用零形回指。

以上诸例表明，零形回指的先行语作为局部语篇的主题或核心，能够把被其他小句隔开的零形回指与其自身所处小句衔接在一起，在话语语义结构处于更高层次，零形回指小句与先行语小句仍是具有相同话题的小句组合，处于同一层级结构中。因此可以说，指称距离大于 1 的零形回指受到话题连续性和语篇层级结构双重因素的制约。

此外，层级结构理论的引入也会对连续性理论中的潜在干扰和话题的延续性产生影响。

由于引入层级结构，在计算潜在干扰时，自然要将处于较低层级的可竞争作为先行语的名词性词语排除，潜在干扰的数量也随之减少。如：

(35)a. 公问于[众仲]i 曰："卫州吁其成乎？"Φi 对曰："臣闻以德

和民,未闻以乱……”(隐4.3)

b. 对曰:“[群臣]i愿奉凭也。”公曰:“Φi不可,先君以寡人为贤,若弃德不让,是废先君之举也,岂曰能贤?”(隐3.5)

例(35a)零形回指“Φi”处于叙述语中,其前可竞争作为先行语的名词语有两个:众仲、卫州吁,其中“卫州吁”处于直接引语之中,与零形回指处于不同语篇层级。例(35b)零形回指“Φi”处于直接引语之中,其前可竞争作为零形回指“Φi”的先行语的名词语同样有两个:群臣、公,其中“公”处于叙述语中,与处于直接引语中的零形回指处于不同话语层级。

与潜在干扰一样,延续性同样涉及语篇中零形回指与先行语之间间隔的处于不同层级的小句。当零形回指与先行语之间间隔着直接引语、插入语或评说语,从层级结构的角度说,零形回指编码的话题应当是具有延续性的。如:

(36)[公]i曰:“叔父有憾于寡人,寡人弗敢忘。”Φi葬之,加一等。(隐5.9)

依照线性指称距离考察,该例“公”在后文的话题延续值为0,但是如果把直接引语当作另一层级,则“公曰”和“葬之”小句处于同一层级,仍属于话题延续。

综上,我们提出非线性指称距离的概念。所谓非线性指称距离,即基于话语层级结构测量的回指语与其先行语之间的间隔距离。具体讲就是当回指语与其先行语之间出现插入语、直接引语或评说语时,不把它们计为回指语和先行语的指称距离。与此同时,间隔语中存在的具有竞争作用的名词性词语不计为潜在干扰,零形回指与先行语之间的延续性也不因这些处于不同层级的间隔语句的存在而阻断。

基于非线性指称距离测量，则《左传·隐公》中原本指称距离大于 1 的 55 例回指用例中，有 17 例零形回指与先行语之间的指称距离变为 1。例如：

(37)[公]i 闻其期，Φi 曰："可矣。"Φi 命子封帅车二百乘以伐京。(隐 1.4)

(38)[夏，城郎]i。书，Φi 不时也。(隐 9.2)

这样，零形回指与先行语之间的话题连续性并未因为间隔处于不同层级的间隔语句而被隔断，更符合语篇的实际情形。因此，层级结构理论实际上对话题连续性理论做了扩充和修正，即话题的连续性不仅体现在线性距离为 1 的两个小句之间，也体现在非线性距离为 1 的小句之间。这也是《左传·隐公》中线性指称距离大于 1 的某些篇章零形回指得以存在的基础。

以上两节的分析表明，可及性理论和层级结构理论能够对部分零形话题转换现象做出解释，从而补充话题连续性理论的不足。至于零形话题转换现象的其他实现条件和制约因素，我们将在第 6 章做详细探讨。

4.4　小结

本章第一部分的研究表明，动词配价信息在确定是否存在零形回指以及确定回指对象方面都可以充分发挥基础作用。基于动词配价信息，结合其他语义语法信息，再辅之以语用信息和百科知识,基本可以确定《左传》篇章零形回指的回指对象和先行语。

第二部分的考察则表明,《左传·隐公》的篇章零形回指现象与三种篇章回指理论的回指原则基本吻合。其中,连续性理论所涉及的三个因素的量化程度最高,便于操作,而且其中的指称距离和潜在干扰两个因素能够解释《左传·隐公》大部分的篇章零形回指现象,因此,我们的研究应当以话题连续性理论为基础。而对于话题连续性理论无法解释的零形话题转换现象,可及性理论的显著性因素和层级结构理论能够做出解释。具体来说,可及性理论的显著性因素可以解释指称距离等于1,但先行语不是小句主语的零形回指转换;而基于层级结构理论提出的非线性指称距离则可以用来解释指称距离大于1的零形回指转换。

在此基础上,我们确定的《左传》篇章零形回指描写框架是:以话题连续性理论为基础,以层级结构理论和可及性理论为补充。

第5章　《左传》篇章零形回指的全面考察

本章拟运用上章确定的《左传》篇章零形回指(ZDA)研究理论框架,对《左传》篇章零形回指的分布做全面考察。根据1.2.1的界定,《左传》共有12273个ZDA用例。下面先对间接类篇章零形回指(51例)和合指类篇章零形回指(190例)进行简要说明,然后对剩余的12032例进行详细描写。

5.1　《左传》篇章零形回指的两种特殊现象

5.1.1　零形式的间接回指

间接回指指回指语的回指对象隐含在先行语中,由先行语所激活;此时,回指语和先行语的指称对象不是同指关系。在间接回指研究中,一个基本议题是:间接回指是否和直接回指一样,可以使用名词语、代词、零形式三种形式?有些学者(如桂诗春2000:420)认为只能用名词形式。而根据王军(2013:84—87)的研究,至少在英语和现代汉语中,间接回指可以使用代词形式,虽然比例非常低。王军同时认为间接回指使用零代词则"绝无仅有"。但根据我们的考察,在《左传》12273个篇章零形回指用例中,有51个用例属于间接回指,占总用例的0.42%。这说明,间接回指使用零形式虽然比使用代词更为罕见，但并非"绝无仅有"。值得注意的是，在《左传》这些篇章零形间接回指用例中，先行语都是动词或以动词为核心的指称结构，这明显有别于采取名词语形式的间接零形回指，后者先行语一般也是名词语。下面举例加以说明（间接回指的其他例子参见7.4.4）。

5.1.1.1 "娶"字句后续句的零形主语

考察《左传》，凡娶某国（或卿大夫）大宗之女，均用"娶于N"的形式（27）。[①] 如：

（1）初，郑武公娶于申，Φ曰武姜，Φ生庄公及共叔段。（隐1.4）

晋献公娶于贾，Φ无子。（庄28.1）

为之娶于齐，Φ而美。（桓16.5）

"娶于N"中的N为专名（诸侯国名、宗族名等），是被娶女子姓的标记。"娶"的对象均未出现。是不是因为它是无关轻重的旧信息，从而省略了呢？从上述例句来看，恰恰相反，"娶"字句大多出现在语篇之首，由"娶"字句引出了被娶者这个新话题。要解释这个问题，还要从"娶"的词义入手考察。

"娶"是"取"的后起字[②]，二者是一组古今字（或曰"区别字"）。《说文》的解释：

---

① 《左传》中亦有"娶N"的形式（6例），其中4例亦具有引入新话题的功能。如：

为公娶[邓曼]1，Φ1生昭公。（桓11.3）

齐崔杼生成及疆而寡，娶[东郭姜]1，Φ1生明。（襄27.7）

昔贾大夫恶，娶[妻]1而Φ1美。三年不言不笑。（昭28.3）

又娶二女于戎，大戎狐姬生重耳，小戎生夷吾。（庄28.2）

其中2例N为专名，2例N为普通名词。

② "娶"字最早见于甲骨卜辞，但是只作为妇女名字。参见赵诚（2009）。

娶，娶妇也。《说文·女部》

取，捕取也。《说文·又部》

《左传》中"娶"和"取"已经有了明确的分工。"娶"的词汇意义就是"娶妇"，其语义特征可以概括为[动作]+[对象]。"娶"的词义决定了它的语法功能，即"娶"是一个二价动词，只联系两个必有语义角色，一是娶者(施事)，一是所自(源点)。"所自"是被娶者姓的标记，要有介词"于"引入句法层面。所以"娶"字句紧邻的后续句，如以"曰""生"等动词作为核心动词时，其零形回指的回指对象[所娶之女]隐含在动词"娶"的词义中。①

5.1.1.2 "射"字句后续句的零形主语

《左传》中，动词"射"所激活的认知语义场景中包括三个语义角色：射者、被射者、箭矢。其中，射者、被射者为必有语义角色，在句法层面上与"射"共现。② 如：

(2)[伯棼]i 射[王]j。(宣 4.3)

[乐伯]i 左射[马]j，Φi 右射[人]k。(宣 12.2)

从篇章着眼，以"射"为核心动词的小句在语义上不是自足的，

① 《左传》的"娶于申，曰武姜"，到《史记·郑世家》变为"娶申侯女为夫人，曰武姜"、《史记·十二诸侯年表》为"郑武公十年娶申侯女武姜"；《左传》的"蔡景侯为大子娶于楚"，到《史记·管蔡世家》变为"景侯为太子娶妇于楚"。考察《史记》，43 例"娶"字句中有 35 例都是"娶"直接带指称被娶对象的宾语。这使我们联想到近几年人们常提及的从"综合"到"分析"的话题。蒋绍愚先生说：所谓从"综合"到"分析"，指的是同一语义，在上古汉语中是用一个词来表达的，后来变成或是用两个词构成词组，或是分成两个词来表达。(参考宋亚云：2006)那么，从"娶"到"娶女""娶妇"可否也视为从"综合"到"分析"呢？

② 箭矢为非必有语义角色，只是偶尔出现在句法层面，由介词"以"引入，如：
公以金仆姑射南宫长万。(庄 11.4)

需要交代后续的相关事件(射者的目的是否达成、被射者的结果如何、箭矢命中何处),语义才完整,因此《左传》中的"射"字句都有后续句存在,并且其中以零形主语句为常(54 例中占 50 例,约占总数的 93%)。从逻辑上看,零形回指的回指对象可以是三个语义角色中的任何一个:

或者回指射者(以 i 表示),例如:

(3)(贾大夫)Φi 射[雉]j,Φi 获[之]j。(昭 28.3)

(知庄子)Φi 射[公子谷臣]j,Φi 囚[之]j。(宣 12.2)

或者回指被射者(以 j 表示),例如:

(4)[公]i 曰:"谓之君子而射之,非礼也。"Φi 射[其左]j,Φj 越于车下。Φi 射[其右]j,Φj 毙于车中。(成 2.3)

[许为]i 射[之]j, Φj 殪。(哀 16.4)

或者回指箭矢(以 k 表示),例如:

(5)[伯棼]i 射[王]j,Φk 汰辀,Φk 及鼓跗,Φk 着于丁宁。Φi 又射,Φk 汰辀,Φk 以贯笠毂。(宣 4.3)汰,滑,掠过。

[吕锜]i 梦射[月]j,Φk 中[之]j,Φi 退入于泥。(成 16.5)

前两种情况,零形回指的先行语都可以在上文(主要是"射"字句)中找到,唯独第三种情况,回指箭矢,其先行语不在上文之中。[①]

《说文·矢部》:"射,弓弩发于身而中于远也,从矢从身。"段注:"谓用弓弩发矢于身而中于远也。"[②]这表明"射"的词义之中隐

① 仅 1 例"射"后出现指称箭矢的数量短语:

(子伯季子)射三发,皆远许为。(哀 16.4)

当属特例。

② 《管子·形势解》:"射者,弓弦发矢也。"

含着“射”的工具“矢”。① 回指箭矢的零形回指,其回指对象隐含在“射”的词义之中。

5.1.1.3 “占(卜、筮)”字句后续句的零形主语

《左传》“占”“卜”“筮”都是二价双向动词,无标记状态下占(卜、筮)者实现为主语,所占(卜、筮)之事(如梦境、生育、战争等)实现为宾语。例如:

(6)吕锜梦射月,中之,退入于泥。占之。(成16.5)

成季之将生也,桓公使卜楚丘之父卜之。(闵2.4)

苗贲皇言于晋侯曰:“楚之良,在其中军王族而已。请分良以击其左右,而三军萃于王卒,必大败之。”公筮之。(成16.5)

但从篇章着眼,以“占(卜、筮)”为核心动词的小句在语义上也是不自足的,需要交代占(卜、筮)所做的预测,语义才完整,因此《左传》中的“占(卜、筮)”字句都有交代预测结果的后续句,其零形主语句指的是卦象或繇辞。例如:

(7)[晋献公]i欲以骊姬为夫人,Φi[卜]j之,Φ'j(卜辞)不吉;Φi[筮]k之,Φ'k(筮辞)吉。(僖4.6)

5.1.1.4 “施”字句的零形主语

《左传》中,以动词“施”(“延伸”义)为核心的小句,其主语均选择零形式,例如:

(8)a.[君]i不忘先君之好,Φ施及下臣,Φi贶之以大礼,Φi重之以备乐。(成12.4)

① 汉代始见“射矢”“射箭”。如:
足如射箭。(新书·礼)射矢且尽。(汉书·李广传)

b. 君子曰:“[颍考叔]i,纯孝也。Φi 爱其母,Φ 施及庄公。《诗》曰:‘孝子不匮,永锡而类。’其是之谓乎?”(隐 1.4)

a 例“施”字句,其后续小句主语继续采用零形式,零形主语与前文的施事主语“君”同指,3 个小句的主语形成“Ni + Φ + Φi”序列。b 例“施”字句紧邻前句的主语采用零形式,且与前文的施事主语“颍考叔”同指,3 个小句的主语形成“Ni + Φi + Φ”序列。

从话题连续性的角度考察,如果将“施”字句零形主语视为施事主语,与其前后的零形主语同指,则 a 例、b 例均形成标准的话题链“Ni + Φi + Φi”。

但依据陆德明《经典释文》的注释,“施及庄公”例中,“施”的语义当为“延伸”义。[①] “延伸”义的“施”属于二价动词,其联系的两个必有语义角色中,一个是延伸的事物(当事),一个是延伸的终点(处所或对象)。因此,上述诸例中紧邻前句的施事主语显然不能满足核心动词“施”的语义特征要求。分析前文语境,能够延伸之物当为“(颍考叔)爱其母”之情、“君不忘先君之好”之惠,即上文紧邻小句“爱其母”“君不忘先君之好”的指称形式。

5.1.2 回指语指向多个先行语

《左传》绝大多数篇章零形回指用例中,回指语只指向一个先行语(12 032 例,占直接回指用例的 98.45%)。例如:

(9)[郑伯]i 以璧假许田,Φi 为周公、祊故也。(桓 1.1)

① 依据陆德明《经典释文》对《左传》“施”字音义的标注,“施”有两个读音:凡“延伸”义,以豉反,“施惠”“赏赐”义,式豉反(始豉反,式智反)。“施及庄公”句下,陆注云:“施,以豉反。又式智反。”以“以豉反”为首音。

上述回指类型,我们称之为单指。但是《左传》也有190例(占直接回指用例的1.55%)属于合指,此时回指语同时指向两个(或两个以上)先行语:这些先行语分属不同的句法成分,如主语+主语,主语+宾语,主语+旁语,等等;而这些句法成分或处于同一小句,或分属不同小句。例如:

(10)[公]i入而赋:"大隧之中,其乐也融融。"[姜]j出而赋:"大隧之外,其乐也泄泄。"Φi+j遂为母子如初。(隐1.4)

在合指类回指中,述谓核心语多是"和""盟""会""遇""谋""帅"等动词,这些动词支配施事、与事两个语义角色,属于二价动词。由这些动词充当述谓核心语的零形主语小句,若其两个语义角色均未出现,则该零形主语的先行语由上文两个句法成分一起担任。例如:

(11)[宋、卫]i既入郑,而以伐戴召蔡人,[蔡人]j怒,故Φi+j不和而败。(隐10.4)

(12)[齐人]i卒平[宋、卫]j于郑。秋,Φi+j会于温,Φi+j盟于瓦屋,Φi+j以释东门之役也。(隐8.5)

(13)[公]i会[齐侯]j于防,Φi+j谋伐宋也。(隐8.5)

(14)[齐侯]i会[晋侯]j,Φi+j盟于缯,以公子彊为质于晋,晋师还。(宣18.1)

(15)随以汉东诸侯叛楚。冬,[斗穀于菟]i帅[师]j伐随,Φi+j取成而还。(僖20.4)

(16)[楚成得臣]i帅[师]j伐陈,Φi+j讨其贰于宋也。(僖23.3)

有时,零形回指小句会以表示"全""都"之意的副词作为合指的句法标记，例如：

(17)[陈灵公]$_i$与[孔宁、仪行父]$_j$通于夏姬，Φ_{i+j}皆衷其衵服，Φ_{i+j}以通于朝。(宣9.6)

5.2 先行语的构成和句法位置

5.1分别对间接类篇章零形回指(51例)和合指类篇章零形回指(190例)进行了重点描写。从本节开始，我们将对《左传》剩余的12 032例进行描写，具体包括以下三个方面，即：先行语的构成和句法位置，回指语和先行语的指称距离(指称距离)，以及回指释义过程中的潜在干扰数量(干扰值)。

5.2.1 先行语的构成

《左传》篇章零形回指的先行语既可以是词、词组，也可以是小句或小句组合。其中：前者居多，共11094例，占92.2%；后者共938例，占7.8%。例如：

(18)[郑伯]i以璧假许田，Φi为周公、祊故也。(桓1.1)

(19)公赐[之]i食，Φi食舍肉。(隐1.4)

(20)夏，齐侯、卫侯[胥命]i于蒲，Φi不盟也。(桓3.3)

(21)[曲沃武公]i伐翼，Φi次于陉庭。(桓3.1)

(22)[晋师]i围戚。六月戊戌，Φi取之，Φi获孙昭子。(文1.5)

(23)石碏，纯臣也，恶州吁而厚与焉。[大义灭亲]i，Φi其是之谓乎！(隐4.5)

(24)[嘉偶曰妃，怨偶曰仇]i，Φi古之命也。[今君命大子曰仇，

弟曰成师]j,Φj 始兆乱矣。兄其替乎。(桓2.8)

例(18)零形回指的先行语为前一小句的名词语“郑伯”。例(19)零形回指的先行语为前一小句的代词“之”,指代“颍考叔”。例(20)零形回指的先行语为前一小句的动词短语“胥命”。例(21)零形回指的先行语为前一小句的名词短语“曲沃武公”。例(22)第一个零形回指的先行语为前一小句的名词语“晋师”,第二个零形回指的先行语为前一小句的零形主语。例(23)零形回指的先行语为前一小句“大义灭亲”。例(24)Φi 的先行语为“嘉偶曰妃,怨偶曰仇”这一小句组合,Φj 的先行语为“今君命大子曰仇,弟曰成师”这一小句组合。

《左传》先行语为小句或小句组合的用例一般出现于评说句中。评说句句首零形回指的回指对象一般指向紧邻的小句(组合),对语篇叙述的事件进行评价、解释或说明。

评说句的典型标记是句尾带有语气词“也”,一些句法结构固定的句子如“无乃不可乎”等包含言说者鲜明的感情色彩,同样是对前文所述内容的评价,其主语位置一般采用零形回指,先行语指向紧邻的小句(组合)。例如:

(25)《诗》曰:“[君子屡盟,乱是用长]i”。Φi 无信也。(桓12.2)

(26)管仲曰:“君以礼与信属诸侯,[而以奸终之]i,Φi 无乃不可乎!”(僖7.3)

(27)[是以青庙茅屋,大路越席,大羹不致,粢食不凿]i,Φi 昭其俭也。(桓2.2)

(28)冬,[楚子伐郑]i。Φi 郑未服也。(宣4.4)

(29)六年春,[晋、卫侵陈]i,Φi 陈即楚故也。(宣6.1)

(30)[郑及晋平]i,Φi 公子宋之谋也。(宣7.4)

5.2.2 先行语的句法位置

就先行语为词语的 ZDA 而言，其先行语的句法位置有六种，即：主语、宾语、定语、旁语、子句主语、谓语等。本文对《左传》这些用例先行语的句法位置做了统计，结果如下（不含间接回指用例、合指用例以及先行语为小句或小句组合的用例）①：

表 5－1 《左传》ZDA 先行语的句法位置

句法位置	主语	宾语	旁语	定语	子句主语	述宾短语	合计
用例数（例）	9 629	1 056	196	155	39	19	11 094
所占比重（%）	86.79	9.52	1.77	1.40	0.35	0.17	100

统计结果表明，零形回指的先行语绝大多数分布在主语位置，占 86.79%，其次是宾语，占 9.52%，两者相加占 96.31%。先行语分布在其他四种位置的用例数很少，每一位置均不超过两个百分点。下面按照用例数由高到低，依次对《左传》ZDA 先行语的句法分布加以举例说明。

5.2.2.1 先行语为主语

从信息角度考察，主语位置的先行语一般是旧信息所在，当它在后续小句以零形主语出现时，语篇旨在向读者提供更多关于它的新信息。例如：

（31）[公孙敖]i 闻其能相人也，Φi 见其二子焉。（文 1.1）

① 自本小节开始，不特别注明的话，所有计算比重均是相对于剔除掉间接回指和合指后先行语为词语的总用例数（11094 例）。

(32)[晋师]i围戚。六月戊戌,Φi取之,Φi获孙昭子。(文1.5)

(33)凡君即位,[卿]i出并聘,Φi践修旧好,Φi要结外援,Φi好事邻国,Φi以卫社稷。(文1.8)

(34)[秦伯]i伐晋,Φi济河焚舟,Φi取王官及郊。晋人不出,Φi遂自茅津济。(文3.4)

(35)己丑,[士弥牟]i营成周,Φi计丈数,Φi揣高卑,Φi度厚薄,Φi仞沟洫,Φi物土方,Φi议远迩,Φi量事期,Φi计徒庸,Φi虑材用,Φi书餱粮,Φi以令役于诸侯。Φi属役赋丈,Φi书以授帅,而Φi效诸刘子。(昭32.3)

5.2.2.2 先行语为宾语

处在宾语位置的先行语,一般作为新信息或语篇引进的潜在话题,在后续的零形回指小句中常会确立为新的话题。例如:

(36)仲子生而有[文]i在其手,Φi曰为鲁夫人。(隐1.1)

(37)郑武公[娶]i于申,Φ'i曰[武姜]i,Φi生庄公及共叔段。(隐1.4)

(38)卫成公不朝,使[孔达]i侵郑,Φi伐绵、訾及匡。(文1.5)

(39)秋,雨[螽]i于宋,Φi坠地而死也。(文3.5)

(40)公知之,告皇野曰:"余长[魋]i也,Φi今将祸余,请即救。"(哀14.4)

(41)王使让[之]i,曰:"夏征舒为不道,弑其君,寡人以诸侯戮之,诸侯、县公皆庆寡人,女独不庆寡人,何故?"Φi对曰:"犹可辞乎?"(宣11.5)

(42)季康子使冉有谓[之]i曰:"千乘之国,不信其盟,而信子之言,子何辱焉?"Φi对曰:"鲁有事于小邾,不敢问故,死其城下可也。"(哀14.2)

(43)子我在幄,出,逆[之]i。Φi遂入,闭门。(哀14.3)

5.2.2.3 先行语为旁语

处于旁语的先行语,或在谓语动词之前作状语,或在谓语动词之后作补语。指向旁语的零形回指,常见于语篇中回答对话的一方,或者是对语篇引进的潜在话题进行补充、说明或解释。例如:

(44)楚子将杀之,使与[之]i言曰:"尔既许不穀,而反之,何故?非我无信,女则弃之,速即尔刑!"Φi对曰:"臣闻之,君能制命为义,臣能承命为信,信载义而行之为利。"(宣15.2)

(45)酆叔问于[贾季]i曰:"赵衰、赵盾孰贤?" Φi对曰:"赵衰,冬日之日也,赵盾,夏日之日也。"(文7.5)

(46)陈侯为[卫]i请成于晋,Φi执孔达以说。(文2.4)

(47)晋献公娶于贾,无子,烝于[夷姜]i,Φi生秦穆夫人及大子申生。(庄28.2)

(48)秦伯任好卒。以[子车氏之三子奄息、仲行、虎]i为殉,Φi皆秦之良也。(文6.3)

(49)齐人或为[孟氏]i谋,曰:"鲁,尔亲也。饰棺而置诸堂阜,鲁必取之。" Φi从之。(文15.4)

5.2.2.4 先行语为定语

并不是所有类型的定语都有可能成为ZDA先行语的分布位置。《左传》ZDA先行语为定语时,多为指人的名词性词语(有的为第三人称代词"其"),它们作为主语、宾语、名词谓语的修饰语,表示领属语义关系;此时,零形回指句的谓语动词一般要求回指对象具有[述人]的语义特征。例如:

(50)[惠公]i 元妃孟子,孟子卒,Φi 继室以声子。(隐 1.1)

(51)[狐突]i 之子毛及偃从重耳在秦,Φi 弗召。(僖 23.4)

(52)狼瞫取戈以斩囚,禽之以从[公]i 乘,Φi 遂以为右。(文 2.1)

(53)郑穆公使视[客]i 馆,Φi 则束载、厉兵、秣马矣。(僖 33.1)

(54)晋郤缺言于赵宣子曰:"日卫不睦,故取[其]i 地,Φi 今已睦矣,可以归之。"(文 7.8)

(55)及曹,曹共公闻其骈胁,欲观[其]i 裸,Φi 浴,薄而观之。(僖 23.6)

5.2.2.5 先行语为子句主语

当先行语为子句主语时,该子句主语一般出现在谓语动词"闻""以""知""谓""梦"的宾语小句中。此类小句多见于标以"君子曰"的评论或臣子对国君的进谏之中。例如:

(56)吾闻[姬姓]i 唐叔之后,Φi 其后衰者也。其将由晋公子乎?(僖 23.6)

(57)臣谓[君]i 之入也,Φi 其知之矣。若犹未也,又将及难。(僖 24.1)

(58)君子是以知[秦穆之]i 为君也,Φi 举人之周也,与人之壹也。(文 3.4)

(59)君子谓[羊斟]i 非人也,Φi 以其私憾,败国殄民,于是刑孰大焉。(宣 2.1)

(60)初,郑公文有贱妾曰燕姞,梦[天使]i 与己兰,Φi 曰:"余为伯鯈,余而祖也。以是为而子,以兰有国香,人服媚之如是。(宣 3.6)

(61)小国无罪,恃实其罪,将恃[大国]i 之安靖己,Φi 而无乃包藏祸心以图之。(昭 1.1)

5.2.2.6 先行语为述谓短语

先行语为述谓短语的零形回指分为两种情形：一是先行语由名词谓语句的名词谓语充当，如例(62)(63)；一是先行语由动词谓语充当，如例(64)。

(62)王使甲坐于道及其门。门、阶、户、席，皆[王亲]i也。Φi夹之以铍。(昭27.2)

(63)有楚国者，其[弃疾]i乎！Φi君陈蔡，城外属焉。(昭13.2)

(64)惠公之在梁也，梁伯妻之，梁嬴[孕]i。Φi过期。(僖17.2)

5.3 指称距离

根据第4章的讨论，我们以连续性理论作为考察《左传》篇章零形回指的主要理论框架，并认为其中的指称距离和潜在干扰两个因素适用于量化《左传》的ZDA，而延续性这一尺度则没有多大的考量价值。因此，本小节将全面量化统计《左传》ZDA在指称距离上的分布情况，下一小节则统计潜在干扰。

指称距离(D)是考察篇章回指语篇分布的重要方法，指篇章中处于同一层级的回指语与其先行语之间间隔的小句数量。先行语为小句或小句组合的ZDA(共938例)，D=1的用例共934例，D=2的用例3例，D=6的用例1例。这表明用ZDA来回指事件或事理，指称距离很受限制，基本只能用于邻近回指，所占比重高达99.57%。

至于先行语为词语的ZDA，指称距离的分布情况具体如下：

表5-2 《左传》ZDA的指称距离

指称距离(D)	先行语句法位置						合计
	主语	宾语	定语	旁语	子句主语	述宾短语	
D=1	8 259	903	123	177	35	19	9 516
D=2	1 093	124	26	17	0	0	1 260
D=3	182	19	4	2	4	0	211
D=4	49	5	1	0	0	0	55
D=5	19	1	1	0	0	0	21
D=6	15	3	0	0	0	0	18
D≥7	12	1	0	0	0	0	13
合计	9 629	1 056	155	196	39	19	11 094

统计数据表明,《左传》ZDA随着指称距离(D)的增加,用例数急剧减少。具体来看,以D=1为常,共9 516例,占85.78%,略低于回指语为小句或小句组合用例的同类比值;其次是D=2,共1 260例,占11.36%;再次是D=3,共211例,占1.90%。三者合计占99.04%。相比之下,D≥4的用例总共只有107例,只占0.96%,其中最远者为D=13,只有1例,该例如下:

(65)夏,[楚子]i使[然丹]j简[上国之兵]k于宗丘且抚[其民]l1。Φj分贫振穷2,Φj长孤幼3,Φj养老疾4,Φj收介特5,Φj救灾患6,Φj宥孤寡7,Φj赦罪戾8,Φj诘奸慝9,Φj举淹滞10,Φj礼新叙旧11,Φj禄勋合亲12,Φj任良物官13。<u>Φi(D=13,G=18)</u>使[屈罢]m简[东国之兵]n于召陵14,Φm亦如[之]j15。Φi好于边疆16,Φi息[民]o五年17,而后Φi用[师]p18,礼也19。(昭14.3)

从上表还可以看出,先行语为主语和宾语时,指称距离最远,各个距离均有分布,其次是定语,再次是旁语和子句主语,最后是述宾短语。这一序列和上文5.2.2ZDA先行语的句法分布序列基本一致。这表明,指称距离与先行语的句法显著度有一定的相关性,先行语分布的句法位置越显著,其ZDA实现远距离回指的可能性也越大,距离分布也越多样。换个角度看,ZDA要实现远距离分布,对先行语句法位置也有一定要求,当D≥4时,先行语基本占据主语或宾语位置(定语位置仅1例)。

进一步来看,ZDA用例中,出现最多的是零形主语回指前一小句的主语,即同一话题的延续,此类用例共8 259例,占总用例的74.45%。此时,零形回指与其回指对象小句形成一个话题链(《左传》中此类话题链的长度不等,介于2—28个小句之间),话题链的首句采用名词形式引进话题,后续小句采用零形回指。例如:

(66)[公孙敖]i闻其能相人也,Φi见其二子焉。(文1.1)按,话题链延续2个小句。

(67)[齐桓]i怙恃其险,Φi负其众庶,Φi弃好背盟,Φi凌虐神主。(襄18.3)按,话题链延续4个小句。

(68)[宣子]i于是乎始为国政,Φi制事典,Φi正法罪,Φi辟狱刑,Φi董逋逃,Φi由质要,Φi治旧洿,Φi本秩礼,Φi续常职,Φi出滞淹。(文6.1)按,话题链延续10个小句。

(69)己丑,[士弥牟]i营成周,Φi计丈数,Φi揣高卑,Φi度厚薄,Φi仞沟洫,Φi物土方,Φi议远迩,Φi量事期,Φi计徒庸,Φi虑才用,Φi书糇粮,Φi以令役于诸侯。Φi属役赋丈,Φi书以授帅,而Φi效诸刘子。(昭32.3)按,话题链延续15个小句。

(70)[子产]i辞晋公子、公孙于东门,Φi使司寇出新客,Φi(使)(司寇)禁旧客勿出于宫。Φi使子宽、子上巡群屏摄至于大宫。Φi使公孙登徙大龟。Φi使祝史徙主祏于周庙,Φi(使)告于先君。Φi

使府人、库人各儆其事。Φi(使)商成公儆司宫,Φi(使)(商成公)出旧宫人,Φi(使)(商成公)寘诸火所不及。Φi(使)司马、司寇列居火道,Φi(使)(司马、司寇)行火所焮。Φi(使)城下之人伍列登城。明日,Φi使野司寇各保其征,Φi(使)郊人助祝史除于国北,Φi禳火于玄冥、回禄,Φi祈于四墉。Φi书焚室而宽其征,Φi(使)与之材。三日哭,国不市。Φi使行人告于诸侯。(昭18.3)按,话题链延续20个小句,本句主语所指虽也是[子产],但被"三日哭,国不市"隔断,所以未计入。

从句间语义关系考察,处于同一话题链的各小句多处于并列或顺承语义关系中。处于并列关系中的零形回指,语篇交代与零形话题有关的各个方面;处于顺承关系中的零形回指,语篇依照顺序叙述与话题有关的事件进程。例如:

(71)1故[明王]i之制,使诸侯岁聘以志业,2Φi间朝以讲礼,3Φi再朝而会以示威,4Φi再会而盟以显昭明。5Φi志业于好,6Φi讲礼于等,Φ7i示威于众,8Φi昭明于神。9自古以来,10Φi未之或失也。(昭13.3)按,U1—4为并列关系,U5—8为并列关系。

(72)1[子我]i在幄,2Φi出,3Φi逆[之]j,4Φj遂入,5Φj闭门。(哀14.3)按,U1—5均为顺承关系。

(73)1[穆伯]i如莒莅盟,2Φi且为仲逆。3Φi及鄢陵,4Φi登城而见之,美,5Φi自为娶之。(文7.7)按,U1和U2前为并列,U3、U4、U5为顺承关系。

除此之外的其他用例,由于零形回指的先行语均非前一小句的主语,在篇章层面必然出现零形话题的转换。此类转换在篇章中的表现主要分为两种情况:一是指称距离为1,零形回指指向非主语句法成分;二是指称距离≥2。

前者在《左传》中共有 1 257 例，占 11.33%，其出现频率仅次于回指邻句主语的零形回指。例如：[①]

(74) a. 有[蜚]i。Φi 不为灾，亦不书。(隐 1.7)

b. 芮伯万之母恶芮伯之多宠人也，故逐[之]i，Φi 出居于卫。(桓 3.8)

c. 及桓氏出，城鉏人攻[大叔疾]j，[卫庄公]i 复[之]j，Φi 使(j)处巢，Φ'j 死焉。Φj 殡于郧，Φj 葬于少禘。(哀 11.6)

(75) a. Φi 问[其]j 行，Φj 告之故，Φi 哭而送之。(昭 4.8)

b. 昔[成季友]i，桓之季也，Φi[文姜]j 之爱子也。Φj 始震而卜。(昭 32.4)

c. [狐突]i 之子[毛及偃]从重耳在秦，Φi 弗召。(僖 23.4)

(76) a. 公问羽数于[众仲]i，Φi 对曰："天子用八，大夫四，士二。夫舞，所以节八音而行八风。故自八以下。"(隐 5.7)

b. 是其生也，与[吾]i 同物，Φi 命之曰同。(桓 6.6)

c. 惠公元妃孟子。孟子卒，继室以[声子]i，Φi 生隐公而惠公薨。(隐 1.1)

(77) a. 小国无罪，恃实其罪，将恃[大国]i 之安靖己，Φi 而无乃包藏祸心以图之。(昭 1.1)

b. 寡君闻[楚]i 为不道，Φi 荐伐吴国，Φi 蔑厥民人，寡君使盖备使，吊君之下吏。(哀 15.2)

(78) a. 颍考叔，纯孝也，[爱其母]i，Φi 施及庄公。(隐 1.4)

b. 惠公之在梁也。梁伯妻之。梁嬴[孕]i，Φi 过期。(僖 17.2)

c. 夫赏，[国之典]i 也。Φi 藏在盟府，Φi 不可废也。(襄 11.5)

d. 有楚国者，其[弃疾]i 乎！Φi 君陈蔡，城外属焉。(昭 13.2)

---

① 当例中标有多个零形回指时，相关零形回指加下划线。

(79)a.[都城过百雉]i,Φi 国之害也。(隐1.4)

b.[郑伯如周]i,Φi 始朝桓王也。(隐6.7)

c. 冬,京师来告饥。[公为之请粜于宋、卫、齐、郑]i。Φi 礼也。(隐6.6)

当零形回指与其先行语的指称距离≥2时,两者之间必然间隔由其他对象充当主语的小句,此时在篇章层面同样会出现零形话题转换的现象。例如:

(80)1[老夫]i 耄矣。2Φi 无能为也。3 此二人者,实弑寡君,4Φi 敢即图之。(隐4.5)

此例U4的先行语是U2的零形主语,以U1的“老夫”为回指对象,间隔了以“此二人者”为主语的U3,指称距离为2。

(81)及[庄公]i 即位,Φj 为之请制。[公]i 曰:“制,岩邑也。虢叔死焉,佗邑唯命。”Φj 请京,Φi 使居之,谓之京城大叔。(隐1.4)

此例“庄姜”和“郑庄公”作为话题交叉出现,零形回指与先行语之间的指称距离都为2。

(82)君子谓:“1[狼瞫]i 于是乎君子。2《诗》j 曰:‘君子如怒,乱庶遄沮。’3Φj 又曰:‘王赫斯怒,爰整其旅。’4Φi 怒不做乱,Φi 而以从师,Φi 可为君子矣。”(文2.1)

此例直接引语中U4的零形主语以U1的主语“狼瞫”作为先行语,指称距离为3,出现话题转换。

关于零形话题转换的转换类型、实现条件和制约因素等情况,我们将在第6章集中进行考察。

5.4 潜在干扰

潜在干扰(值)是话题连续性理论考察篇章回指语篇分布的另一方法,指的是处于同一层级的回指语与其先行语所在小句之间存在的具有干扰作用、可竞争作为零形回指的回指对象的名词语的数量(按,不包括回指对象),依据这方法考察《左传》中的 ZDA,结果如下:

表 5 –3 《左传》ZDA 的潜在干扰

潜在干扰	0	1	2	3	4	≥5	合计
用例数	7 927	2 785	304	49	18	11	11 094
所占比重(%)	71.45	25.10	2.74	0.44	0.16	9.92	100

统计数据显示,《左传》ZDA 用例 71.45% 分布在零干扰篇章,潜在干扰(G)为 1 的用例占 25.10%,两者相加,所占比重为 96.55%。G > 1 的 ZDA 用例只有 382 例,只占 3.44%。可见,《左传》中潜在干扰与零形回指的使用之间具有联系:潜在的干扰越少,零形回指的使用频率越高;潜在的干扰越多,零形回指的使用频率越低。

G = 0 表明零形回指与其先行语所在小句之间不存在可竞争作为零形回指的回指对象的名词语,使用零形回指指称前文话题可以不受任何干扰制约,读者也无需付出认知努力就能确定零形回指的所指。

所谓不存在可竞争作为零形回指的回指对象的名词语,具体有两种情况:一是小句中不存在其他名词语;二是小句中虽然存在其他名词性词语，但与零形回指小句的谓语动词不具有语义兼容性特征。前者如：

(83)[郤犨]i 来聘，Φi 且莅盟。(成 11.2)

后者如：

(84)[季文子]i 如晋报聘，Φi 且莅盟也。(成 11.4)按，"晋"为表示地点的名词语，与"莅盟"语义不合。

(85)[冀]i 为不道，Φi 入自颠軨，Φi 伐鄍三门。冀之既病，亦惟君故。(僖 2.2)按，"颠軨"指称地点，不对回指对象构成潜在的干扰。

当上述条件无法满足时，则 G≥1。例如：

(86)1[楚武王] i 侵随，2Φi 使薳章求成焉，3Φi 军于瑕以待之。(桓 6.2)

U3 的谓语动词"军"，意为"驻扎"，要求回指对象具有[人]的语义特征，紧邻 U2 中符合动词语义特征要求的名词语有两个：零形主语 Φi(按，回指楚武王)、薳章。"薳章"为潜在干扰[①]，G=1。

(87)1 初，[晋穆侯] i 之夫人姜氏以条之役生大子，2Φi 命之曰仇，3 其弟以千亩之战生，4Φi 名之曰成师。(桓 2.8)

U2 谓语动词"命"要求回指对象具有[人]的语义特征，U2 之前，符合动词语义特征要求的名词语有三个：晋穆侯、姜氏、大子。其中，"姜氏""大子"为潜在干扰。U4 零形回指之前符合动词语义特征[人]要求的名词语有三个：U2 零形回指"Φi"(按，回指晋穆侯)、代词"之"及"其弟"。其中，代词"之"及"其弟"为潜在干扰，G=2。

① 关于潜在干扰的识别与排除详见 7.4 节。

(88)1[穆姬]i闻晋侯将至,2Φi以大子罃、弘与女简璧登台而履薪焉,3Φi使以免服衰绖逆。(僖15.4)

U3零形回指"Φi"的先行语是U2的零形主语"Φi",回指"穆姬",回指对象之外,"大子罃""弘""简璧"均符合[+人]的语义特征要求,G=3。

(89)十六年春,葬晋悼公。[平公]i即位,羊舌肸为傅,张君臣为中军司马,祁奚、韩襄、栾盈、士鞅为公族大夫,虞丘书为乘马御。Φi改服、修官,烝于曲沃。① (襄16.1)

零形回指小句的谓语动词"改服、修官"要求回指对象具有[人]的语义特征,先行语"平公"之外,"羊舌肸""张君臣""祁奚""韩襄""栾盈""士鞅""虞丘书"均满足动词的语义特征要求,G=7。

将指称距离和潜在干扰结合起来考察,我们得到以下结果:

表5-4 连续性理论视角下的《左传》篇章零形回指分布情况

回指距离	潜在的干扰(G)					
	G=0	G=1	G=2	G=3	G≥4	G平均数
D=1	6 804	2 449	222	25	10	0.3
D=2	927	281	44	8	0	0.3
D=3	154	36	15	5	1	0.6
D=4	25	12	9	8	1	1.1
D=5	8	3	6	2	2	1.5
D=6	5	4	6	1	2	1.7
D≥7	4	0	2	0	7	5.2

① 如果认为"羊舌肸为傅"等后续4个小句省略了"平公使",则"改服、修官"句零形回指的可能的干扰值为1。鉴于4个间隔语句为完整的主谓宾小句,我们考虑实际实现的语言形式。

从上表所反映的情况来看，指称距离和潜在干扰呈正相关，即随着指称距离的增加，干扰项也以相对稳定的幅度逐步增加。这也容易理解，随着指称距离的加大，先行语和回指语之间的语篇实体也势必增加，相应地潜在干扰也自然会有所增加。

5.5 小结

本章对《左传》12 273 个 ZDA 的分布情况进行了穷尽性的量化描写和分析，主要结论如下：

首先，《左传》有 51 个间接回指，另有 938 个用例，其先行语为小句或小句组合。这说明间接回指和抽象回指都可以使用零形式，尽管用例很少。

其次，《左传》绝大多数(91.07%)用例都属于先行语为词语的单指类直接回指。

对于这些用例，从先行语句法分布的情况来看，按照用例数由高到低依次是：主语(86.79%)>宾语(9.52%)>旁语(1.77%)>定语(1.40%)>子句主语(0.35%)>述宾短语(0.17%)。其中，回指主语和宾语的用例共占 96.31%，其他四种位置的用例数总共才占 3.69%。

从指称距离来看，回指事件或事理时，指称距离很受限制，基本只能用于邻近回指；回指事物时，其用例集中分布在 $1 \leqslant D \leqslant 2$ 的篇章语境中，其中 $D=1$ 的用例占 85.78%，$D=2$ 的用例占 11.36%，两者共占 97.14%。值得注意的是，指称距离与先行语的句法显著度有一定的相关性，先行语分布的句法位置越显著，其

ZDA 实现远距离回指的可能性也越大,距离分布也越多样。

在潜在干扰方面,基本分布范围是0≤P≤1,其中64.40%分布在G=0的篇章,G=1的用例占22.63%,两者相加,所占比重为87.03%。G>1的ZDA用例只有382例,只占12.97%。可见,潜在的干扰越少,零形回指的使用频率越高;潜在的干扰越多,零形回指的使用频率越低。

此外,根据本文的统计,《左传》ZDA直接用于回指前一句主语的用例共计8 259例,占74.45%。这说明,ZDA的基本功能还是用于标识话题连续性。但同时我们也注意到,《左传》ZDA也有25.55%的用例用于话题转换的情形,尤其是回指O(Ui-1)、A(Ui-1)等前一句非主语位置以及S(Ui-2)的用例,两者高达1257和1093例,分别占11.33%和9.85%;其余转换主题的ZDA用例共485例,占4.37%。对于ZDA用于转换话题的现象,下一章将着重进行描写和分析。

第6章　《左传》转换话题的篇章零形回指研究

6.1　引言

本章拟在第5章对《左传》进行全面考察的基础上着重讨论与转换话题有关的两种篇章零形回指：指称距离等于1但先行语不是小句主语的篇章零形回指、指称距离大于1的篇章零形回指。

根据表5-2的统计，指称距离为1且先行语为主语的用例共8259例，占总用例数的74.45%，也就是说，零形回指在多数情况下都用于同一话题的延续。当话题发生转换时，依照语言的明晰原则，最理想的回指形式应为名词回指。如：

(1)1 十二月，[公]i 疾，2Φi 偏赐[大夫]j，3 [大夫]j 不受。(昭32.4)

此例U1、U2的主语都是“公”，属于话题连续，U2的主语使用了零形回指，U3以U2的宾语“大夫”为先行语，发生了话题转换，使用了名词回指。又如：

(2)1 初，楚司马[子良]i 生子[越椒]j。2 [子文]k 曰：“必杀之！

是子也，熊虎之状而豺狼之声；弗杀，必灭若敖氏矣。谚曰：‘狼子野心。’是乃狼也，其可畜乎？”[①]3 [子良]i 不可。（宣 4.3）

此例 U3 和 U1 都以“子良”为主语，之间间隔了以“子文”为主语的 U2，指称距离大于 1，U3 的主语“子良”使用了名词回指。

同时我们也注意到，虽然转换话题的零形回指（为行文方便，下文简称为零形话题转换）在总体比例上不到四成，但在绝对数量上并不在少数（尤其表现为先行语处于宾语位置以及指称距离为 2 这两种情况），这显然是语言经济原则作用的结果。那么，零形话题转换是如何在语言经济原则的制约下保证其明晰性的？除了经济原则和明晰原则之外，零形话题转换是否还受其他因素的影响？

为解答上述问题，本章拟对《左传》中零形话题转换做全面考察[②]，着重讨论以下三个问题：

1. 零形话题的转换类型，即零形话题转换在篇章中以何种方式呈现；

2. 零形话题转换的实现条件，即确保零形话题转换后得到正确解读的必要条件；

3. 零形话题转换的制约因素，即在满足零形话题转换实现条件的前提下，制约转换后的话题使用零形回指的因素。

---

① 本文将直接引语视为与叙述语不同的层级，故在标示小句序列时未计算在内。

② Mao（2003）对《左传》的零形话题转换现象做过考察。但他的研究只以一种类型——“R1 - R2 - Φ1 - Φ2”（即发生连续转换的零形主语分别以上文出现的主语作为回指对象）为考察对象，考察的范围也没有涵盖《左传》全书（只选取了 22 年的叙事性语料，并且以前八公为主，后四公只选取了襄公 21 年、哀公 16 年）。

6.2 零形话题的转换类型

从出现零形话题转换的篇章所涉及的话题数量来看，出现零形话题转换的叙述性篇章[①]中，由指称不同实体的名词语充当话题的数量不等，最少为 2，最多为 10，具体数据如下：

表 6－1 出现零形回指的叙述性篇章出现的不同话题数

指称不同实体的话题数	2	3	4	5	6	7	8	9	10
出现零形回指的篇章数	544	105	34	13	5	3	1	1	1

数据表明，发生话题转换而仍选择零形回指的语篇中，话题数以 2 个为常，3 个次之，4 个再次之（2—4 个约占总数的 97%），话题数量超过 4 个，零形话题转换的现象骤减。

根据我们的考察，《左传》零形话题转换主要分为两类：设立新话题（Setting new topic，简称 SNT，先行语未在之前的篇章中充当话题）、回归旧话题（Returning to old topic，简称 ROT，先行语在之前的篇章中充当过话题）。这两种类型常常交织在一起，演绎出各种话题推进的模式。分述如下。

6.2.1 设立新话题（SNT）

此类零形话题转换是指在话题 i 的叙述中引入一个新对象 j，后续小句对 j 做出叙述或说明，于是 j 便成为新话题（Φ），新话题的

① 排除了评说类语篇及大段直接引语。

先行词处于 Ui 的非主语位置或隐含于 Ui 当中，Uj 和 Ui 多为相邻小句（D＝1），也可以间隔其他小句（D＞1）。SNT 只发生一次零形话题转换，可以记作：ni→Φj。举例如下（只标注与讨论相关的篇章实体和零形回指，下同）：

(3)1 初，[晋穆侯]i 之夫人[姜氏]j 以条之役生大子，2Φi 命之曰仇。（桓 2.8）

此例 U2 零形话题的先行词是 U1 定语位置上的“晋穆侯”，指称距离＝1，属于新话题的设立。其话题推进模式可以简化如下（“—”表示话题连续、“|”表示话题转换、“[　]”表示在篇章中出现的实体，“(　)”表示篇章中隐含的实体）：

ni[姜氏]
|
Φj[晋穆侯]

(4)1 初，[郑武公]i[娶]j 于申，2Φ'j（妇）曰[武姜]j，3Φj 生庄公及共叔段。（隐 1.1）

此例 U2 零形话题的先行词隐含在 U1 谓语动词“娶”中，指称距离＝1，属于新话题的设立。其话题推进模式为：

ni[郑武公]
|
Φj(妇)

(5)1 初，[郑公子兰]i 出奔晋，2Φi 从于[晋侯]j 伐郑，3Φi 请无与围郑。4Φj 许之，5Φj 使待命于东。（僖 30.3）

此例 U4 的零形话题以 U2 介词宾语位置的“晋侯”为先行词，指称距离为2，属于新话题的设立。其话题推进模式为：

ni[郑公子兰]—Φi—Φi
|
Φj[晋侯]—Φj

在有的篇章中，可以连续引入零形式的新话题[①]，构成 n1→Φ2→Φ3 的指称转换形式。如：

(6)1[孟献子]i 以[秦堇父]j 为右。2Φj 生[秦丕兹]k，3Φk 事仲尼。(襄10.2)

此例先后出现"孟献子""秦堇父""秦丕兹"3个话题。其中，U2的"秦堇父"和U3的"秦丕兹"使用了零形回指，其回指对象分别为U1的介词宾语和U2的宾语，属于连续SNT。其推进模式为：

ni[孟献子]
|
Φj[秦堇父]
|
Φk[秦丕兹]

(7)1[大子]i 闻之，2Φi 惧，3Φi 下[石乞、盂黶]j 敌[子路]k，4Φj 以戈击[之]k，5Φk 断缨。(哀15.5)

此例先后出现"大子""石乞、盂黶""子路"3个话题，虽然3个话题都使用了零形回指，但"大子"属于话题延续，"石乞、盂黶"和"子路"则属于SNT。其话题推进可描述如下：

① 从理论上说，篇章中的SNT可以连续多次出现，但是《左传》中仅见SNT连续两次的用例。

ni[大子]—Φi—Φi
|
Φj[石乞、盂黡]—Φj
|
Φk[子路]

6.2.2 回归旧话题(ROT)

ROT类转换可以进一步分为两种类型——ROT1、ROT2。

6.2.2.1 (SNT+)ROT1

ROT1的推进方式是,在话题i的叙述之后转入话题j(n/Φ)[①],两个话题之间为顺承关系或解说关系,之后语段又回到话题i(Φ),整个语段中,不论出现多少个话题,话题i都是表述的核心。如:

(8)1[鞅]i用剑以帅卒,2[栾氏]j退,3Φi摄车从[之]j。(襄23.3)

此例U2发生话题转换,以名词形式指称,U3回到旧话题"鞅",使用了零形回指,属于旧话题的回归。其话题推进模式为:

ni[鞅]— Φi
| |
nj[栾氏]
顺承关系

① 关于话题j具体使用何种形式受到哪些因素制约的问题,我们将在6.4节集中阐述。

(9)二月庚申,[楚公子弃疾]i迁许于[夷]j,Φj实城父。Φi取州来、淮北之田以益之。(昭9.2)

```
ni[楚公子弃疾]—      Φi
                 |    |
              Φj[夷]
              解说关系
```

(10)1[公]i祭之[地]j,2[地]j坟。3Φi与[犬]k,4[犬]k毙。5Φi与[小臣]l,6[小臣]l亦毙。(僖4.6)

此例共出现四个话题"公""地""犬""小臣",在五次话题转换中,只有"公"使用了零形回指,U3、U5均属ROT1。其话题推进模式为:

```
ni[公]  —  Φi      —  Φi
 |       |   |       |   |
nj[地]—  nk[犬]—   nl[小臣]
```

(11)1宋[向戌]i善于赵文子,2Φi又善于令尹子木,3Φi欲弭诸侯之兵以为名。4Φi如晋,5Φi告赵孟。6[赵孟]j谋于诸大夫。7[韩宣子]k曰:"……"8[晋人]l许之。9Φi如楚,10[楚]m亦许之。11Φi如齐,12[齐人]n难之。13[陈文子]o曰:"……"14[齐人]n许之。15Φi告于秦,16[秦]p亦许之。17Φi皆告于小国,18Φi为会于宋。(襄27.4)

此例先后出现了八个不同话题,其中只有"向戌"使用了零形回指。U9、U11、U15、U17均属ROT1。其推进模式为:

ni—Φi—Φi—Φi—Φi　　—Φi　—Φi　　—Φi—　Φi—Φi

［向戌］

nj［赵孟］　nm［楚］nn［齐人］nn［齐人］np［秦］

nk［韩宣子］　no［陈文子］—

nl［晋人］—

(12)1［王］i 曰:"然则死也。再败楚师,不如死;弃盟、逃仇,亦不如死。死一也。其死仇乎!"2Φi 命［公子申］j 为王,3Φj 不可;4Φi 则命［公子结］k,5Φk 亦不可;6Φi 则命［公子启］l,7Φl 五辞而后许。(哀6.4)

语段中先后出现"王""公子申""公子结""公子启"4 个话题。其中,"王"为主话题,语段先后两次回归主话题时均使用了零形回指,属于 ROT1;另外 3 个话题在引入时也都使用了零形回指,属于 SNT。此例的推进模式可描述如下:

ni［王］—Φi　　—Φi　　—Φi

Φj［公子申］　Φk［公子结］　Φl［公子启］

6.2.2.2　(SNT+)ROT2

ROT2 的推进方式是,语段中先后出现话题 i 和话题 j,其中话题 j 既可以独立作为话题出现,也可以作为话题 i 小句的一个句法成分引入语篇(SNT),后续语篇则在两个话题之间反复转换,因此两个话题均为 ROT,整个语段经历至少三次话题转换。

此类转换以人物的言语对话最为典型。具体来说,一般会在段首用名词形式引入对话的双方,之后的对话过程中,根据对话双

方地位的不同,至少有一方采用零形主语回指。如:

(13)1[晏子]i立于崔氏之门外,2[其人]j曰:"……"3Φi曰:"……"4Φj曰:"……"5Φi曰:"……"6Φj曰:"……"7Φi曰:"……"(襄25.2)

此例先后出现了"晏子""其人"两个话题,在两者的对话过程中,话题交替转换,均使用了零形回指。其话题推进模式为:

```
ni［晏子］—                Φi—   Φi—    Φi
      |                 |    |    |    |    |
          nj［其人］—    Φj—    Φj—
```

(14)1八月甲午,[晋侯]i围上阳。2Φi问于[卜偃]j曰:"……"3Φj对曰:"……"4[公]i曰:"……"5Φj对曰:"……"(僖5.8)

与上例不同的是,此例话题j则作为话题i小句的介词宾语引入。并且在后续语段中只有一个话题使用了零形回指。其话题推进模式为:

```
ni[晋侯]—Φi—          ni—
             |         |  |
           Φj[卜偃]—  Φj
```

除典型的对话类语段外,以叙述为主的语段也常出现两个话题交替转换的情况,其中既可以有对话,也可以有动作行为。如:

(15)1初,[宣子]i田于首山,2Φi舍于翳桑,3Φi见[灵辄]j饿,4Φi问其病。5Φj曰:"不食三日矣。"6Φi食[之]j,7Φj舍其半。8Φi问之。9Φj曰:"宦三年矣,未知母之存否,今近焉,请以遗之。"10Φi使尽之,11而Φi为之箪食与肉,12Φi寘诸橐以与之。13Φj既而与为公介,14Φj倒戟以御公徒而免之。15Φi问何故。16Φj对曰:"翳桑之饿人也。"17Φi问其名居,18Φj不告而退,19Φi遂自亡也。(宣2.3)

此例围绕“宣子”和“灵辄”这两个话题展开，随着情节的推演，两个话题反复交替，整个语段一共出现了12次话题转换，除两人首次出现时使用名词形式指称外，之后都采用了零形回指的形式。其话题推进模式为：

```
 ni—Φi—Φi—Φi   Φi—   Φi—   Φi—Φi—Φi—      Φi—   Φi—   Φi
[宣子]        |  |    |  |  |  |           |    |  |    |  |  |
             Φj—    Φj—   Φj—             Φj—Φj  Φj—    Φj—
        [灵辄]
```

(16)1[楚子]i使[薳罢]j来聘，2通嗣君也。3[穆叔]k问王子围之为政何如。4Φj对曰：“吾侪小人食而听事，犹惧不给命而不免于戾，焉与知政？”5Φk固问[焉]j，6Φj不告。(襄30.1)

此例共有“楚子”“穆叔”“薳罢”3个话题。其中，“穆叔”和“薳罢”构成ROT2的两个话题。而以“楚子”为话题的U1的作用则在于通过使动句引入ROT2的其中一个话题“薳罢”。其推进模式为：

```
ni[楚子]
|
nk[穆叔]      —Φk
|             |   |
Φj[薳罢] —        —Φj
```

(17)1[祁奚]i请老，2[晋侯]j问嗣[焉]i。3Φi称[解狐]k，4Φk其雠也，5Φj将立[之]k而6Φk卒。7Φj又问[焉]i。8Φi对曰：“午也可。”9于是[羊舌职]l死矣，10[晋侯]j曰：“孰可以代之？”11Φi对曰：“赤也可。”12Φj于是使[祁午]m为中军尉，13Φj(使)[羊舌赤]n佐之。(襄3.4)

此例共有“祁奚”“晋侯”“解狐”“羊舌职”4个主语。其中,“祁奚”和“晋侯”为ROT2的两个话题,而U4、U6的话题“解狐”和U9的话题“羊舌职”主要在语段中起承接作用,分别使用了零形回指和名词形式。其推进模式为:

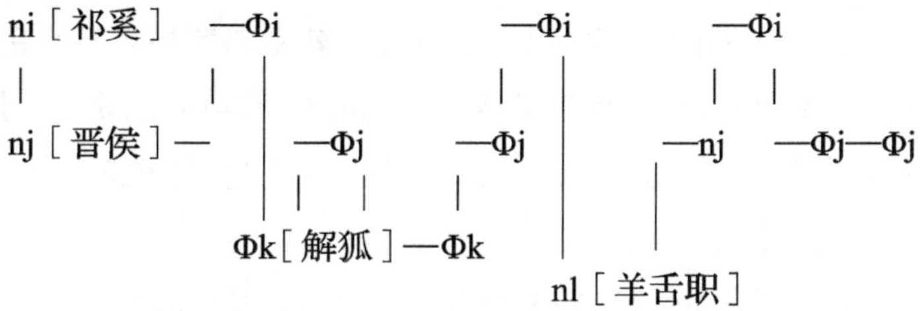

6.3 零形话题转换的实现条件

通过上节的归纳,可以看到《左传》中存在着大量不同类型的零形话题转换。由此而产生的问题是,转换后的零形话题得到正确解读的必要条件是什么?本节将重点关注和讨论这一问题。

根据上节对零形主语转换推进模式的描述,在确定零形话题转换时,关键是要确定语篇是否出现了SNT或ROT,而要明确这一点,我们主要依靠以下三个条件。

6.3.1 核心动词的语义特征

核心动词的语义特征是我们确定零形话题是否发生转换的首要依据。

这里所说的核心动词的语义特征主要体现在两个方面:一是V(Ui)所体现的启后性;二是V(Ui)与V(Uj)之间所形成的对立语

义关系。两者都能为我们确定语篇是否发生零形话题转换提供依据。

6.3.1.1 V(Ui)的启后性

V(Ui)的启后性是指,V(Ui)的语义特征要求Uj以V(Ui)所涉及或隐含的客事作为新话题,否则情节就不够顺畅或不够完整,会让人产生话未说完、事未了结之感。因此,Ui、Uj之间一般会发生SNT类转换。典型的V(Ui)包括"使""有""娶""御"等。

1. "使"字句

关于"使"字句,我们首先要做一个区分。试比较下面两句:

(18)a. [丑父]i使[公]j下,如华泉取饮。(成2.3)

b. [宋人]i惧,Φi使[华元]j夜入楚师,登[子反]k之床,Φj起[之]k,Φj曰:……(宣15.2)

如果我们把"使"字句记为A,表示为"Ni + 使 + Nj + VP1",后续句记为B,表示为"N/Φ + VP2",那么上述两句都可以表示为:

Ni + 使 + Nj + VP1,Φ + VP2

但是,从语义上看,两句有一根本的差异,a句"公如华泉取饮"这一动作完全是受丑父指使,b句"登床、起之"等一系列动作是华元入楚营之内见机自行采取的行动,并非受宋人直接指使。

这一语义差异表明动词"使"支配范围存在差异:前者"使"支配"后续VP2",后者"VP2、VP3"等均不受"使"支配。相应地,a句应分析为存在零形动词"使",b句则否。两句可分别标注如下:

(18')a. [丑父]i使[公]j下,Φi(使)Φj如华泉取饮。(成2.3)

b. [宋人]i惧,Φi使[华元]j夜入楚师,Φi登[子反]k之

床，Φj 起［之］k，Φj 曰：……（宣 15.2）

上述2例B部分均没有出现连词“且”，零形主语所指存在两种可能，或回指致事［如例（18a）］，或回指使事［如例（18b）］。相比之下，当B部分出现连词“且”时，VP2语义上只能陈述使事受致事指使的行为，例如：

（19）［楚子］i 使［薳启强］j 如齐聘，且 Φi（使）Φj 请期。（襄 24.5）

从语义来看，该句“聘”“请期”均为“如齐”的目的，因此该句还可以采取另一种分析：“聘且请期”为联合结构，再与“如齐”构成连动结构。这样就可以解释为何“且”字添加之后，B部分一定在“使”的管辖范围之内。为凸显这一特点，我们将例（19）改而标注如下：

（19'）［楚子］i 使［薳启强］j 如齐聘且请期。（襄 24.5）

通过上述区分，我们就可以比较清楚地说明下面这个句子：

（20）经文：五年春王正月，王使荣叔来归含且赗。三月辛亥，葬我小君成风。王使召伯来会葬。（文 5.1—5.3）

传文：五年春，［王］i 使［荣叔］j 来含且赗，Φi（使）［召昭公］k 来会葬，礼也。（文 5.1）

对照经文，传文将经文的两个“使”字句整合，后一个“使”字句因为致事同于前一个“使”字句，所以采取了零形主语和零形动词，即传文“召伯来会葬”需理解为省略了“王使”二字。而“含且赗”则只能整体视为一个谓词性的联合结构，然后再与“来”构成连动结构——“含且赗”与“来”的关系，犹如“会葬”和“来”的关系。不同的标注方式刚好可以体现不同的层次关系："召昭公来会葬"和"荣叔来含且赗"是一个层面，表达的都是王所指派之任务，但使事有别；"含"与"赗"是一个层面，表达的都是王指派给荣叔的任务，均为来鲁的目的。

通过上面的分析不难看出，与转换话题有关的是(18b)类的"使"字句。此类"使"字句后续小句的零形话题以"使"的兼语为先行语，发生零形话题转换，可以描写为：Ni + 使 + Nj + Vp1，Φj + Vp2。如：

(21)[楚子]i 使[赖人]j 追之，Φj 不及。(桓 13.1)

(22)夏，[楚子]i 使[然丹]j 简上国之兵于宗丘且抚其民。Φj 分贫振穷，Φj 长孤幼，Φj 养老疾，Φj 收介特，Φj 救灾患，Φj 宥孤寡，Φj 赦罪戾，Φj 诘奸慝，Φj 举淹滞，Φj 礼新叙旧，Φj 禄勋合亲，Φj 任良物官。Φi 使[屈罢]k 简东国之兵于召陵，Φk 亦如之。(昭 14.3)

以上两例，"使"字句的后续小句分别以"使"的兼语"赖人""然丹""屈罢"作为零形话题，属于 SNT 类转换。

"使"的兼语可以为零形式，如：

(23)1 楚[蒍掩]i 为司马，2[子木]j 使(蒍掩)i 庀赋，3Φi 数甲兵。(襄 25.11)

此例 U3 的零形话题以 U2"使"的零形兼语"蒍掩"为先行词，其回指对象为 U1 的话题"蒍掩"，属于 ROT 类转换。

2. "有"字句

作为动词，"有"在《左传》中有两个义项：有 1，领有；有 2，表示存现。无论是"领有"义，还是"存现"义，其后续句的主语往往为零形式，以"有"的客事("有 1"的宾语或"有 2"的兼语)为先行语

(共63例)。因此,“有”字句具有设立新话题的功能。如:

(24)初,[魏武子]i有[嬖妾]j,Φj无子。(宣15.5)

(25)[赵]i有[侧室]j,Φj曰[穿]j,Φj晋君之婿也,Φj有宠而弱,Φj不在军事,Φj好勇而狂,Φj且恶臾骈之佐上军也。(文12.6)

(26)[缙云氏]i有[不才子]j,Φj贪于饮食,Φj冒于货贿,Φj侵欲崇侈,Φj不可盈厌,Φj聚敛积实,Φj不知纪极,Φj不分孤寡,Φj不恤穷匮。(文18.7)

以上为“有1”。

(27)[仲子]i生而有[文]j在其手,Φj曰为鲁夫人。(隐1.1)

(28)是岁也,有[云]i如众赤鸟,Φi夹日以飞三日。(哀6.4)

(29)[尹固]i之复也,有[妇人]j遇之周郊,Φj尤[之]i,Φj曰:“处则劝人为祸,行则数日而反,是夫也,其过三岁乎?”(昭29.2)

以上为“有2”。

3.“娶”字句

《左传》中,以“娶”为核心动词的小句有35例,一般都作为语段的始发句出现,属于交代背景的信息。其中有后续小句的33例,发生话题转换32例①,这说明动词“娶”具有很强的启后性。在这32例当中,有20例都使用了零形回指,其核心动词为“曰”“生”“无”“美”等,用以交代所娶之人的姓名、子嗣、容貌等信息,出现SNT类转换。如(Φ'表示间接零形回指):

(30)[穆伯]i娶于莒,Φ'j(妇)曰[戴己],生文伯。(文7.7)

① 话题延续仅有的一例为:[蔡景侯]i为[大子般]j娶于楚,Φi通焉。(襄30.5)

(31)[晋献公]i娶于贾,Φ'j(妇)无子。(庄28.2)

(32)Φ(卫宣公)i为之娶于齐,而Φ'j(妇)美。(桓16.5)

《左传》中的"烝""报""女"(嫁女)等动词与"娶"处在同一语义场中,以它们为核心的小句,亦具有启后功能,其后续小句也发生话题转换,而选择零形回指。如:

(33)(晋献公)i烝于[齐姜]j,Φj生秦穆夫人及太子申生。(庄28.2)

(34)[文公]i报[郑子之妃]j,Φj曰[陈妫]j,Φj生子华、子臧。(宣3.6)

(35)[宋雍氏]i女于郑庄公,Φ'j(妇)曰[雍姞],Φ'j生厉公。(桓11.3)

需要指出的是,以"烝""报"为核心动词的小句,启后功能虽然与"娶"相同,但其后续小句零形回指的先行语则与"娶"异。

4."御"字句

表示"驾车"义的"御"在《左传》中最常见的格式是"御戎"或"御N(诸侯或主帅)",与小句"N为右"配合,用以叙述主帅的战车配置情况(46例中占42例)。后续语篇中如果出现了零形话题,往往选择"御"的客事作为先行语,导致语篇出现SNT类转换。如:

(36)1[棠公]i死,2[偃]j御[武子]k以吊[焉]i。3Φk见棠姜而美之,4Φk使[偃]j取之。(襄25.2)

此例U3的零形话题以U2"御"的客事"武子"为先行语,出现SNT转换。

(37)1[侯叔夏]i御[庄叔]j,2[绵房甥]k为右,3[富父终甥]l驷乘。4冬十月甲午,Φj败狄于咸。5Φj获长狄侨如。(文11.5)

此例U1—U3构成了一个交代主帅战车配置人员的语义场景,主帅是整个场景的核心,凸显程度最高,所以U4的零形话题以战争的主帅——U1"御"的客事"庄叔"为先行语,属于SNT转换。

6.3.1.2 V(Ui)与V(Uj)之间的对立语义关系

所谓对立关系,是指V(Ui)与V(Uj)在词义或语义特征上构成明显对立,让读者根据经验常识即可判断两者不可能由同一主事发出或完成,Ui与Uj的主语一定不同,必然出现话题转换。

1. 词义对立

典型的词义对立关系体现为"言语-回应"①类场景。

此类情景模式中:V(Ui)为言语类动词,如"问、告、言、谓、曰、请、求、诘、戒、让、数、私"等;V(Uj)为回应类动词,如"对、曰、许、辞、从、与、献"等。两者在语义上构成典型对立,Ui与Uj之间一定发生话题转换。如:

(38)[公]i问羽数于[众仲]j。Φj对曰:"……"(隐5.7)

(39)[秦伯]i谓[子桑]j:"与诸乎?"Φj对曰:"……"(僖13.4)

(40)[公]i曰:"鲁可取乎?"Φj对曰:"……"(闵1.5)

(41)初,楚[子玉]i自为琼弁、玉缨……[大心]j与[子西]k使[荣黄]l谏,Φi弗听。(僖28.4)

① 此处的"言语"是一个广义的概念,泛指一切需要通过言语表达的内容,还可以进一步分析出请求、命令、召唤、责备、对话等下位概念。"回应"则既指言语的应答,也包括动作的回应。

(42)[司徒老祁、虑癸]i 伪废疾,Φi 使请于[南蒯]j 曰:"……"Φj 许之。(昭 14.2)

(43)[子大叔]i 戒[之]j 曰:"大国之人不可与也。"Φj 对曰:"无有众寡,其上一也。"(襄 24.8)

动词"曰"独用,本无所谓问与答,但在语篇中借助于直接引语和语境的提示,也可以构成"言语—回应"场景。例如:

(44)[晏子]i 立于崔氏之门外,[其人]j 曰:"……"Φi 曰:"……"Φj 曰:"……"Φi 曰:"……"Φj 曰:"……"Φi 曰:"……"(襄 25.2)

一问一答,零形回指的话题交替转换。

根据我们的考察,《左传》中的"言语—回应"类场景模式共出现了如下组合:告—辞/从/许/听/、谏—入/听/从/止、问/诘/戒/让/数/私—对、请—辞/许/听/献/与、求—献/许/与、谓—对/应/曰、言—对/曰、曰—对/从/辞/听。

与"言语—回应"相似的,还有"动作—回应"类场景。如:

(45)(鲁昭公)i 赐[子家子]j 双琥、一环、一璧、轻服,Φj 受之。(昭 32.4)

(46)[楚子]i 以灭舒鸠赏[子木]j。Φj 辞曰:"先大夫蒍子之功也。"(襄 25.13)

(47)郑[子皮]i 授[子产]j 政,Φj 辞曰:"国小而偪,族大宠多,不可为也。"(襄 30.13)

(48)[庸人]i 逐之,Φi 囚[子扬窗]j。Φj 三宿而逸。(文 16.4)

以上各例的"赐—受""赏—辞""授—辞""囚—逸"都构成了"动作—回应"类词义对立,小句之间也都出现了零形话题转换。

2. 语义特征对立

在很多情况下，虽然 V(Ui)与 V(Uj)之间并无明显的词义对立，但是它们在各自的语义特征上呈现出的差别，也同样能够提示我们 Ui 和 Uj 之间是否出现了零形话题转换。

比如，“射”在配价结构上要求三个语义角色：射者、受事、箭矢。其中，射者和受事为必有语义角色，一般需要在句法层面显现(如“伯棼射王”)；箭矢为非必有语义角色，一般不出现在句法层面，如需做特别交代，可由介词“以”引入，置于“射”的前后(如“公以金仆姑射南宫长万”)。所以，《左传》中的“射”为三价双向动词。而从篇章着眼，以“射”为核心动词的小句在语义上不是自足的，需要交代后续的相关事件(射者的后续行动、受事的结果如何、箭矢命中何处)语义才完整，因此，《左传》中的“射”字句都有后续句存在。同时我们也发现，“射”字句的后续小句以使用零形话题为常(54 例中占 50 例)。那么，这个零形话题的所指应当如何确定呢？从逻辑上看，该零形话题可以指向“射”的三个相关语义角色中的任何一个，此时，我们需要根据“射”与后续小句核心动词的语义特征来做出判定。具体来说：

A. 指向射者，话题延续。Ni[+人]+射[+动作][+自主]+Nj——Φi+V[+动作][+自主]+Proj。如：

(49)1(贾大夫)i 射[雉]j,2Φi 获[之]j。(昭 28.3)

(50)1(知庄子)i 射[公子谷臣]j,2Φi 囚[之]j。(宣 12.2)

以上两例中，V(U2)的语义特征与“射”相同，亦为二价自主动作动词，其主事以 U1 的射者为先行语，使用零形回指；其客事以 U1 的受事为先行语，使用代词回指。两例均未出现话题转换。

B. 指向受事，出现话题转换。Ni[+人]+射[+动作][+自主]+ Nj/Proj——Φj+V[+动作][-自主]。[①] 如：

(51)1[许为]i 射[之]j。2Φj 殪。(哀16.4)

(52)1[子都]i 自下射[之]j,2Φj 颠。(隐11.3)

(53)1[牛臣]i 隐于短墙以射[之]j,2Φj 卒。(襄25.12)

(54)1[公]i 曰:"……"2Φi 射[其左]j,3Φj 越于车下。4Φi 射[其右]k,5Φk 毙于车中。(成2.3)

以上四例中，"射"字句后续小句的核心动词为一价动词，不具备[自主]的语义特征，在句法层面没有宾语出现，其零形话题以"射"的受事为先行语，出现话题转换：若先行语为代词形式，一般为ROT类转换；若先行语为名词形式，一般为SNT类转换。

C. 指向"箭矢"，出现话题转换。Ni[+人]+射[+动作]+ Nj——Φ'+V[-动作]+N。如：

(55)[伯棼]i 射[王]j,Φ'k(矢)汏辀,Φ'k 及鼓跗,Φ'k 着于丁宁。Φi 又射,Φ'k 汏辀,Φ'k 以贯笠毂。(宣4.3)

(56)[吕锜]i 梦射[月]j,Φ'k(矢)中[之]j,Φi 退入于泥。(成16.5)

以上两例中，"射"字句后续小句的核心动词均非动作动词，而是体现出[位移]的语义特征，其宾语位置上的语义角色表示位移的终点或目标，其零形话题以"射"隐含的语义角色"箭矢"为回指对象，发生SNT类转换。

之所以出现以上三种不同的结果，关键在于"射"字句后续小

① 本文将凡非自己主观意志、以及由外在压力所致的动作都视为具有[-自主]语义特征。

句的核心动词的语义特征不同。具体来说：

A 组的“获/囚”等动词与 B 组的“殪/颠/卒/越/毙”，虽都是动作动词，都要求指人名词为施事，但“获/囚”等都具有［＋自主］语义特征，都是二价动词，与“射”一致，故能够实现话题同指；而“殪/颠/卒/越/毙”都具有［－自主］语义特征，都是一价动词，与“射”对立，故话题发生转换。C 组“汏/及/着/贯/中”等动词不是动作动词，带有［位移］的语义特征，其支配的另一语义角色为终点，与“射”完全不同，故话题发生转换。

动词“射”的情况提示我们，使用零形回指的小句，其核心动词如果与其紧邻的前句的核心动词在语义特征上呈现对立，其话题所指发生转换将是大概率的。根据我们的考察，呈现对立的语义特征主要有以下几个层面：

(1) ［±人］

如果 V(Ui)与 V(Uj)在语义特征上呈现出［±人］的差别，其中一个要求其主事［＋人］、另一个要求其主事［－人］，则必然发生零形话题转换。如在《左传》中经常出现的占卜类动词“卜/筮”[①]与其后续小句的核心动词“吉”，前者要求其主事为人，具有［＋人］特征，后者要求其主事为占卜后的预兆，具有［－人］特征，发生 SNT 类转换：

(57) 1［晋献公］i 欲以骊姬为夫人，2Φi 卜之，3Φ'j(卜辞)不吉；4Φi 筮之，5Φ'k(筮辞)吉。(僖 4.6)

此例 U3 和 U5 的核心动词都是“吉”，与它们各自之前的小句核心

① “占”字句的主语所指为施行占卜者，后续小句则为占卜者在占卜之后所说的言语，以“曰”为谓语动词，两句主语同指，故不发生主语转换。

动词“卜”和“筮”构成语义特征上[±人]的对立(卜/筮[+人]——吉[-人]),两个小句的话题都不能选择之前小句的主语“晋献公”作先行语,两处均发生SNT类转换,U4则同样不能以U3的零形话题作先行语,只能回归旧话题“晋献公”,属于ROT类转换。又如:

(58)1(知庄子)i每射,2Φi抽[矢]j,3Φj菆,4Φi纳诸厨子之房。(宣12.2)

此例中,U3的名词性谓语“菆”意为“好箭”,其主语只能选择U2的宾语“矢”为回指对象,属于SNT。U4的谓语动词“纳”要求其话题具有[+人]的语义特征,在之前的语段中也只有“知庄子”符合这一要求,所以U4属于ROT。

(2)[±动作]

虽然V(Ui)与V(Uj)在[+人]的语义特征上相同,也同为二价动词,但在[动作]上呈现出差别,其中一个是典型的动作动词(其客事为典型的受事),另一个没有体现出典型的动作性(其客事为受事以外的其他语义角色),那么Ui与Uj之间也会发生零形话题转换。除了“射—汰/及/着/贯/中”之外,又如:

(59)1[许]i无刑而2Φj(郑)伐之。3Φi服而4Φj舍之(隐11.3)

此例中,U1、U2的核心动词分别为“无”与“伐”,其中,“无”是表示存现类的动词,“伐”则是典型的动作动词,故两个小句的话题极有可能异指。

(3)[±自主]

如果V(Ui)与V(Uj)同时具备[+动作]特征,但是存在[±自主]的差别,一个为二价自主动词,另一个为一价非自主动词,则必

然发生零形话题转换。除"射—殪/颠/卒/越/毙"外,又如:

(60)[子山]i 处[令尹之官]j,[夫槩王]k 欲攻[之]i,Φi 惧而去[之]j,[夫槩王]入[之]j。(定 4.3)

(61)六月壬申,[王子朝之师]i 攻[瑕及杏]j,Φj 皆溃。(昭 24.5)

(62)[郑人]i 击[简子]j 中肩,Φj 毙于车中(哀 2.3)

(63)秋九月,[齐公孙虿、公孙灶]i 放其大夫[高止]j 于北燕。乙未,Φj 出。(襄 29.14)

(64)[国人]i 逐[之]j,Φj 故出。(哀 11.2)

(65)夏五月壬申,[成子兄弟]i 四乘如公。[子我]j 在幄,Φj 出,Φj 逆[之]i。Φi 遂入,Φi 闭门。(哀 14.3)

(66)1[晋人]i 获[秦谍]j,2Φi 杀[诸]j 绛市,3Φj 六日而苏。(宣 8.1)

除上述三种主要类型之外,我们还发现一些比较特殊的语义特征同样能够起到提示零形话题转换的作用。如:

(67)1[宋人]i 以[兵车百乘、文马百驷]j 以赎华元于郑。2Φj 半入,3 华元逃归。(宣 2.1)

此例 U2 的核心动词"入"加上数量限定"半",提示我们该句的零形话题必须具备[+数量]的语义特征,从而确定其先行语为 U1 中包含数量信息的介词宾语"兵车百乘、文马百驷",发生零形话题转换。

(68)1 九月,晋惠公卒。2[怀公]i 立,3Φi 命无从亡人,4Φi 期,5 期而不至,6 无赦。7[狐突]j 之子[毛及偃]k 从重耳在秦,8Φj 弗召。(僖 23.4)

此例 U8 的核心动词“召”的语义特征为[+召至],其主事和客事有视点远近的差别,主事为视点中心,客事则远离视点。根据 U1—U6 提供的语义信息,语段的叙述视点在“晋国”,而 U7 指明“毛及偃……在秦”,所以 U8 零形话题的先行语为 U7 话题“毛及偃”的同位语的定语“狐突”,语段发生零形话题转换。

(69)1(徒人费)i 走出,2Φi 遇[贼]j 于门。3Φj 劫而束之。(庄 8.3)

此例 U3 的核心动词“劫”具有[+胁制]的语义特征,优先选择 U2 的客事“贼”作为先行词,发生零形话题转换。

总之,无论是分析动词的词义、其语义特征、其支配的语义角色,还是分析其与邻句动词的语义联系,归根到底是语义相容的问题,即后续句的核心动词是否与前句的话题在语义上兼容,如果兼容,话题得以延续,如果不兼容,则话题所指发生转换。具体细节还有很多有待挖掘。在这方面,我们还需要做进一步的探索。

6.3.2 篇章的结构层次

从整个篇章着眼,小句之间虽然呈线性排列,却并非都是简单的顺承关系,而可能呈现较为复杂的结构层次。由此,同话题的两个小句只是在线性序列上被由其他话题充当主语的小句隔开,实质上在更高的层次仍然保持了其延续性,即陈平(1987)所说的宏观连续性。也就是说,篇章的结构层次能够为 ROT 类转换提供依据。

这里所说的篇章的结构层次主要体现在三个方面:Ui 与 Ui-1 之间的并列关系或解说关系;核心动词的重现;句法结构的平行。

三者往往交织在一起,共同提示篇章的结构层次。例如:

(70)1 夏,[楚子]i 使[然丹]j 简上国之兵于宗丘且抚其民。2Φj 分贫振穷,3Φj 长孤幼,4Φj 养老疾,5Φj 收介特,6Φj 救灾患,7Φj 宥孤寡,8Φj 赦罪戾,9Φj 诘奸慝,10Φj 举淹滞,11Φj 礼新叙旧,12Φj 禄勋合亲,13Φj 任良物官。14Φi 使[屈罢]k 简东国之兵于召陵,15Φk 亦如[之]j。16Φi 好于边疆,17Φi 息民五年,18 而后 Φi 用师,19 礼也。(昭 14.3)

此例中,如果单从线性距离考虑,U14 的零形话题以 U1 的话题"楚子"为先行语,指称距离为 13。如果按照线性距离确定其先行语,我们需要逐一排除掉 17 个干扰项("然丹、上国之兵、上国之民、贫、穷、孤幼、老疾、介特、孤寡、罪戾、奸慝、淹滞、新、旧、勋、亲、良","灾患"和"官"为无生命实体,故未计入)才能最终在 U1 中找到先行语"楚子"。若果真如此,这一解读过程必定很漫长,且排除干扰的难度也很大。可事实上,我们在解读 U14 的零形回指时,并没有因为距离超大、干扰项超多而遭遇到多大困难。相反,根据 U2—U13 的句法结构和韵律特点,我们可以很轻易地将之视为一个大的语段(记为 X),都是在陈述同一个话题"然丹"的行为;而根据 U14 与 U13 的差异又可以很快从反面判断出 U14 并不属于语段 X,因而与 U13 并没有直接的组合关系;同时根据 U14 与 U1 核心动词"使"的重复和句法结构的平行(使 + N + 简 + O + 于 + O),又可以从正面判定出 U14 与 U1 有组合关系,进而识解出其先行语。显然,在这一解读过程种,篇章的结构层次发挥了非常重要的作用。正是凭借于此,我们才能在解读中直接跳过这 17 个干扰,瞬间找到先行语。

(71)1[后帝]i 不臧,2Φi 迁[阏伯]j 于商丘,3Φj 主辰,4[商人]k[是]j 因,5 故辰为[商]k 星。6Φi 迁[实沈]l 于大夏,7Φl 主参,8[唐人]m[是]l 因,9Φm 以服事[夏]n、[商]k,10[其 m 季世]o 曰[唐叔虞]p。(昭 1.12)

此例整个篇章可以分为两个大语段,图示如下:

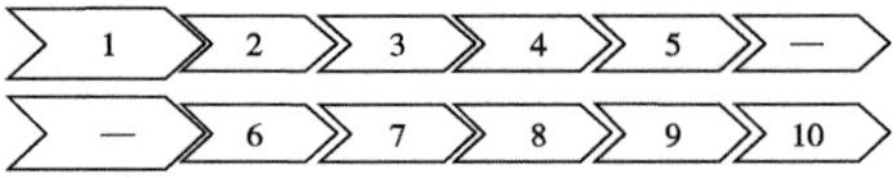

根据上图所示,U1—U5 是一个大语段,U6—U10 是另一个大语段,各自话题所指都转换了 3 次。两个语段之间各有小句存在动词重复和句法结构平行的现象,即 U2 = U6(迁 + O + 于 + O),U3 = U7(主 + O),U4 = U8(N 是因)。U6 与 U5 没有直接的组合关系。如将 U1 视为总说句,其余视为分说句,那 U2 实际上是第一个语段的开头,U6 则是第二个语段的开头,两者在各自语段中处于对当的位置。寻找 U6 零形话题的先行语,首选是第一个语段的对当句子的主语位置,尽管有时两个语段对当句子的主语可能不同,如 U3 与 U7。

(72)1[舜]i 臣[尧]j,2Φi 举[八恺]k,3Φi 使 Φk 主后土,4Φk 以揆百事,5 莫不时序,6 地平/7 天成。8Φi 举[八元]l,9Φi 使 Φl 布五教于四方,10 父义、11 母慈、12 兄友、13 弟共、14 子孝,15 内平/16 外成。(文 18.7)

此例可以直接归为两个语段:U1—U7 为一语段,话题转换了 4 次;U8—U16 为另一语段,话题转换了 7 次。两个语段的组成部分也依次呈现明显的对应关系,图示如下:

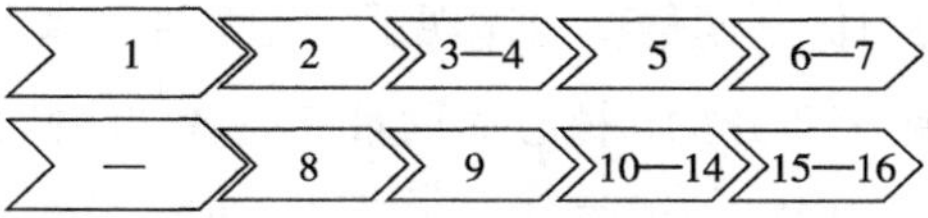

其中:U2—U8、U6—U7与U15—U16句法结构完全相同,U3—U4与U9是部分相同。U5与U10—U14在表述上有简繁之别:前者以一“莫”涵盖自然界之百事,后者分别细述社会界之五伦。这些对应部分虽然在句法相似度上有所差异,但在每一语段中的对应位置却保持高度一致。拿该例U5和U10—U14来说,在各自所在的语段中都表达的是一系列事件的最终结果:前者叙述了八恺举用之后的历法之效,后者叙述了八元举用之后的教化之效。

从上述例子来看,某两个小句之间的句法结构平行,很大程度上反映的是这两个小句所在语段之间的结构平行。而在两个平行语段之中,对应位置的话题所指往往也相同,这显然将使远距离回指的解析变得更为迅捷。拿例(72)U8的零形话题来说,只要确定其与U2存在句法结构平行,那么通过比照U2的话题就可以得出U8的零形话题所指。如此一来,U8实际上是先根据平行关系确定了零形话题的回指对象,然后再根据U2和U3话题之间的同指关系,确定U8零形话题的先行语为U3的主语。在这一意义上说,对零形话题回指的解读更在乎的是找到确切的回指对象,而非找到离得最近的先行语。

根据我们的考察,篇章结构层次对指称距离D≥3的ROT类零形话题转换所起的标示作用尤为明显,具体来说:

首先,D=1、2的ROT绝大多数(至少占80%)都是顺承关系;从距离3开始,Ui至Ui-1中会经常出现并列关系或解说关系:D=3的用例有53例体现了上述两种关系,所占比重为31.93;D≥4

时则有 2/3 的用例不同程度地体现了上述两种关系。

其次,从距离 3 开始,核心动词重复或者句法结构平行的语例占较大比重,其中 D = 3 时有 39 例,占 23.49%;D≥4 时则有则有 45 例,占 42.06%。

综上,对于较远距离(D≥3)的 ROT 类转换来说,句法结构的平行、核心动词的重现、并列关系和解说关系的动用,有时甚至还有韵律上的齐一,都极有利于解读者快速把握到整个篇章的结构层次。

6.3.3 篇章语境及百科知识

在有些篇章中,零形话题句核心动词的语义特征不够显著,篇章的结构层次也没有明确的提示,此时就需要充分利用上下文提供的语境信息(篇章中涉及的言语内容,相关词语的逻辑语义暗示)或百科知识来帮助我们判断。

比如我们曾经讨论过 ROT2 类转换的典型场景——人物的言语对话。对此类话题转换,多数情况下,我们可以通过言语类动词的对应使用("曰/问/谓/言/—曰/对曰")明确零形话题的回指对象。但是,一旦篇章中缺少足够的言语动词信息,则需通过具体的言语内容确定话语的起止及说者的身份,如:

(73)1[楚子]i 登巢车,2Φi 以望晋军。3[子重]j 使[大宰伯州犁]k 侍于王后。4[王]i 曰:"骋而左右,何也?"5Φk 曰:"召军吏也。"6Φi"皆聚于中军矣。"7Φk 曰:"合谋也。"8Φi"张幕矣。"9Φk 曰:"虔卜于先君也。"10Φi"彻幕矣。"11Φk 曰:"将发命也。"12Φi"甚嚣,且尘上矣。"13Φk 曰:"将塞井夷灶而为行也。"14Φi"皆乘矣,左右执兵而下矣。"15Φk 曰:"听誓也。"16Φi"战乎?"17Φk 曰:"未可知也。"18Φi"乘

而左右皆下矣。"19Φk 曰:"战祷也。"[伯州犁]k 以公卒告王。(成 16.5)

此例记录的是晋、楚鄢陵之战即将开始之时,楚共王和太宰伯州犁的一段对话。因为伯州犁本为晋臣逃至楚国,对晋国的情况比较清楚,故而楚共王向其询问晋国战前的准备情况。在记录对话时,除了对话刚开始时的楚共王用名词形式引入之外,后续篇章中的言语双方都使用了零形话题,楚共王一方甚至省略了谓语动词"曰"。此时,我们只能依靠篇章所记录的言语内容确定双方话语的起止,从而确定篇章中一共发生了 15 次零形话题转换。

再如:

(74)1[胜]i 谓[石乞]j 曰:"王与二卿士,皆五百人当之,则可矣。"2[乞]j 曰:"不可得也。"3Φj 曰:"市南有熊宜僚者,若得之,可以当五百人矣。"(哀 16.5)

按照常规的理解,在言语场景当中,主语转换呈现出较强的交替性,U3 的零形主语应当回指"胜",但古籍中也存在着同为一人言语仍重复使用言语动词"曰"的情况,用以表示设问或另起话题的作用[①]。此时需要我们根据言语内容来确定说者身份,从而确定零形回指的对象。根据下文的提示,知道熊宜僚的人当为石乞而非胜,所以 U3 没有发生零形回指的转换。

(75)1[齐人]i 将立[孝公]j,2Φi 不胜[四公子之徒]k,3Φk 遂与[宋人]l 战。4 夏五月,[宋]l 败[齐师]m 于甗,5Φl 立[孝公]j 而还。(僖 18.3)

① 参见俞樾《古书疑义举例》十九:一人之辞而加曰字。

依据话题延续性理论,U1—3 优先选择“齐人”为主语,构成一条清晰完成的话题链。但如果结合 U5 及相关的背景知识可以得知,导致齐宋交兵的直接原因是孝公的废立,齐人和宋国是拥戴孝公的,而“四公子之徒”则反对拥立孝公,并在齐国占据了优势,也才导致宋国出兵。因此,与宋人作战的只能是反对拥立孝公的“四公子之徒”,U3 零形主语的回指对象应当是 U2 的宾语“四公子之徒”。关于这段历史,《史记·齐世家》表述得更为清楚:“齐人将立太子昭,四公子之徒攻太子,太子走宋,宋遂与齐人四公子战。五月,宋败齐人四公子师,而立太子昭。是为齐孝公。”此例说明,对于有些使用了零形回指的句子来说,仅从篇章层面来考虑,而不以相关的历史背景为参考,就无法确定零形主语的回指对象,也就无法对篇章做出正确的解读。

6.4 零形话题转换的制约因素

上节所讨论的零形回指转换的实现条件只是为篇章话题转换采用零形回指提供了可能,即保证转换后的主语能够得到正确解读。上述条件的满足并不必然导致转换后的话题使用零形回指。事实上,《左传》中还有很多满足上述条件而仍然使用名词回指的用例。

如“谏—听”在词义上属于典型的对立关系,“听”字句的话题一定以“谏”的客事为先行语,使用零形回指不会妨碍篇章的解读。但《左传》出现的 15 例当中,除了 11 例的话题使用零形话题外,另外 4 例都使用了名词回指。如:

(76)[宋公]i将战,[大司马固]j谏曰:"天之弃商久矣,君将兴之,弗可赦也已。"Φi弗听。(僖22.8)

(77)[王]i怒,Φi将以狄伐郑。[富辰]j谏曰:"……"[王]i弗听。(僖24.2)

下表列出了若干在V(Ui)与V(Uj)构成词义对立关系的前提下,Un话题回指形式的选择情况:

表6-2 V(Ui)与V(Uj)构成词义对立关系时,Uj的话题回指形式

	囚	射	问	请	谏	求	归	私	告	赐
零形回指	3	24	93	57	15	3	3	2	14	4
名词回指	0	3	33	66	15	8	4	3	34	15

可以看到,在核心动词的对立关系已经为话题转换提供充足依据的条件下,还是有很多转换后的话题使用了非零形回指的形式。这说明,除了零形主语转换的解读依据之外,转换后的主语在实际篇章中使用何种形式还要受到其他因素的制约。

我们认为,转换所指的篇章回指使用零形回指主要受到以下五个因素的制约。

6.4.1 转换后的话题是否在篇章中有明确的回指对象

转换后的话题是否在篇章中有明确的回指对象,是其能否使用零形回指的首要制约因素。这里所说的有明确的回指对象,既包括在篇章中以名词形式或代词形式出现的明确的篇章实体,也包括隐含在篇章当中能够用逻辑常识推导出来的指称成分(如上文所举的"娶""卜"等)。如果转换后的话题无法在篇章中找到明确或隐含的指称对象,却使用了零形回指,会使读者无法确定其具

体所指,自然也就无法对篇章做出正确解读。如:

(78)1[虞公]i 许之,2Φi 且请先伐虢。3[宫之奇]j 谏,4Φi 不听,5Φi 遂起师。(僖 2.2)

此例中 U3 的主语"宫之奇"未在之前的语篇中出现,属于新对象,需要使用名词形式指称。

(79)1 夏六月,[晋]i 杀祁盈及[杨食我]j。2[食我]j,祁盈之党也,3 而 Φj 助乱,4 故 Φi 杀[之]j,5Φi 遂灭祁氏、羊舌氏。(昭 28.2)

此例中 U2 的话题是 U1 宾语中的"杨食我",因为只是部分提取了宾语中的信息,所以尽管"杨食我"已经在 U1 中出现,也只能使用名词形式回指[①]。

又如"问—对"属于典型的词义对立关系,"对"的主语使用零形式的比例非常之高(76 例中占 71 例),但如果该主语没有回指对象,其回指对象也无法从篇章中推导出来,就无法使用零形回指:

(80)1[公]i 送[晋侯]j。2[晋侯]j 以[公]i 宴于河上,3Φj 问[公]i 年。4[季武子]k 对曰:"会于沙随之岁,寡君以生。"(襄 9.7)

此例 U4 的主语"季武子"未在之前的篇章中出现,所以只能使用名词形式。如果使用了零形回指,根据篇章所能提供的篇章实体以及"问—对"的异指关系,其回指对象只能是"公",整个篇章的意义就完全不同了。

(81)1[晋侯]i 观于军府,2Φi 见[钟仪]j。3Φ1 问[之]i 曰:"南冠

① 可与此句比较:[郄芮]i 曰:"币重而言甘,诱我也。"Φi 遂杀[丕郑、祁举及七舆大夫:左行共华、右行贾华、叔坚、骓歂、累虎、特宫、山祁]j,Φj 皆里、丕之党也。(僖 10.3)

而縶者,谁也?”4[有司]k对曰:“郑人所献楚囚也。”(成9.9)

根据“问”的配价结构(“问于N”,N的语义角色为问的对象;“问N”,N的语义角色为问的内容),可以判定U3的宾语“之”在语义角色方面属于“问”的内容,以U2的宾语“钟仪”为回指对象,即晋侯(向别人)询问钟仪的情况,从而排除了“晋侯”和“钟仪”作为U4主语的可能。而这两个人是篇章中仅有的两个实体,U4若使用零形回指,则无法确定其回指对象,即使从逻辑上推导也存在歧义:回答晋侯的既可能是军府中的有司,也可能是跟随晋侯到军府的随行人员。此时,“有司”作为一个新话题出现在篇章之中,只能采用名词形式。

有时转换后的主语虽然能够在篇章中找到其回指对象,但却并非回指对象的全部,只是回指对象的一部分,此时,转换后的主语仍然要使用名词形式,才能准确表达篇章的含义。如:

(82)1(晋人)追郑师,2[姚、般、公孙林]i殿而射,3[前列]j多死。(哀2.3)

此例的“射—死”是典型的主语异指关系,如果U3使用零形回指,根据篇章语境,只能推导出U3的主语为“晋人”,无法特指“晋人”的前列,因此U3要想准确表达事件,就必须使用名词形式。

(83)1[崔氏]i之乱,Φ'(齐侯)丧[羣公子]j,2故[鉏]k在鲁,3[叔孙还]l在燕,4[贾]m在句渎之丘。5及[庆氏]n亡,TΦ'(齐侯)皆召[之]j,6Φ'(齐侯)具[其]j器用而反[其]j邑焉。(襄28.11)

此例U2—U4的主语都属于U2“丧”的宾语“群公子”,因为三个U要分别交代三个公子的去处,所以只能分别使用名词形式指称。

(84)1Φ(晋献公)又娶[二女]i于戎,2[大戎狐姬]j生[重耳]k,3[小戎子]l生[夷吾]m。(庄28.2)

此例U2和U3的主语“大戎狐姬”和“小戎子”就是U1“娶”的宾语,《左传》中“娶”的对象一般不在句法层面显现,其后续小句的核心动词为“生”时,也都使用零形回指。此处之所以使用了名词回指,正是因为两个小句是对“二女”的子嗣分别做出说明,如果使用零形回指,会出现指代不明的情况。

通过以上诸例可以看出,转换后的主语能否找到回指对象,是其能否使用零形回指的首要制约因素。

6.4.2 话题的显著性

话题的显著性指先行语在句子或语篇中的地位。话题的显著性也制约着话题转换时零形回指的选择。

6.4.2.1 先行语的句法成分

《左传》中,话题转换而选择零形回指,其先行语的句法成分数据如下:

表6-3 零形话题先行语的句法成分

句法成分 / 话题转换	主语	动词宾语		旁语	定语		子句主语	名词谓语
		名词语	代词		名词语	代词		
SNT	0	576	82	130	58	18	40	6
ROT	1327	43	414	136	12	67	7	0

从上表的数据可以看出,话题转换而选择零形回指,其先行语的句法成分以及实现的概率,都取决于话题转换的类型。具体来说:

1. SNT类转换的先行语为主语之外的其他句法成分,以名词形式为常。其中,先行语为宾语时,选择零形回指的概率相对最高,其次为非宾语,形成如下的序列:

宾语 > 非宾语

宾语:兼语 > 间接宾语 > 直接宾语 > 介词宾语

非宾语:定语 > 子句主语 > 名词谓语

从左到右,以零形式引入新话题的概率依次降低,这与海内外诸多学者的结论基本上是一致的。[①]

2. ROT类转换的先行语为主语为常,非主语位置的其他句法成分作为旧话题回指对象的概率序列与SNT类转换基本一致,不同的是,ROT类转换的先行语以代词形式为常。

6.4.2.2 先行语在语篇中的地位

语篇中存在多个话题时,往往有一个出现频次较高的主话题,如例(85):

(85)1宋[向戌]i善于赵文子,2Φi又善于令尹子木,3Φi欲弭诸侯之兵以为名。4Φi如晋,5Φi告赵孟。6[赵孟]j谋于诸大夫。7[韩宣子]k曰:"……"8[晋人]l许之。9Φi如楚,10[楚]m亦许之。11Φi如齐,12[齐人]n难之。13[陈文子]o曰:"……"14[齐人]n许之。15Φi告于秦,16[秦]p亦许之。17Φi皆告于小国,18Φi为会于宋。(襄27.4)

① 陈平(1984)认为,现代汉语话语中两个条件导致使用零形回指:预见性和忽略性。其中预见性条件依据的第三个参数为:在可及性层级中的低与高(现代汉语可及性层级:话题/主语 > 直接宾语 > 间接宾语 > 兼语 > 旁语。一个所指在层级中越高,越有可能使用零形回指编码)。其可及性层级的序列与本文略有不同。

此例共出现了由8个不同对象充任的小句主语,其中"宋向戌"是整个语篇的主话题(频次为10)。值得注意的是,在话题转换时,只有主话题"向戌"选择了零形回指,其余次话题均选择了名词回指。

这说明,篇章中,地位显著的主话题发生转换时,选择零形回指的概率要大于次话题。换句话说,话题在篇章中的显著性也是制约话题转换时选择零形回指的因素之一。

6.4.3 指称距离

《左传》中,转换话题而选择零形回指,其指称距离数据如下表:

表6-4 零形话题与其先行语的指称距离

指称距离 / 话题转换	1	2	3	4	5	≥6
SNT	782	92	11	0	0	0
ROT	534	1114	182	55	21	31

上表有三点值得特别注意:

1. SNT的距离分布仅限于距离1—3,而ROT的距离分布则可以延续到13。这表明,SNT所受的距离限制要比ROT严格得多。究其原因,由于新话题在设立之前,一般是作为新实体身份刚刚引入篇章,属于未激活状态;若接下来几个句子都不再提及它,那随着时间的推移,自然就会慢慢退出工作记忆,间隔一些句子后再提及时就需要动用名词形式来重新引入。因此,不可能见到长距离零形回指用于设立新话题的用例。相比之下,旧话题则在再次提及之前已经处于激活程度，并且这一状态可以持续相当长的时间，因而在间隔几个句子之后，仍可以零形式再次提及。结果，就可以见到 ROT 语例各种远距离分布。不过，由于间隔距离加大就意味着时间的延长，因此处于激活状态的旧话题在被再次提及前同样也面临激活程度不断降低的趋势，因而远距离的 ROT 语例的数量必然又不会太多，有些距离甚至只有孤例，篇章结构上很受限制。（参见 6.3.2）

2. 从零形话题转换指称距离分布的总体趋势来看，SNT 与 ROT 也存在比较明显的差别：绝大多数的 SNT 都发生在指称距离为 1 的条件下（约占新话题引入总数的 88%），也就是说，新话题如以零形式引入，其先行语原则上要出现在紧邻的前一小句中，随着指称距离的加大，SNT 呈锐减趋势；ROT 则以距离 2 为常，占总数的 58%，距离 1 次之，占总数的 29%。

ROT 以距离 2 为常的原因与其所关联的语义场景有关。在对话场景中，说者更替时若采取零形式，一般就会形成距离 2 的 ROT。例如：

(86) 1 州吁未能和其民，2［厚］i 问定君于［石子］j。3［石子］j 曰："王觐为可。"4 <u>Φi</u> 曰："君何以得觐？"5 <u>Φj</u> 曰："陈桓公方有宠于王。陈、卫方睦，若朝陈使请，必可得也。"6［厚］i 从州吁如陈。（隐 4.5）按，该例 U2、U3、U4、U5 为对话，其中后二句说者更替时均采用零形式。

上例对话中，U4、U5 都以"曰"字引出直接引语，以此来表达具体的对话内容，形成距离为 2 的 ROT，这是《左传》对话表达的常例。

有时"曰"字也可以省去，此时同样会形成距离 2 的 ROT。如例(73)楚王和伯州犁的八个回合对话中,王的问话除第一句(U4)用“王曰”引出,其余均省略“曰”,采取“零形主语 + 零形动词(ΦΦv)”形式,而伯州犁的答语则均采用“Φ 曰”形式,结果此对话共出现了 14 次距离 2 的 ROT(U5 则属于距离 2 的 SNT)。

还有些时候,由于对话一方所说内容属于命令、劝告、建议、进谏等言语行为,另一方可以直接采取某一具体的非言语动作来加以应对,此时也会形成距离 2 的 ROT。例如:

(87)1 六年春,晋侯使贾华伐屈。2[夷吾]i 不能守,3Φi 盟而行。4Φi 将奔狄,5[郤芮]j 曰:“后出同走,罪也,不如之梁。梁近秦而幸焉。”6 <u>Φ</u>i 乃之梁。(僖 6.1)

该例 U5“曰”字引出的是郤芮劝夷吾奔梁之语,U6 则是夷吾将这一建议直接付诸实施,其零形话题属于距离为 2 的 ROT。

符合上述两类场景例子共计 372 例,在距离 2 的 ROT 语例中所占的比重高达 33.4%。这一数据充分说明,对话时零形说者的交替,是造成距离 2 的 ROT 语例数量激增的重要因素。

3. 在每一距离,ROT 的用例都要明显多于 SNT,只有距离为 1 时,是后者略多于前者。这同样可以从先行语上找原因。虽然两者先行语主要都是宾语(包括介词宾语),但是在形式选择方面,前者受比较大的限制:SNT 的先行语名词形式和代词形式都很常见,而 ROT 先行语形式则主要是代词形式,占 78.68%,零形式(12.5%,其中近半数语例的先行语都是“使”字句的零形宾语)和名词形式(8.82%)都比较少见。例如:

(88)1[昭公]i 奔齐,2[王]j 复[之]i,3 <u>Φi</u> 又通于隗氏。(僖 24.2)

(89)1 初,[祭封人仲足]i 有宠于庄公,2 庄公使 Φi 为卿。3 <u>Φi</u> 为公娶邓曼,4Φ 生昭公。(桓 11.3)

6.4.4 潜在先行语

《左传》中,话题转换选择零形回指与潜在先行语的数量关系见下表:

表 6-5 零形话题转换与潜在先行语的数量关系

潜在先行语 / 转换话题	0	1	2	3	4	合计
SNT	2197	442	43	7	0	2689
ROT	6332	2858	348	55	27	9620
合计	8529	3300	391	62	27	12309

凡话题发生转换,选择零形回指,必有先行语。潜在先行语的数量越多,可造成的干扰越多,则选择零形回指的概率越低。其中,SNT 的潜在先行语数量原则上不超过 3。ROT 的潜在先行语数量则相对自由,《左传》中最多可达到 18。

此外,人际功能对零形话题转换也有一定的制约作用,详见 9.3。

6.5 从《左传》远距离 ROT 看 Ariel 的可及性理论

以上,我们主要讨论了《左传》零形话题转换的类型、实现条件以及制约因素。下面拟结合《左传》远距离 ROT 对 Ariel 的可及性理论进行检讨。

根据 Ariel(1990),不同的指称形式,可以标明心理实体不同的可及性,而影响可及性的因素则有四个:指称距离、显著性、竞争度和一致性。所谓可及性指解读者从工作记忆中提取该实体的难易度,越容易提取则可及性越高,越难提取则可及性越低。将之具体应用到回指分析中,则可以得到如下推论:不同的回指形式,可以标明回指对象不同的可及性。就英语而言,Ariel(1990:17)将专有名词和有定描述语归为低可及形式,指示词语视为中可及形式,代词和零形式视为高可及形式。就现代汉语而言,许余龙(2004:98)的研究结论大体则为:"零形代词、反身代词和出现在主语/主题位置上的代词和指示词语是高可及性标示语;出现在其他位置上的代词和指示词语是中可及性标示语;而专有名词和有定描述语是低可及性标标示语。"上述两位学者的研究表明,不论在英语还是现代汉语中,零形式都是高可及形式,专有名词和有定描述语是低可及性形式。这只涉及高低可及性指称形式和高低可及性实体之间的常规匹配关系。下面将结合 ROT 类转换围绕 Ariel 影响可及性的四因素进行讨论。

6.5.1 指称距离

首先,我们需要去找到一个操作标准,去确定指称距离达到多大时,实体的可及性才算不高。对此,我们可以借鉴认知心理学的研究成果。在认知研究中,学者普遍认为工作记忆容量极其有限,能处理的模块数为 7±2。(Miller,1956)如果我们以句子成分为模块单位,平均每个句子按 3 个成分计算,那么在阅读篇章时,读者工作记忆中大约能保留 3 个句子的信息。相应地,在面对某回指语时,可假定之前 3 个句子中的指称实体在读者工作记忆中仍处于激活状态,属于高可及状态;而当指称距离超过 3,则回指对象的可及性就转为中可及甚或低可及。据此,我们以距离 3 作为分界点,将 D≥4 的用例视为远距离篇章回指,其他则为近距离篇章回指。而根据 Ariel(1990)可及性理论,距离与可及性成负相关关系。在语篇理解中,刚提及的实体仍留在受话者的短时记忆中,自然最容易从记忆中提及,因而属于高可及状态。随着篇章距离的加大,某实体提及之后相隔的时间也在增加,可及性一般会不断降低。因此,再次提及间隔距离较远的实体时,倾向于采用低可及的指示形式来激活。根据上述理论分析,我们可以预测,在其他条件相同的情况下,作为高可及指称形式的零形回指,随着篇章距离的加大,其使用频次会不断降低。

《左传》篇章零形回指以 D = 1 为常,共 9516 例,占 85.78%;其次是 D = 2,共 1260 例,占 11.36%;再次是 D = 3,共 211 例,占 1.90%。三者合计占 99.04%,而 D = 4—13 总共只有 107 例。显然,上述统计结果大致符合可及性理论的预测。具体来看,近距离零形回指属于正常现象,合于预期;而 D≥4 的 107 例用例则需要加以解释。

首先需要考虑的是,这些用例是否真的都是远距离回指?即有些用例被判定为远距离,是否与计算方法有关。目前,只把直接以语言形式(如名词语、代词)表达的指称性成分以及零形主语(或主题)之所指计入被提及实体。例如:

(90)1 及[曹伯阳]i 即位,2Φi 好田弋。3 曹鄙人[公孙强]j 好弋,4Φj 获[白雁]k,5Φj 献[之]k,6 且 Φj 言田弋之说,7Φ(D5)说之。(哀

7.5）

按照上述计算法，上例 U4 和 U5 激活了相同的实体，分别是零形主语的回指对象"公孙强"以及"白雁"（"白雁"在 U4 中是篇章新引入实体，而在 U5 中则为已唤起实体）。以此类推，U7 零形主语的回指对象"曹伯阳"最近一次激活是在 U2，因而其指称距离为 5。该计算法并没有将一个动词所激活的所有必有语义角色都计算在内，这是一个很大的缺陷。以上例 U4 和 U5 来说，U4 的核心动词"获"所激活的必有语义角色分别是获者和所获之物，均已计算在内；而 U5 句动词"献"所激活的语义角色分别是献者、所献之物和所献之人，其中只有前两者计算之内。显然，如果我们承认每一个动词在使用时都会激活所有必有语义角色，那么我们计算每个句子激活实体的方法就应该将这些语义角色全部涵盖其中。据此，则上例 U5 实际上激活的实体，除了"公孙强"和"白雁"，还应包括"曹伯阳"。如是，则面对 U7 时，回指对象"曹伯阳"在读者短时记忆中仍处于激活状态，指称距离为 2，使用零形回指实际上是一种正常现象。

类似的例子又如：

（91）[公]i 惧，Φi 队于车，Φi 伤足，Φi 丧屦。Φi 反，Φi 诛屦于徒人[费]j。Φj 弗得，Φi 鞭[之]j，Φj 见血。Φj 走出，Φj 遇[贼]k 于门。Φk 劫而束[之]j。[费]j 曰："我奚御哉？"Φj 袒而示[之]k 背。Φk 信[之]j。[费]j 请先入。Φj 伏[公]i 而出，Φj 斗，Φj 死于门中。[石之纷如]j 死于阶下。Φk（D＝6）遂入，Φk 杀[孟阳]l 于床。Φk 曰："非君也，不类。"Φk 见[公]i 之足于户下，Φk 遂弑[之]i 而立[无知]m。（庄 8.3）

该例“斗”字句实际上已激活“贼”,因而读者在面对“遂入”句的零形话题时,“贼”仍处于激活状态,因而指称距离为3,回指对象仍处于高可及状态。若不考虑“斗”字句已激活“贼”,则先行语为“信之”的零形主语,指称距离为6。

(92)雨雪,[王]i皮冠,Φi秦复陶,Φi翠被,Φi豹舄,Φi执鞭以出。仆[析父]j从。右尹[子革]k夕,[王]i见[之]k,Φi去冠、被,Φi舍鞭,Φi与[之]k语曰:“……”Φk对曰:“……”[王]i曰:“……”Φk对曰:“……”[王]i曰:“……”Φk对曰:“……”工尹[路]l请曰:“君王命剥圭以为鏚柲,敢请命。”[王]i入视之。[析父]j谓[子革]k:“吾子,楚国之望也。今与王言如响,国其若之何?”[子革]i曰:“摩厉以须,王出,吾刃将斩矣。”[王]j出,Φj复语。左史[倚相]l趋过,[王]j曰:“是良史也,子善视之!是能读《三坟》《五典》《八索》《九丘》。”Φi(D5)对曰:“……”(昭12.11)

按,该例“复语”句实际上已激活“子革”。读者在面对“对曰”句的零形主语时,“子革”仍处于激活状态,因而指称距离实际上为3。

(93)初,[虞叔]i有玉,[虞公]j求[旃]i。Φi弗献。Φi既而悔之,Φi曰:“周谚有之:‘匹夫无罪,怀璧其罪。’吾焉用此,其以贾害也。”Φi乃献之。Φj(D=5)又求[其]i宝剑。[叔]i曰:“是无厌也。无厌,及我。”Φi遂伐[虞公]j。故[虞公]j出奔共池。(桓10.4)

按,该例“乃献之”句实际上已激活“虞公”。读者在面对“又求其宝剑”句的零形主语时,“虞公”仍处于激活状态,指称距离实际上为1。

不仅动词可以激活必有语义角色，名词也可以激活必有语义角色。例如：

(94)[陈哀公]i 元妃[郑姬]j 生悼大子[偃师]k，[二妃]l 生[公子留]m，[下妃]n 生[公子胜]o。[二妃]l 嬖，[留]m 有宠，Φi(D5)属[诸]m[司徒招]p 与[公子过]q。(昭 8.2)

该例"留有宠"句，就动词"有"而言，只激活受宠者"留"和"宠"两个语义角色。但进一步来看，"宠"本身是由动词"宠"派生而来的二价名词，激活受宠者(P)和宠者(A)两个语义角色。因此，"NPA 宠 NPP"可变换为"NPP 有宠 PNPA"，宠者代词化则为"NPP 有宠焉 A"，进一步省去则为"NPP 有宠"。不管哪一种格式，都激活了 A 和 P。据此，则该例"留有宠"句实际上激活的实体有两个，除了"留"，还激活了"陈哀公"。如是，则读者在解读"属诸司徒招与公子过"的零形主语时，其回指对象"陈哀公"其实仍处于激活状态，指称距离实际上为 1。

通过上述诸例，我们可以看出，一个句子激活的实体，除了已实现的语义角色，还包括隐性激活的语义角色，而这些隐性激活的语义角色，虽然大部分是由动词激活，但也有可能由名词激活。如果考虑到以上这些语言事实，那么我们目前所言的远距离回指用例中，其实有一部分的回指对象在解析时处于隐性激活状态，仍属于高可及状态，因而使用零形式实属正常现象。不过，剩余例子则需要从其他角度加以解释，直至放弃线性距离计算方法，详见下文 6.5.4。

6.5.2　显著性

Ariel"显著性(Prominense)"指先行语在句子和篇章中的显著

性，包括作句子主语和作篇章主题。仅就句子层面而言，先行语从作主语到宾语、定语，其显著性则在不断降低。据此，在同等条件下，零形回指应倾向用于先行语为主语的情形。相应地，当距离在加大、干扰数在增加时仍使用零形回指，为了保证回指实体的高可及性，就有必要提高先行语的显著性。根据这一推断，显著性应与距离呈负相关关系。

那么，当篇章零形回指由近距离扩展用于远距离时，先行语的句法分布是否有所变化呢？为了回答这个问题，我们分别统计了近距离回指和远距离回指中先行语处于各句法位置的用例和比例。具体情况如下：

表6-6 《左传》远距离和近距离篇章零形回指先行语的句法位置

指称距离	先行语的句法位置		
	主语	宾语	定语
近距离 （平均距离1.2）	9 313 （87.71%）	1 142 （10.76%）	163 （1.54%）
远距离 （平均距离5.1）	95 （88.79%）	10 （9.35%）	2 （1.87%）

根据上表来看，远距离篇章零形回指与近距离篇章零形回指相比，先行语句法位置的整体分布并没有显著差异。具体到主语这一最为显著的句法位置，随着平均指称距离由1.2升至5.1，其比例由87.71%变为88.79%，并没有多大改变。据此来看，零形回指由近距离扩展用于远距离时，并不要求其先行语占据更为显著的句法位置。

为了进一步验证上述这一结论，我们又进而对比了远距离篇章零形回指内部各种距离先行语的句法位置，具体如下：

表 6－7 《左传》远距离篇章零形回指各种距离先行语的句法位置

指称距离(D)	句法位置		
	主语	宾语	定语
D＝4	49(89.09%)	5(9.09%)	1(1.82%)
D＝5	19(90.48%)	1(4.76%)	1(4.76%)
D＝6	15(83.33%)	3(16.67%)	0(0.0%)
7≦D≦13	12(92.31%)	1(7.69%)	0(0.0%)

根据上表来看,指称距离分别为4、5、7—13时,先行语占据主语位置的比重分别为89.09%、90.48%、92.31%,也没有明显的差异。非但如此,我们还看到,距离为6时先行语占据主语位置的比重(83.33%)还明显低于距离为4和5时。这进一步说明,先行语的句法位置与指称距离不存在相关性。

综上,零形回指用于远距离篇章回指时,并不伴随先行语句法位置显著性的改变,即在先行语句法显著性没有明显提升的情况下,仍有其他因素促使零形回指可以用于远距离回指中。因此,对于远距离篇章零形回指而言,先行语句法位置并不发挥什么作用。

6.5.3 竞争度

Ariel认为"竞争度(competition)"与可及性呈负相关。其所言的竞争度,指回指语之前可竞争作为先行语的指称词语的数量,也就是本文所言的干扰项数量。按照该理论,在其他条件相同的情况下,随着干扰项数的增加,回指实体的可及性则在不断降低。因此,作为高可及指称形式的零形回指应该倾向用于干扰项数降低的情形。而根据我们的统计,《左传》中零形回指用于干扰项数为0、1、2、3和4的用例数分别为7 528例、2 785例、304例、49例和

23例。零形回指的确绝大多数用于低干扰项(0和1)的情形，这似乎也符合可及性理论的预测。但我们需要注意的是，这有可能只是距离因素影响之下的伴随现象。按照该理论的预测，当只有距离和干扰项数在变时，若在距离加大时仍继续使用零形回指，为保证回指实体的高可及性，干扰项数应该有所减少，即：在远距离篇章零形回指中，干扰项数应与距离呈反相关关系。换句话说，零形回指由近距离扩展用于远距离时，干扰项数应有所减少，至少在某些距离能部分观察到这种趋势。

那么，在干扰项数方面，远距离篇章零形回指是否有别于近距离篇章零形回指呢？为了回答这个问题，我们分别统计了近距离篇章回指和远距离回指中干扰项的数量。具体情况如下：

表6-8 近距离回指和远距离回指中干扰项的数量

指称距离(D)		干扰项(G)					
		G=0	G=1	G=2	G=3	G≥4	G平均数
近距离	D=1	7 151	2 449	222	25	10	0.3
	D=2	288	281	44	8	0	0.6
	D=3	47	36	15	5	1	0.8
远距离	D=4	25	12	9	8	1	1.1
	D=5	8	3	6	2	2	1.5
	D=6	5	4	6	1	2	1.7
	7≦D≦13	4	0	2	0	7	5.2

根据上表来看，随着线性距离的增加，干扰项也以相对稳定的幅度逐步增加。这意味着，当零形回指从近距离篇章回指扩展用于远距离篇章回指时，干扰项非但没有减少，反而还在不断增加。

进一步来看干扰项数≥4的情形，近距离篇章零形回指和远距

离篇章零形回指的用例分别为11例和12例,差别并不明显。但是两者干扰项数的具体分布却有很大的差异,具体情况如下:

表6-9 干扰项数≥4的篇章零形回指用例的距离分布

指称距离(D)		干扰项(G)						
		4	5	6	7	11	12	17
近距离	D=1	9	1	0	0	0	0	0
	D=2	0	0	0	0	0	0	0
	D=3	1	0	0	0	0	0	0
远距离	D=4	1	0	0	0	0	0	0
	D=5	1	0	1	0	0	0	0
	D=6	0	1	1	0	0	0	0
	D=7	2	0	0	0	0	1	0
	D=10	0	0	0	1	0	0	0
	D=11	0	1	0	0	1	0	0
	D=13	0	0	0	0	0	0	1

由上表可见,在干扰项数≥4的近距离篇章零形回指中,G的具体取值只有4、5两种,并且分布很集中,G=4高达10例。而在干扰项数≥4的远距离篇章零形回指中,G的具体取值有4、5、6、9、11、12、17七种,并且分布比较零散,G=9、11、12、17各只有1例,G=5、6各有2例,G=4有4例。而从指称距离来看,G≥6的用例,D≥6;G=4的用例,D≦7。这表明,对于干扰项数≥4的用例而言,干扰项的数量总体上仍是随着指称距离的加大而增加。

综上所述,指称距离和干扰项数呈正相关。因此,我们可以看到干扰项数最多的例子恰恰也是指称距离最远的用例(D=13,D=17)。

显然,《左传》的统计数据刚好与可及性理论的预测相反,干扰项数不但随着指称距离在增加,而且到了距离7以上,增加的幅度还有了很大的提高。因此,干扰项数的变化更应该归结为单纯受制于距离因素,与零形回指使用与否没有直接关系。

6.5.4 一致性

综合以上三个小节的分析可见,随着指称距离的不断扩大,干扰项的不断增加,先行语句法显著性却并没有明显提升。在这种情形下,仍有因素促使作者使用零形回指。这个因素会不会就是Ariel所提的最后一个可及性因素呢?

Ariel提出的影响实体可及性的第四个因素是"一致性(unity)"。"一致性"指先行语与回指语是否处于同一认知心理框架、世界、观点、语篇片段(或段落)。这实际上衡量的是先行语所在片段与回指语所在片段联系的紧密程度,本质上着眼点是篇章结构。和距离因素一样,一致性讨论的也是先行语和回指语的联系。据此,在同等条件下,零形回指应倾向用于一致性较高的情形。根据这一看法,在微观层面连续句子组成的语段之内,比较适合使用零形回指;而在宏观层面比较大的语段之间,则不大倾向使用零形回指。这一判定可以用于解释近距离零形回指,但仍无法解释远距离零形回指,尤其是例(28)这样的超远距离零形回指用例。而根据3.2的分析,零形回指能用与否,关键还是在于篇章结构的明晰程度,只要在词、句法、韵律等层面有直观的手段来标明语段之间的界限和关系以及语段内部各成分之间的关系,即使是距离高达13也同样可以使用零形回指。进一步来看,就零形回指解读而言,实际上应以宏观结构分析作为前提:若回指语及其先行语处于不同语段，则先行语绝不出现在前一语段的末尾句，而是往往出现在前一语段对当句子的主语位置，此时一般都是远距离回指；若回指语及其先行语处于同一语段之内，则一般都是近距离回指，直接按照线性距离由右向左一一扫描即可。零形回指以用于微观层面同一语段内部居多，所以线性近距离的用例会占绝对优势；但若考虑到远距离回指用例就会发现，零形回指使用与否，并不在于线性距离上的远近，而在于宏观结构上的远近，即在于非线性距离上的远近。若将线性距离全部转换为非线性距离，再加上考虑隐性激活的篇章实体，那么上述107例远距离回指用例基本都可以得到解决。

6.6 小结

本章对转换所指的篇章零形回指现象做了全面的考察，得出了以下结论：

1. 零形话题转换多出现在只涉及两个话题的语篇之中，零形话题的转换类型主要包括两类：新话题的设立（SNT）和旧话题的回归（ROT）。两种类型常常交织在一起，演绎出各种话题推进的模式。

2. 零形话题转换的实现条件主要有三：

首先是涉及零形话题转换的小句核心动词的语义特征，主要体现为V（U1）的启后性和V（Ui）与V（Uj）之间的对立语义关系。其中，V（Ui）的启后性是指，要求Uj以V（Ui）所涉及或隐含的客事作为新话题，提示篇章发生SNT类转换。V（Ui）与V（Uj）之间的对立语义关系则体现为词义对立或语义特征对立。

其次是篇章的结构层次，主要体现在三个方面：Ui 与 Ui－1 之间的并列关系或解说关系；核心动词的重现；句法结构的平行。三者往往交织在一起，为 ROT 类转换提供依据。

最后是篇章语境及百科知识，当谓语的语义特征和篇章结构层级不足以帮助我们确定零形话题是否发生转换时，篇章上下文提供的语境信息（篇章中涉及的言语内容，相关词语的逻辑语义提示）或百科知识同样可以帮助我们做出准确判断。

3. 零形话题转换的制约因素主要有四：

首先，回指对象是否明确是话题转换后能否使用零形回指的首要制约因素。如果转换后话题无法在篇章中找到明确或隐含的指称对象，即使我们确定小句已经发生了话题转换，也无法使用零形回指。

其次，回指对象的显著性制约着话题转换时零形回指的使用。在小句中占据显著句法位置或语篇中作为主要角色的语篇实体在话题转换时使用零形回指的可能性要大大高于在小句中占据非显著句法位置或者作为次要角色的语篇实体。

再次，指称距离对 ROT 类转换的制约力度较小，但对 SNT 类转换的制约力度很大。绝大多数 SNT 都发生在指称距离为 1 的条件下（约占新话题引入总数的 87%），如果指称距离≥4，则 SNT 很难实现。

最后，潜在干扰越多，则话题转换时选择零形回指的概率越低。其中，SNT 的潜在先行语数量原则上不超过 3 个，ROT 的潜在先行语数量则相对自由，最多可达到 18 个。

4. 根据《左传》长距离 ROT 类转换现象来审视 Ariel 的可及性

理论,我们发现,伴随着指称距离的扩大和由此所导致的干扰项的增加,先行语的显著性并没有明显提高。由此可见,Ariel 第二、第三因素其实在可及性判定与零形回指使用中并没有明显作用。若综合考虑近距离和远距离篇章零形回指,那篇章结构分析应该视为零形回指解读的前提,篇章宏观结构和语段界限的明晰性,以及语段之间各组成部分的对应性和平行性,是远距离篇章零形回指得以便捷准确解读的重要保证。

第 7 章 《左传》篇章零形回指释义机制

零形回指释义机制(Zero anaphora resolution)指为零形回指语寻找先行语,从而确定其回指对象的过程。学界一般将这一过程描述为搜索(Search)——匹配(Match)——试探性选择(Using Heuristics)的释义机制。(宋宏 2010:150—151)本章拟根据前文的考察结果(尤其是零形回指分布的考察结果),围绕以上三个阶段来着重讨论以下四个相关问题:甲、搜索顺序;乙、搜索方式;丙、搜索范围;丁、匹配参数的权重。在此基础上构建《左传》篇章零形回指的释义模型。下面逐一加以描述说明。

7.1 搜索顺序:邻近原则和显著原则

确定某小句存在篇章零形回指之后,首先需要确定搜索的方向。既然本文研究的是回指,搜索方向自然是由右向左。再考虑到《左传》篇章零形回指的用例数随着距离加大而不断锐减,可以确定搜索的顺序为:以零形回指小句(Ui)为参照点,自右向左依次扫描前文各个小句,直至找到确指的回指对象。这也是目前回指释义理论的一个共识。例如:

(1)1 [颍考叔]i 为颍谷封人,2Φi 闻之,3Φi 有献于[公]j。4

[公]j 赐[之]i 食。5Φi 食舍肉。6 [公]j 问之。7Φi 对曰:"……"(隐 1.4)

该例 U2、U3、U5 和 U7 均存在零形主语,其中前三个零形回指只需要从右向左扫描一个句子即可找到零形回指的先行语,最后一个零形回指句则需要从右向左依次扫描两个句子才能找到先行语①。

上述顺序实际上体现的是邻近原则,即先搜索最靠近零形回指的小句,然后由近及远,推及更多的小句。那么,同一小句之内的各指称成分应当如何搜索呢?根据《左传》篇章零形回指先行语的考察来看,句法位置为主语的用例最多,其次是动词宾语、然后是介词宾语,最后是定语。这一序列完全符合 Keenan & Comire (1977)对句法位置可及性的研究:主语可及性最高,最为显著,其次是动词宾语,再次是介词宾语,最后是定语。据此来看,同一小句内各指称成分的搜索顺序,并不遵循邻近原则,而是遵循显著原则。例如:

(2)1 [宋华父督] i 见[[孔父]k 之妻]j 于路,2Φi 目逆而送[之] j,3Φi 曰:"4Φj 美而艳。"(桓 1.5)

该例叙述部分,U2 和 U3 零形主语的先行语为 U1 主语"宋华父督",U2 代词"之"和 U4 零形主语的先行语则是 U1 宾语"孔父之妻",U1 的定语"孔父"则未被任何后出指称性成分回指。

需要指出的是,上述句内搜索顺序与现代汉语的研究成果有所不同。方梅(2005)指出:"在汉语中,主语位置上的领格(领属)

① "问之"中的"之"指的是所问之事,不能视为先行语。

名词在延续话题方面的地位仅次于主语，表现为，后续句常常承前定语而省。”而石艳华（2014：113、114、132、133、148、149、150）对其自建现代汉语语料库中各种回指形式进行了统计，其中零形回指的先行语为主语、宾语、定语的用例分别为109例、15例和108例。据此，在现代汉语中，扫描一句之内篇章实体的优先顺序则应为：主语（S）> 定语（A）> 宾语（O）。为何古今汉语会有这个差异？是否跟语料选择相关？这是一个有待进一步研究的问题。

上文论述解决了小句之间的搜索顺序，也解决了小句之内的搜索顺序。据此，我们可以推定，S（Ui－1）> O（Ui－1）> A（Ui－1），S（Ui－1）> S（Ui－2），O（Ui－1）> O（Ui－2），A（Ui－1）> A（Ui－2）……。那么，O（Ui－1）和S（Ui－2）、O（Ui－2）和S（Ui－3）之类，在搜索时采取什么顺序呢？根据上文对《左传》篇章零形回指的考察，D＝1且先行语为宾语的用例共903例，D＝2且先行语为主语的用例共1093例，后者略高于前者；D＝2且先行语为宾语的用例共124例，D＝3且先行语为主语的用例共182例，后者又略高于前者；D＝3且先行语为宾语的用例共19例，D＝4且先行语为主语的用例共49例，还是后者高于前者。上述结果可以表示如下：S（Ui－2）> O（Ui－1），S（Ui－3）> O（Ui－2），S（Ui－4）> O（Ui－3）。由此可见，显著原则的影响一定程度上还突破了小句的界限，后一小句的主语比前一小句的宾语更为显著。

7.2 搜索方式：整体原则

例（2）“孔父之妻”之所以优先于“孔父”，固然可以归结为中

心语优先于修饰语;但若结合其他例子来看,还不如进一步归结为整体原则。例如:

(3)1[翼九宗五正顷父之子嘉父]i逆[晋侯]j于随,2Φi纳[诸]j鄂,3[晋人]k谓[之]j[鄂侯]j。(隐6.2)

在寻找U2零形主语先行语时,若遵循整体原则,则只需要在“嘉父”和“晋侯”之间进行选择;否则就需要将“九宗”“五正”“顷父”也同时纳入优选范围,这将无谓地增加优选的难度。事实上,当我们面对“翼九宗五正顷父之子嘉父”这一语言形式时,“翼九宗五正顷父之子”主要起描述性作用,意在表明嘉父的特殊身份,而非特意引出“九宗”“五正”“顷父”等篇章实体。从下文来看,“九宗”“五正”“顷父”也确实只是偶现性指称成分,并没有任何后续性。根据这一解读过程来看,扫描应区分为整体和局部两个层次,并且是先整体后局部。

(4)1[郑子罕]i伐[宋]j,2[宋将鉏、乐惧]k+l败[诸]i汋陂。3Φk+l退,4Φk+l舍于夫渠,5Φk+l不儆。6[郑人]m覆[之]k+l,7Φm败[诸]k+l汋陵,8Φm获[将鉏、乐惧]k+l,9宋恃胜也。(成16.3)

此例U3、4、5之零形主语及U6、7之代词宾语“之、诸”,其先行语均为“宋将鉏、乐惧”,而没有单指其中任何一人。

(5)1[公]i游于[匠丽氏]j,2[栾书、中行偃]k+l遂执[公]i[焉]j。3Φk+l召[士匄]m,4[士匄]m辞,5Φk+l召[韩厥]n,6[韩厥]n辞,7Φn曰:“……”(成17.10)

此例U3、U5之零形主语,其先行语均为“栾书、中行偃”,而没有单指其中任何一人。这也说明整体优先于局部。显然,整体原则可以大大减少所需排除的干扰项。

整体原则不仅体现在同一小句之内,还体现在小句之间。在面对一个篇章时,回指释义并非简单地按照线性顺序逐句从右向左来搜索和排除干扰项,而需要充分考虑篇章的层级结构。例如:

(6)1Φi(魏舒)为五陈以相离,2 两于前,3 伍于后,4 专为右角,5 参为左角,6 偏为前拒,7Φi 以诱[之]j。8 [狄人]j 笑[之]i。(昭1.10)

该例 U2—6 是在详述 U1 所言的五种阵形。根据分段式语篇表征理论,U7 的接续点只有如下两种,可以图示如下:

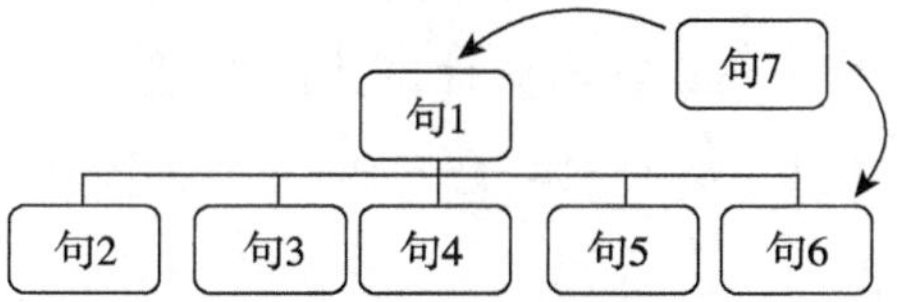

U7 或者是接续在 U6 后面,或者是接续在 U1 后面。根据语义来看,U7 若附加在 U6 后,则意谓五阵中只有"前拒"具有诱敌之用,若附加在 U1 后,则意谓"五阵"的整个布局都意在诱敌。根据 U1"为五陈以相离"的表述,魏舒显然是用阵法的相离布局来吸引狄人进攻自己。据此,则 U7 只能附接在 U1 后面。相应地,该句零形主语的释义过程,应该跳过 U2—U6,直接从 U1 中寻找先行语。再比如:

(7)1 秋,[晋韩宣子]i 卒,2 [魏献子]j 为政,3Φj 分[祁氏]k 之田以为七县,4Φj 分[羊舌氏]k 之田以为三县。5 [司马弥牟]l 为邬大夫,6 [贾辛]m 为祁大夫,7 [司马乌]n 为平陵大夫,8 [魏戊]o 为梗阳大夫,9 [知徐吾]p 为涂水大夫,10 [韩固]q 为马首大夫,11 [盂丙]r

为盂大夫,12［乐霄］s 为铜鞮大夫,13［赵朝］t 为平阳大夫,14［僚安］u 为杨氏大夫。15Φj 谓［贾辛、司马乌］m + n 为有力于王室,16 故 Φj 举［之］m + n;17Φj 谓［知徐吾、赵朝、韩固、魏戊］p + t + q + o,余子之不失职、能守业者也;18［其四人者］l + r + s + u,皆受县而后见于［魏子］j,19Φj 以贤举也。(昭 28.3)

该例 U1—4 为一个语段,U5—14 为一个语段,两个语段之间为详述关系①,后者详细叙述魏献子任命新置“十县”大夫的执政措施,U5—14 各句之间是并列关系。接下来的 U15 只有两个接续点:U4 后或 U14 后。显然,U15 与 U1—4 语段之间没有直接的语义关系,与 U14 本身也无关联,没有任何共享的篇章实体,因此只能分析为是另一语段的始发句,与 U5—14 整个语段邻近。相应地,在对 U15 零形主语进行释义时,我们无需将 l—u 这十个实体视为干扰项,只需在 1—4、5—14、15—19 三个语段构成的层级中寻找先行语。再如:

(8)1［公］i 与［石祁子］j 玦,2Φi 与［宁庄子］k 矢,3Φi 使 Φj + k 守,4Φi 曰:“5 以此赞国,6 择利而为之。”7Φi 与［夫人］l 绣衣,8Φi 曰:“9 听于二子!”10［渠孔］m 御戎,11［子伯］n 为右;12［黄夷］o 前驱,13［孔婴齐］p 殿。14Φi 及［狄人］q 战于荧泽,15［卫师］r 败绩,16Φq 遂灭［卫］u。17［卫侯］i 不去［其］i 旗,18Φi 是以甚败。(闵 2.5)

U1—6 为一个语段,U7—9 为一个语段,U10—13 为一个语段,三者之间为顺承关系。根据分段式语篇表征理论,U14 理论上有三个接续点,U6 后、U9 后和 U13 后。而按照篇章结构来看,若 U14

① 分析为顺承关系亦可,但不影响本文下面的论证。

接续在 U6、U9 后面，则意味着该句和前两个语段发生关系。这时更合适的接续法应该是直接在 U6 和 U9 后面就紧跟着 U14，而非如上文那样中间横插进一大段其他叙述。据此来看，U14 显然更宜分析为接续在 U13 之后。此时仍有两种可能，一种可能是 U14 和 U13 属于同一层级，另一种可能是 U14 是另一个语段的开始，该语段与 U10—13 整体发生关系。根据文意，整段话是在逐一叙述卫侯战前交代后事、部署战法及战争结果。据此，“及狄人战于荧泽”描述的显然不是孔婴齐。因此，U14 虽然线性距离上邻近 U13，但在篇章层级上邻近的却是以 U13 结尾的语段。一旦确定这一点，在回指释义过程中，就无需考虑“渠孔”“子伯”“黄夷”等实体，直接到 U7—9 中寻找先行语。

7.3　搜索范围

通常情况下，所需排除的干扰项局限于分布在先行语和回指语之间的指称成分。相应地，无标记状态下，所需扫描的范围为从回指语所在句至先行语所在句的所有句子。但篇章结构事实上是在动态推进中逐步形成的，每一个新句子的加入都会带来篇章结构的变化。既然如此，我们不能够奢望在所有情况下，零形回指的释义都可以通过扫描先行语至回指语之间的篇章片段而得以实现——虽然多数情况下都是如此。例如：

(9)a. 苏子叛王即狄，Φ 又不能于狄，狄人伐之，王不救，Φ 故灭。(僖 10.1)

b. 十年春，“狄灭温”，苏子无信也。苏子叛王即狄，Φ 又不能

于狄,狄人伐之,王不救,Φ故灭。(僖10.1)

c. 十年春,"狄灭温",苏子无信也。苏子叛王即狄,Φ又不能于狄,狄人伐之,王不救,Φ故灭。苏子奔卫。(僖10.1)

(9a)中的篇章实体有"苏子""周王"和"狄人"。根据动词语义关系和论元指称关系,可以很快推定"被灭者"应与"被伐者"同指(也与未被救者同指),因而确定其回指对象为"苏子"。可若将a篇章放入更大篇章,就会发现这种解读并不恰当。

在(9b)中,较a篇章前多了"十年春,'狄灭温',苏子无信也"两个背景语句。根据"狄灭温"句可知a篇章这段传文只是在具体描述经文所记载的这一历史事实,因此"故灭"的零形主语的回指对象也可以分析为"温"。这样一来,灭者的所指就存在"苏子"和"温"两种可能,并且无法断定孰是孰非。

而在(9c)中,较b篇章后又多了后续语句"苏子奔卫"。据此可知"苏子"并没有被灭,而是外逃了。根据篇章c,若之前将"灭者"理解为是"苏子"这一解读,那此时就需要做出矫正;若之前将"灭者"理解为是"温"这一解读,则刚好通过此句得以证实。显然,在这个例子中,先行语实际上是浮动的,扫描范围的大小会影响到最终所确定的先行语;反过来,所确定的先行语,又决定哪些指称成分才有资格成为干扰项。因此,严格来说,在这种情况下,我们应将在较小范围内扫描时所确定的先行语视为一个假定合格的先行语,该先行语只是就该扫描范围而言是最适宜的。而随着篇章的进一步推进,这一假定的先行语大多数情况下会被证实,但也有极少数情况下会被否定。

篇章零形回指解读中出现的这一曲折过程,显然类似于句法层面的"花园幽径句(Garden path sentence)"。试比较(D. W. 卡罗

尔,2007:6,130):

(10)a. The novice accepted the deal before he had a chance to check his finances, which put him in a state of conflict when he realized he had a straight flush.(那位新手在有机会查看他赌资前拿到了发来的牌,他看到自己有了同花顺子,这使他处于矛盾状态。)

b. Since Jay always jogs a mile seems like a very short distance to him.(由于Jay经常慢跑,一英里对他来说只是很短的一段路程)

a句中的"deal"除了"交易"义之外,还有"发牌"的意思。该例"finances"(资金)使"交易"义成为更适宜的语义,直至面对句末"a straight flush"(同花顺)才会发现自己原先的解读有误,从而回头加以重新解读。这个过程就像在花园曲折的小路中走向预定的目标,走着走着发现走错了,然后回头改走它路。b句是Frazier和Rayner的一个阅读试验的用例,他们发现被试对该句后面几个单词的注视时间比前面几个长,说明他们错误地将"jogs a mile"理解为一个短语,因而后面必须做调整。之所以出现上述花园幽径效应,是因为我们在识解句子时每碰到一个词就会立即做出决策,假定一种解读(或者是如a句那样假定多义词的某一个意义,或者是如b句那样假定某一种句法组合)。这就是Just & Carpenter(1980)所言的即时原则。显然,例(9)表明,这一解读原则同样适用于篇章层面:当我们在进行零形回指释义时,每碰到一个零形回指就会立即假定一种解读,直至出现反面证据才会回头加以修正。

7.4 匹配参数的权重

根据UΦ的语义－句法特征,我们可以得到潜在先行语的集合,这一过程实际上是对干扰项进行了初步排除。如果集合中只有一个成员,则回指释义完成。由于很多时候,所得集合的成员不止一个,所以还需要结合上下文根据句法、语义、语用、百科知识进行更为细致的优选。我们认为,在这一试探性选择过程中,最重要的匹配参数是动词的配价信息,其次是副词、连词等具有篇章作用的词类,再次是句法结构,最后才是百科知识。

7.4.1 动词配价信息

动词配价信息的使用,有助于确定两个问题:一是该小句之内,各论元之间的指称关系;二是该小句论元和邻近小句论元之间的指称关系。如此一来,就可以在全面确定指称性成分之间指称关系的大背景下解决零形回指释义问题。

具体来说,无标记状态下,同一小句之内各共现论元之间为异指关系,这就是 Farmer & Harnish(1987:557)提出的同句异指假定。而该小句论元与邻近小句论元无标记状态下都占据同样的句法位置,这就是桂诗春(1991:367)所言的句法分析平行原则。因此,我们可以先根据同句异指假定,排除掉一些语篇实体,接着根据异句句法平行原则来建立同指关系,然后再进行语义核查。例如:

(11)1[厉公]i 入,2Φi 遂杀[傅瑕]j。(庄 14.2)

(12)1[舜]i 臣[尧]j,2Φi 宾于四门,3Φi 流[四凶族]k:[浑敦]l、[穷奇]m、[梼杌]n、[饕餮]o,4Φi 投[诸]k 四裔,5Φi 以御螭魅。(文 18.7)

例(11)U2 根据同句异指原则可确定"Φ"和"傅瑕"异指,同时根据平行原则可在 U2 主语和 U1 主语之间建立同指关系，确定“厉公”为回指对象。“厉公”代入 U2，既符合“杀”的主事所要求的[+生命性]语义特征，又和“傅瑕”异指，核查通过，成功实现匹配。例(12)U4 根据异指原则可确定“Φ”和“之(诸=之乎)”异指，同时根据平行原则可在 U4 主语和 U3 主语、U4 宾语和 U3 宾语之间建立同指关系，即“投”之主事为“舜”，客事为“四凶族”。这一解读既符合 U4“Φ”和“之”异指的要求，也符合“投”的语义要求，因而核查通过，成功实现匹配。

又如：

(13)1 二年春，[宋督]i 攻[孔氏]j，2Φi 杀[孔父]k 而取[[其]k 妻]l。(桓 2.1)

根据同句异指原则，U2 零形主语不能指“孔父”及“其妻”。而根据平行原则，U2 主语与 U1 主语“宋督”同指，U2 宾语则与 U1 宾语存在同指关系。这一匹配既可以满足“杀”“取”的语义特征，也能满足 U2 主语同句异指的要求。至此可以确定 U2 零形主语只能回指“宋督”。唯一需要酌情变通的是，U2 宾语和 U1 宾语并非完全同指，两者之间是包含与被包含关系，“孔氏”所指范围广，指的是孔氏这一宗族，而“孔父”和“其妻”属于“孔氏”家族成员，因此两句宾语之间实际上是间接回指。

再如：

(14)1 [楚子]i 使[道朔]j 将[巴客]k 以聘于邓，2 [邓南鄙鄾人]l 攻而夺[之]j+k 币，3Φl 杀[道朔]j 及[巴行人]k。

根据同句异指原则，可确定 U3 主语不能指向“道朔”和“巴行人”，而在解读 U3 时，已确定 U2 所述攻夺事件中，主事为“邓南鄙鄾人”,客事为“道朔和巴客”。因此,根据异句句法平行原则可以迅速确定 U3 主语回指“邓南鄙鄾人”。进一步来看,这也是唯一的选择,因为若将 U3 主语分析为回指“道朔和巴客”,就会直接违反 U3 的同句异指原则。

需要明确的是,上述确立主事和客事指称关系的方式,有一定的适用范围,需要依据零形回指小句谓语动词的语义及其他语义信息确定小句主事和客事指称的异同。一方面,如果小句出现代词“自”(如例 15),或者出现表示“称名、命名”义(例 16)的谓语动词时,小句谓语动词的主事和客事之间存在同指关系。例如:

(15)[子恶]i 闻[之]j,Φi 遂[自]i 杀也。(昭 27.3)

(16)[穆伯]i 娶 Φ'j 于莒,Φj 曰[戴己]j,Φj。(文 7.7)

另一方面,如果语篇中出现“问 - 对”“请/求 - 许/可/从”这种表示应对关系的动词对时,平行原则并不适用。例如:

(17)[公]i 问名于[申繻]j。Φj 对曰……。(桓 6.6)

(18)[齐侯]i 使[连称、管至父]j 戍葵丘,Φj 瓜时而往。Φi 曰:“及瓜而代。”期戍,[公]i 问不至。Φj 请代,Φi 弗许。故 Φj 谋作乱。(庄 8.3)

例(17)“对曰”零形主语的回指对象不是“问”字句的主语,而是其旁语“申繻”;例(18)“许”字句零形主语的回指对象不是“请”的主事“连称、管至父”,而是“请”的与事。

根据上述例子可以看出,在同一层级中,各小句动词之间的语义关系对判定指称关系很有价值。当小句动词之间为应对关系时,小句主语之间为异指关系,如上述例(17)(18)。当小句动词为重复关系时,小句主语之间为同指关系,例如:

(19)Φi 杀[南宫牛]j 于师,Φi 杀[子游]k 于宋。(庄 12.1)

当小句动词之间为顺承关系时,小句主语之间则同指、异指都有可能,例如:

(20)a.[徐仪楚]i 聘于楚,[楚子]j 执[之]i,Φi 逃归。(昭 6.9)

b. 夏四月丙辰,[虢公]i 入樊,Φi 执[樊仲皮]j,Φi 归于京师。(庄 30.1)

同样是在"执"字句之后,a 句后续句主语与"执"字句主语为异指关系,b 句则为同指关系。值得注意的是,当两句之间为顺承关系时,若后续句采用零形主语,则两句主语仍以同指关系为主。仍以"执"字句为例,我们统计了所有表"拘留"之义的"执"字句,后续句表执人后事件的用例共计 58 例,其中两句主语同指者 34 例,后续句主语全部采用零形回指;异指者 24 例,后续句主语采用 NP 形式者 23 例,采用零形指代者仅 1 例,即上述例(20a)。由是可见,在"VP1(执)……VP2"这种顺承关系的语段中,VP2 主语一旦采用零形回指,基本可以确定其主语与 VP1 主语同指。

最后我们再举一个完整语段零形回指解读的例子。

(21)1 初,[郑伯]i 将以[高渠弥]j 为卿,2[昭公]k 恶[之]j,3Φk 固谏,4Φi 不听。5[昭公]k 立,6Φj 惧[其]k 杀[己]j 也。7 辛卯,Φj 弑[昭公]k 而立[公子亹]l。(桓 17.8)

该例以"昭公立"为分界点,可以分为两个部分:U1—4 描述的时段为郑庄公在位期间,U5—7 描述的则是郑昭公在位期间。在前一段中,出现了三个实体,其中:"郑伯"所指对象为"君",昭公时为太子,高渠弥则为下臣。U3"谏"的语义要求谏者为臣,所谏之人为君,所谏之事为君意欲执行之事,因此其零形主语只能指臣下,且在昭公和高渠弥之间做选择。同时,将“谏”之语义和U1语义相结合,即可推知:所谏之人=郑伯,所谏之事=以高渠弥为卿,谏者=昭公。这一分析也符合异句句法位置平行原则,U3的Φ与U2的昭公都处于主语位置。接着看U4,该句动词“听”与动词“谏”构成应对类动词对,据此动词对可确定听者=所谏之人,所听之事=所谏之事,所听之人=谏者。由于U4零形主语的语义角色为听者,而所谏之人=郑伯,因而可推知U4主语回指对象为郑伯。

与“初”这一追叙标记形成对比,U5表明故事发展进入了一个新的阶段,该阶段昭公由臣转而为君,原先的郑伯则已死去(根据百科知识推知)。U6涉及两个语义角色:一是“惧”的零形主语,一是“惧”的宾语——所惧之事,采用小句宾语的形式,后者进一步又涉及“其”“己”两个代词的回指判定。按照异句句法平行原则,“惧”的零形主语似乎应以“昭公”为先行语。如此一来,“己”=“昭公”,“其”=“高渠弥”。这一分析至少需要在小句间建立两条联系。一条在U6与U5之间:昭公立为君之后,才害怕高渠弥要杀自己,在此之前则没有这一担忧;另一条在U2与U6之间:昭公之所以有这种害怕,是因为高渠弥已知道自己厌恶他。这两条相关性均极其不合常理,需要读者付出很大的认知努力。

相比之下,若U6主语回指高渠弥,则“己”=“高渠弥”,“其”=“昭公”,此时U2、U5、U6之间的关联更加直接:庄公宠爱高渠弥,昭公则厌恶高渠弥;昭公代庄公为君之后,高渠弥开始担心昭公由厌恶之情而生杀他之意。后一种解释,也能在U6和U7之间建立自然的因果关系:高渠弥担心昭公杀自己,所以先下手为强,做出了弑君之举。相比之下,前一种解释则只能在U6和U7建立如下的关联:昭公担心高渠弥杀害自己,后来果真被弑。可这种关联下,U6 更适宜以被弑者为主语,以弑者作主语而采用零形式来转换所指,显得极其突兀。

7.4.2 连词和副词

连词和部分副词(按,下文统称为连接词)具有篇章衔接作用,可以彰显小句之间的语义关系,如"而""且""故""是以""则""若""乃""遂"等。例如:

(22) a. [宋穆公]i 疾,Φi 召大司马孔父而属殇公焉,(隐 3.5)

夏,[郑子人] i 来寻盟,且 Φi 修曹之会。(桓 14.2)

[晋平公]i,杞出也,故 Φi 治杞。(襄 29.8)

夫[诸侯]i 望信于楚,是以 Φi 来服。(襄 27.4)

[彼]i 虽不信,Φi 闻我授甲,则 Φi 必逐我。(昭 10.2)

国亡矣,[死者]i 若有知也,Φi 可以歆旧祀?(定 5.5)

[成风]i 闻成季之繇,Φi 乃事之……。(闵 2.8)

冬,[楚师]i 侵卫,Φi 遂侵我,Φi 师于蜀。(成 2.8)

b. 逐[翼侯]i 于汾隰,[骖]j 絓而 Φi 止……。(桓 3.1)

夜,[郑伯]i 使[祭足]j 劳王,且 Φj 问左右。(桓 5.3)

[公]i 以 Φj 为忠,故 Φj 有宠。(襄 28.11)

Φi 三施而 Φj 无报,是以 Φi 来也(僖 15.4)

及[晏子]i 如晋,公更其[宅]j。Φi 反,则 Φj 成矣。(昭 3.3)

[余]i 不许,Φj 将戕于余;Φi 若杀夫人,Φj 将以[余]i 说。(定 14.8)

秋七月,[杞侯]i 来朝,Φi 不敬。[杞侯]i 归,Φj 乃谋伐

[之]i。(2.3)

[豫]i请往,[公]j弗许,Φi遂行,Φi及邾人、郑人盟于翼。(隐1.11)

上述连接词所在小句的主语,与对应小句主语的指称关系,既有可能同指(如a组),也有可能异指(如b组)。那么,这些连接词在标识同指或异指时是否有一定的倾向呢?即:是否使用有些连接词时,相关主语之间倾向于同指,而使用另一些连接词时相关主语则倾向于异指。为了回答这一问题,我们做了如下统计。

表7-1 《左传》常用连接词在标识指称关系中的作用

连接词	而	且	及	遂	是以	乃	若	故	则
同指关系	2528	265	187	42	181	134	46	103	96
	86.90%	68.10%	57.90%	43.80%	42.80%	29.80%	28.80%	27.10%	26.70%
异指关系	381	124	136	54	242	316	114	277	264
	13.10%	31.20%	42.10%	56.20%	57.20%	70.20%	71.20%	72.90%	73.30%

根据上表来看,不管哪个词,相关小句主语之间的指称关系都存在同指和异指两种,其中"是以""乃""若""故"出现的句子中,同指用例和异指用例基本相当。相比之下,"则"主要用于异指情况,"而""且""及""遂"则主要用于同指情况。这说明,根据连接词,我们只能知道两句主语同指或异指的大致倾向,因而在零形回指释义过程中大体只具有参考价值。

上述统计没有考虑指称形式的影响。为此,我们又分类统计了不同连接词在不同指称形式之下的使用情况。以"遂"和"乃"为例,统计如下:

表7－2 “遂”字句与前一句主语之间的指称关系和指称形式

指称形式链	同指	异指
Φ—N	1	14
N—N	2	32
N—Φ	129	42
Φ—Φ	133	36

表7－3 “乃”字句与前一句主语之间的指称关系和指称形式

指称形式链	同指	异指
Φ—N	0	21
N—N	0	35
N—Φ	107	95
Φ—Φ	74	91

从上述二表来看，当“遂”字句或“乃”字句主语为NP形式时，两句主语强烈倾向于异指：前者该情形49例中，有46例是异指；后者该情形56例均为异指。当“遂”字句或“乃”字句主语为零形式时，两句主语倾向于同指：前者该情形340例中，有262例为同指，占该情形总用例的77.01%；后者该情形367例中，有181例为同指，占该情形总用例的49.32%。相比之下，“遂”仍比“乃”更倾向用于同指情形。值得注意的是，这种分类统计与总体的统计结果有显著差别，同指比例有大幅度提升：前者提高了33.21%，后者提高了19.52%。这进一步说明，零形式的使用，本身也会大大增强“遂/乃”字句主语与前一句主语同指的倾向。

扩展开来，我们又进一步单独统计了其他连接词使用于“N/Φ—Φ”情形时两句主语的指称关系。具体结果如下：

表 7-4 《左传》常用连接词在"N/Φ—Φ"情形下标识指称关系的作用

连接词	而	且	及	是以	若	故	则
同指关系	2526	182	42	43	93	103	133
	90.90%	81.60%	77.80%	59.50%	43.50%	42.90%	38.30%
异指关系	252	41	12	30	121	137	214
	9.10%	18.40%	22.20%	40.50%	56.50%	57.10%	61.70%

以上各连接词使用于"N/Φ—Φ"情形下,两句主语同指的比例相对于总体的统计结果均有不同程度的提高。这说明,对于这些连接词所在句子而言,后续句使用零形式,同样增加了该句主语与前一句主语同指的倾向。

综上,只有部分连词对于判定同指/异指有一定的参考价值,并且这一价值也低于回指交替形式(N—Φ 或 Φ—Φ)。

7.4.3 句法结构

在优选过程中,句法结构具有一定的参考价值。这主要体现在以下两个方面:一是句法结构的平行性;二是句法结构的前瞻性。

先说句法结构的平行性。在很多时候,句法结构平行的句子,其主语同指。例如:

(23)1 十二年秋,[宋万]i 弑[闵公]j 于蒙泽。2Φi 遇[仇牧]k 于门,3Φi 批而杀[之]k。4Φi 遇[大宰督]l 于东宫之西,5Φi 又杀[之]l。(庄 12.1)

该例 U2 和 U4 句法结构平行,两句零形主语同指;U3 和 U5 句法结构平行,两句零形主语也同指。

可是也有些时候，句法结构平行的句子，其主语未必完全同指。例如：

(24)1 初，[卫宣公]i 烝于[夷姜]j，2Φj 生[急子]k，3Φi 属[诸]k[右公子]l。4Φi 为[之]l[娶]m 于齐，5 而 Φm 美，6[公]l 取[之]m。7Φm 生[寿]n 及[朔]o，8Φi 属[寿]n 于[左公子]o。(桓 16.5)

该例 U2 和 U7 句法结构平行，但是 Φa 和 Φe 主语却异指，分别指夷姜和后取之齐女(宣姜)。

显然，将句法结构平行视为两句主语同指的标志，并不妥当。但这么说并不意味着结构平行在优选环节毫无作用，而是说其价值需要重新加以考虑。在上文的描述中，我们只局限于句法结构平行的两个句子。如果我们扩大视野，将这两个句子放入其所在的语段加以考察，就会发现，句法结构平行，与其视为两个句子之间的关系，不如视为两个语段之间的关系，更进一步说体现的是两个事件序列之间的平行性。以例(23)来说，两对结构平行的句子，彰显了两个“遇—杀”事件序列；以例(24)来说，则彰显了两个“生—属”事件序列。如果不局限于句法结构平行的形式要求，例(23)实际上了表述了三个平行的“杀”事件，只不过第一个事件序列用的是“弑”字，而且不是遇见而杀；例(24)两个平行的事件序列，除了“生—属”这两个子事件平行之外，“娶女”这一事件也存在平行，只不过前者用的是“烝”，后者用的是“取”，具体方式和途径存在差异而已。

既然句法结构平行主要在于体现事件序列之间的平行，而非相关小句主语的同指关系，那么当我们解读零形回指时，这种结构平行性又价值何在呢？我们认为，这种句法结构平行通过明示语段之间的平行性，有助于确定同一语段之内小句之间的语义关系，从而有助于确定相关主语所指实体之间的语义关系。以例(23)来说，对于U2—3构成的语段，假定我们已经识读完零形回指，知道U2、U3零形主语与“仇牧/之”所指实体之间为杀者与被杀者关系。那么当我们面对U4—5构成的语段时，可以将这种“杀者-被杀者”的关系类推到“宋万”与“督”身上。同理，在例(24)中，对于U1—3构成的语段，假定我们已经识读完零形回指，知道U零形主语为卫宣公配偶、急子之生母，那么当我们面对U4—8构成的语段时，可以将这种夫妻关系、母子关系分别类推到宣公与宣姜、宣姜与寿及朔身上。

综上，通过句法结构平行，我们可以迅速识别出平行发展的事件序列；而通过事件序列的平行，我们又可以进一步得到实体间语义关系的重复。通过类推这种实体间的语义关系，我们可以在解读后一语段时，充分应用前一语段的解读成果，从而加快零形回指释义过程。因此，在这一意义上，句法结构平行对零形回指释义有参考价值。

再说句法结构的前瞻性。我们以“问—曰”动词对为例来讨论这个问题。如果我们将问者记为A，问的对象记为B(由介词引入)，问的内容记为C，曰/言/对者记为D，那“问—曰”的三种表达格式可以表示如下(按，“A+问，D曰”格式未做统计)：

Ⅰ：A+问+C，D曰

Ⅱ：A+问+B，D曰

Ⅲ：A+问+C+B，D曰

其中，D有时与A同指，有时又与B同指。我们的问题是，D的回指对象是否可以进一步根据“问”字句的句法结构来加以预测。

先说格式Ⅰ。该格式共35例,其中34例R(D)=R(B)[①],如例(25),1例R(D)=R(A),如例(26):

(25)[子文]A问[之]C。ΦD=B对曰:(僖27.4)

(26)韩献子使[行人子员]A问[之]C,ΦD=A曰:"……"ΦB对曰:"……"(襄4.3)

这种悬殊的比例可以从"A+问+C"格式得到解释。该格式本身已经用"C"部分指明了所问的内容,其后"曰"字句自然主要用于提供具体回答,零形主语所指绝大多数为答者(B),亦在情理之中。格式Ⅰ中曰字句主语为零形式的用例共有23例,其中22例曰字句主语为答者,1例(即例26)主语为问者。这也说明格式Ⅰ强烈倾向将D解读为与B同指。

再说格式Ⅱ。该格式共42例,其中37例R(D)=R(A),如例(27);5例R(D)=R(B),如例(28)。例如:

(27)[公]A问于[众仲]B,ΦD=A曰:"卫州吁其成乎?"(隐4.3)

(28)[姚句耳]B先归,[子驷]A问[焉]B。ΦD=B对曰:(成16.5)

这与格式Ⅰ完全相反,说明两种格式的启后性明显有别:"A+问+C"格式已经交代了所问的内容,所以后面的"曰"字句一般用于提供具体的回答;而"A+问+B"格式则没有交代所问内容,一般用后面的"曰"字句来提供具体的提问内容,而具体的回答也需要再用一个"曰"字句来引入篇章。具体就"曰"字句主语为零形

① R(A/B/C/D)表示A/B/C/D的指称对象。

式的用例而言,共有 30 例,除 3 例是 R(D) = R(B),其余 27 例均是 R(D) = R(A)。这也说明格式 II 强烈倾向于将 D 解读为与 A 同指。

最后来看格式 III。该格式共 36 例,34 例 R(D) = R(B),如例(29);2 例 R(D) = R(A),如例(30):

(29)[公]A 使视之,则信有焉。ΦA 问[诸]C[夫人与左师]B,ΦD = B 则皆曰:"固闻之。"公囚大子。(襄 26.8)

(30)秋七月,有神降于莘。[惠王]A 问[诸]C[内史过]B,ΦD = A 曰:"是何故也?" ΦB 对曰:"……"(庄 32.3)

与格式 I 一样,格式 III 中 D 也强烈倾向于与 B 同指。具体就"曰"字句主语为零形式的用例而言,共有 23 例,除 2 例是 R(D) = R(A),其余 21 例均是 R(D) = R(B)。这也说明格式 I 强烈倾向于将 D 解读为与 B 同指。

综上,在格式 III 和格式 I 中,"曰"字句主语强烈倾向于与 B 同指,而在格式 II 中则强烈倾向于与 A 同指。这一区别显然无法用邻近原则或平行原则来解释,只能归结为不同的"问"字句结构具有不同的启后性。

7.4.4 百科知识

除上述信息之外,在优选环节中,有时我们还必须借助百科知识,这基本发生在间接回指的时候(间接回指的具体分析参见 5.1)。例如:

(31)1 夏,"君氏卒",2Φ 声子也。3Φ 不赴于诸侯,4Φ 不反哭于寝,5Φ 不祔于姑,6 故 Φ 不曰"薨"。(隐 3.2)

此例U3、4、5零形主语间接回指鲁使，要达成这一回指释义，所必需的百科知识是“赴诸侯”“反哭”“祔于姑”是诸侯夫人丧礼的重要环节。又如：

(32)1 夏，楚子西、子期伐吴，2Φ及桐汭，3陈侯使公孙贞子吊焉，4Φ及良而卒，5Φ将以尸入。6吴子使大宰嚭劳且辞曰：“……”7上介芋尹盖对曰：“……”(哀15.2)

此例U5零形主语间接回指的是陪同“公孙贞子”出使吴国的其他陈国使者，要达成这一回指释义，必须借助当时使者出使的一系列百科知识，比如有正使副使之分，正使不能达成使命时，副使们必须接替完成等等。

(33)1 初，公登城以望，2Φ见戎州。3Φ问之，4Φ以告。(哀17.5)

此例U4零形主语间接回指的是陪同卫公一起登城的随从，要达成这一回指释义，必须知晓当时诸侯出行都会有下臣扈从相伴这一百科知识。再如：

(34)1 晋文公为践土之盟，2Φ曰：“凡我同盟，各复旧职。”(定1.1)

(35)1《明夷》之《谦》，2明而未融，3其当旦乎，4故曰“为子祀”。(昭5.2)

例(34)U2零形主语间接回指的是盟辞，要达成这一回指释义，必须知晓结盟时需有统一的誓言。例(35)U4零形主语间接回指的是繇辞，要达成这一回指释义，必须知晓当时用周易来占卜时，除了卦象、爻象之外，还会有固定的繇辞来加以解说。

7.5 小结:释义模型的构建

本小结主要是基于《左传》语料来构建篇章零形回指释义模型。

首先,根据5.3的考察结果,《左传》篇章零形回指随着指称距离的加大,用例数不断锐减。因此,该释义模型需要充分表明,越是邻近小句,其句法成分越有可能成为回指语。

其次,根据4.2.2和6.5的考察结果,在篇章零形回指释义过程中,解读者必须充分运用篇章层级的知识,这样才能大大减少无谓的干扰项。因此,该释义模型必须考虑层级,不能简单根据线性距离来进行释义。

再次,根据5.3的考察结果,《左传》指称距离为1的篇章零形回指为9516例(85.78%),距离为2的用例为1260例(11.36%),两者共占97.14%。若这些用例一一考虑层级分析,虽然可以略微提高释义的精准度,但所增加的工作量也会很大。加上这些用例中,回指语所在小句和先行语所在小句基本都在同一最小语段,因此从经济角度出发,D≤2的情形下,其实可以直接根据线性距离来逐一向左寻找先行语。

再次,根据6.5的考察结果,D≥4的情形下,回指语所在小句和先行语所在小句基本不在同一最小语段,并且这些用例数总共才100余例,所以对于D≥4的情形,可以引入层级,先进行层级分析,然后再启动寻找先行语的程序。至于D=3的用例,则介于上述两种情形之间,考虑到其用例数共207例(1.7%),与D≥4的用例相加也只大约占总用例的 2.5%，因此可以考虑将之和 D≥4 的用例一并处理，即在释义模型中，当 D≥3 时，方启动层级分析程序。

再次，根据 6.5 和 7.1 的考察，句法位置的显著性对于回指解读来说很重要，在同一小句中，主语优先于宾语，宾语优先于定语。而且主语的优越性还可以越过小句，其显著性还高于后一（右侧）小句的宾语。据此来看，就 D=1 和 D=2 的用例来说，不能简单认为 Ui-1 的宾语优先于 Ui-2 主语。

再次，就 D=1 和 D=2 的用例来说，其先行语不是前一句主语的情形下，回指语小句谓语动词和先行语小句谓语大都在词项或语义特征上存在对立特征，或者是先行语小句的谓语动词是“使”“有”“娶”等，该类句式宾语在后续小句中实现为话题或主语的可能性极高。（6.3.1）因此，对于这些用例来说，在释义时可优先考虑谓语动词语义的作用。

再次，根据 6.5 的考察，D≥4 的用例，其层级性都很明显，先行语和回指语之间的小句组合，大都为并列关系或解说关系，有时还采用平行的句法结构或者整齐的韵律。这进一步说明，在回指释义过程中，层级知识的运用实际上是一种有标记的行为。

最后，根据 5.5 的考察结果，《左传》篇章零形回指用例中，零干扰用例共 7927 例，占 64.40%。这意味着在回指释义中，排除干扰仍是一项基本工作。而根据 7.4 的考察，这些存在干扰的用例，大多数都可以根据语义-语法信息来排除干扰，只有很小一部分需要进一步结合语用信息和百科知识信息。因此，从可操作性角度考虑，可将排除干扰工作分成两小步，先动用语义-语法信息，不得已才结合语用信息和百科知识信息。

综合考虑以上几点，我们将《左传》篇章零形回指释义模型构建如下：

第一步，基于动词配价确定 Ui 存在篇章零形回指（ZA）。

第二步，根据 Ui 动词语义特征，确定 Ui－1 和 Ui－2 中的潜在先行语：

1）若潜在先行语有且只有 1 个，则释义完成；

2）若潜在先行语有多个，则运行第三步；

3）若潜在先行语 0 个，则运行第四步。

第三步，根据 Ui、Ui－1、Ui－2 动词的语义关系及各自论元的匹配关系进行筛选，一般按照 S（Ui－1）＞S（Ui－2）＞ O（Ui－1）＞ O（Ui－2）＞A（Ui－1）＞A（Ui－2）的序列，依次对上述句法位置上的干扰项进行排除——若谓语动词构成对立关系，则优先考虑 S（Ui－1）之外的句法位置：

1）若最后只剩一个合格的成员，则释义完成；

2）若干扰项不能全部排除，则继而运用其他语义－句法信息；

3）若经过 2）还不能排除，则继而动用语用信息和百科全书知识；

4）若经过 3）还不能排除，则按照 S（Ui－1）＞S（Ui－2）＞O（Ui－1）＞ O（Ui－2）＞A（Ui－1）＞A（Ui－2）的序列进行优选，同时参照整个篇章的话题连续性，选择连续性最高的解读方案。

第四步，启动层级分析，在确定语段关系之后，只对语段交接处（即语段头一小句或末一小句）进行搜索，具体步骤重复第二步和第三步，直至确定唯一的先行语或回指对象为止。

第8章 《左传》篇章零形回指歧解现象解析

众所周知，元典文献有许多文句都存在多种解读，而且这些歧解还时常伴随着史实认定或义理阐发的差异。面对这些歧解句，我们迫切需要引入一些合适的标准和方法来判定哪些解读更为恰当。显然，这是一项综合的工作，关涉到语言、史实、义理等多个层面，而每一层面的标准又有所不同，其评判结果自然也不尽相同。但不管如何，一个恰当的解读，首先应在语言层面能站住脚；否则，即使立论再高也应弃而不从。为此，我们需要充分借鉴和吸收现代语言学的理论和方法，对歧解句进行更为细致深入的语言分析。在这方面，蒋绍愚（2012：300—322）做了一次示范性的探索，运用现代词义学和句法学方法成功解决了《论语》7个歧解个案。沿循这一研究路向，本文尝试运用现代篇章学和句法学方法去解决《左传》5个篇章零形回指歧解个案，在此基础上归纳零形回指歧解的产生原因及其排除步骤。

本章的歧解用例取自《春秋左传正义》《春秋左传旧注疏证》以及以《经义述闻》《群经平议》为代表的清人学术札记。

8.1 “以夫人言许之”例

(1)初,公筑台,临党氏,见孟任,从之。閟而以夫人言,许之,割臂盟公,生子般焉。(庄32.4)

《杜注》:“孟任,党氏女,閟而不从公。”[①]据此,“閟”零形主语所指为孟任。其中“閟”为“闭门”义,汉人已作此解,许慎《说文·门部》云:“閟,闭也。从门必声。《春秋传》曰‘閟门而与之言’。”[②]合起来看,“閟”是说孟任见庄公尾随自己,故闭门相拒。此解读诸家均无异议。

而“而以夫人言许之”零形主语所指则有歧解。《杜注》:“许以为夫人。”据此来看,杜预将“以夫人言许之”连为一句,并将零形主语解为庄公(第Ⅰ种解读)。顾炎武在《左传杜解补正》中提出了不同意见,他说:“‘以夫人言’为句,公语以立之为夫人也,‘许之’,孟任许之也。”[③]顾氏将“以夫人言许之”断为“而以夫人言,许之”,认为两小句零形主语分别为庄公和孟任(第Ⅱ种解读)。

下面先从句法层面来检讨二说断句之优劣,然后再从篇章角度分析零形主语的所指。

考《左传》动词“许(应允义)”为三价三向动词,可支配许者

① 《十三经注疏》,页1783。

② 许慎《说文解字》,页249。今本《说文》所引《春秋传》文有误,是同部“闯”字说解所引“《国语》曰‘闯门而与之言’”窜入的结果。说详吴士揩《说文引经考》。

③ 见于《清经解》(阮元主编),上海:上海书店,1988,页7。

（施事）、所许之事（受事）和所许之人（与事）三个语义角色。与事若在句法层面出现，构成的句式只有"$N_{施}$ + 许 + $N_{与}$ + $N_{受}$"和"$N_{施}$ + 许 + $N_{受}$"①，未见作"$N_{施}$ + 以 + $N_{受}$ + 许"者。由是观之，杜预"以夫人言许之"为一句，不合"许"之配价能力。再者，即使"许"字句中"以"可引介受事，也应表述为"以夫人许之"，不该有"言"字，这一点王绍兰已提及②。综上，就断句而言，应取顾氏之说。

不过，在零形主语所指上，顾说提到的只是其中一种可能。根据篇章回指理论来看，"以夫人言许之"还存在另一种可能的解读（第Ⅲ种解读）。比较（i = 公，j = 孟任，T 表示转换所指）：

初，[公]i 筑台，Φi 临党氏，Φi 见[孟任]j，Φi 从[之]j。TΦj 閟而 TΦi 以夫人言，TΦj 许之，Φj 割臂盟[公]i，Φj 生子般焉。（Ⅱ）

初，[公]i 筑台，Φi 临党氏，Φi 见[孟任]j，Φi 从[之]j。TΦj 閟而 Φj 以夫人言，TΦi 许之，TΦj 割臂盟[公]i，Φj 生子般焉。（Ⅲ）

两种解读之下，主语所指的转指次数均为三次，其中：前者两次距离为 2，一次距离为 1；后者是一次距离为 2，两次距离为 1。而在回指对象上，前者"以夫人言"的主语所指为公，"许之"主语所指为孟任，与后二句主语同指；后者整个"閟"和"以夫人言"的主语所指都是孟任，"许之"主语所指为公，与后二句主语异指。单从零形回

① 例如：

公许之立武孟。（僖 17.5）

秋八月，公及齐侯盟于落姑，请复季友也。齐侯许之，使召诸陈，公次于郎以待之。（闵 1.4）

② 王说见于《王氏经说》，《丛书集成初编》，王云五主编，上海：商务印书馆，1937，册 268，页 43。

指分布来看，二说没有明显的优劣之分。

仔细分析，会发现“割臂盟公”句宾语特意用“公”这一名词形式而不用代词“之”，这显然是因为用“之”则指称的区别度不够，不能保证该句宾语所指的识别，因而相应也就无法保证其主语所指的识别。换个角度来看，该句主语所指的成功识别，需要宾语采用“公”来实现，由此可以断定所需识别的零形主语，其所指绝非通常情况下的连续性话题，即该零形回指属于转换所指类，其回指对象与“许之”句主语所指相异。根据上述分析，既然“割臂盟公”的主语所指是孟任，则“许之”句主语所指为庄公。而根据《左传》通例，“许”字句之上一般有个表示请求的句子，因此“以夫人言”应分析为请求句，其主语和宾语的所指刚好和“许”字句相反，即主语所指为孟任，宾语所指为庄公。将“以夫人言”分析为请求句，可在《左传》中找到佐证，如下：

(2)卫献公自夷仪使与宁喜言，宁喜许之。(襄25.15)

该例《杜注》云：“求复国也。”即：卫献公派使者前往请求宁喜帮助其回国。由此可见，用动词“言”亦可陈述请求动作。因此，“以夫人言”的表达效果与“请以夫人”相当，“夫人”是所请求之内容。

上述分析表明当取第Ⅲ种解读。进一步来看，该解读还在以下两个方面优于第Ⅱ种解读。

一方面，就“VP1 而 VP2”句式而言，虽然 VP1 和 VP2 的主语既可以同指，也可以转换所指（如例），但两者的用例数很悬殊。我们粗略的统计结果是，《左传》“VP1 而 VP2”共 3000 例左右，转换所指者仅 80 例左右，只占 2.7%。据此来看，将“闷而以夫人言”解为整句都在陈述孟任，符合《左传》“VP1 而 VP2”句式的常规用法。

另一方面，就《左传》“许”字句而言，当许者和请求者同属一国时，绝大多数都是许者的地位高于请求者，例如：

(3) 郄子至，请伐齐。晋侯弗许。请以其私属，又弗许。（宣 17.1）

(4) 豫请往，公弗许，遂行，及邾人、郑人盟于翼。（隐 1.11）

只有在紧急情况下才会出现位低者许位高者，例如：

(5) 辛巳，石圃因匠氏攻公。公闭门而请，弗许，踰于北方而队，折股。（哀 17.5）

(6) 公曰：“吾不能早用子，今急而求子，是寡人之过也。然郑亡，子亦有不利焉。”（烛之武）许之。（僖 30.3）

据此来看，将“许之”主语所指分析为庄公，符合《左传》“许”字句的常规用法。①

综上，通过句法学分析，我们首先否定了杜说，肯定了顾说的断句。同时根据篇章回指理论，我们发现还存在第三种可能的解读，而且从篇章学角度说明该解读优于顾说。

8.2 “亲我无成鄙我是欲不可从也”例

(7) 冬，楚子囊伐郑，讨其侵蔡也。子驷、子国、子耳欲从楚，

① 当然，庄公追求孟任，也可解释为前者处于被动，情急之下屈尊发出请求。所以，第二个方面的论证，说服力相对要差一些。

子孔、子蟜、子展欲待晋。子驷曰:"周诗有之曰:'俟河之清,人寿几何?兆云询多,职竞作罗。'谋之多族,民之多违,事滋无成。民急矣,姑从楚以纾吾民。晋师至,吾又从之。敬共币帛,以待来者,小国之道也。牺牲玉帛,待于二竟,以待强者而庇民焉。寇不为害,民不罢病,不亦可乎?"子展曰:"小所以事大,信也。小国无信,兵乱日至,亡无日矣。五会之信,今将背之,虽楚救我,将安用之?A 亲我无成,B 鄙我是欲,C 不可从也。D 不如待晋。晋君方明,四军无阙,八卿和睦,必不弃郑。楚师辽远,粮食将尽,必将速归,何患焉?舍之闻之:'杖莫如信。'完守以老楚,杖信以待晋,不亦可乎?"(襄 8.7)

此例叙述了楚因郑侵蔡而来讨伐郑时,郑诸大夫围绕"从楚"和"待晋"所展开的辩论。其中"亲我无成,鄙我是欲,不可从也"三句(即 A 句、B 句和 C 句)之零形回指均存在歧解。杜预于 A 句下注"晋亲郑",于 B 句下注"楚欲以郑为鄙邑而反欲与成",于 C 句下注"言子驷不可从"。[①] 根据杜意,此三句大意为:晋国亲近我国,我们却没有与之成和,楚国想让我国成为边邑,我们却想与之成和,子驷的意见不可以听从。据此,此三句可标注为(i = 晋,j = 楚,k = 我/郑,l = 子驷):

Φi 亲[我]kΦk 无成,Φj 鄙[我]kΦk 是欲,Φl 不可从也。(Ⅰ)

主语形成一个"Φi – Φk – Φj – Φk – Φl"的指称链,其中出现了 4 次转换所指的零形回指。

俞樾围绕 B 句,对杜说进行了补正。他说:"《传》言'是欲',不言'欲与成',杜解非也。'欲'犹'好'也。凡可欲者即可好,故

① 《十三经注疏》,页 1939。

曰‘耆好’，亦曰‘耆欲’，曰‘好恶’，亦曰‘欲恶’。《孟子·告子篇》‘所欲有甚于生’者，《中论·夭寿篇》作‘所好’，《荀子·不苟篇》‘欲利而不为所非’，《韩诗外传》作‘好利’。是‘欲’与‘好’义通。‘鄙我是欲’犹言‘鄙我是好’，盖谓晋亲我而我不与之成，楚鄙我而我反与之好也。”①俞说只是对“欲”的语义进行了新的解释，三句句意的解读与杜说并无区别。

而王念孙则对杜说持全盘否定的态度，他说：“‘亲我无成’四句承上‘虽楚救我将安用之’而言，言楚之亲我，有始无终，而其心且欲以我为鄙邑，故楚不可从，不如待晋也。《杜注》以‘亲我’为晋亲郑，‘鄙我是欲’为郑欲与楚成，‘不可从’为子驷不可从，皆失之。”②根据王说，上述三句可标注为：

Φi 亲[我]k 无成，Φi 鄙[我]k 是欲，Φi 不可从也。（Ⅱ）

主语所指均为楚，形成一个“Φi－Φi－Φi”形式的连续话题链。杨伯峻亦赞成此说。然而，王氏只是正面阐述了自己的新解，没有具体说明杜说所存在的问题。

从篇章回指分布来看，王说充分体现了零形回指标示连续性话题的功能，而杜说则 4 次零形回指均在转换所指的情况下使用。单就这一点来看，王说优于杜、俞之说。下面试对王说加以申说，同时说明杜、俞之说的问题所在。

俞樾认为杜说在解释 B 句时增字为训，若将“欲”训为“想要”，“是欲”无法读出“欲与成”之义，因而改将“欲”训为“好”，最

① 俞樾《群经平议》，收于《清经解续编》（王先谦主编），上海：上海书店，1988，页 1176。

② 王说引自王引之《经义述闻》，页 432。

终将“是欲”解为“与之好”。我们认为杜说并没有增字为训。杜预将A、B二句视为对比句:“亲我”“鄙我”相对,分别言晋、楚待郑之态度;“无成”“是欲”相对,分别言郑待晋、楚之态度——对晋无成,对楚欲成,“是欲”之“是”为前置宾语,回指A句之“成”。因此,俞氏对杜说的批评并不在点子上。而俞说自身在论证过程中暗中偷换了概念。他大量举例论证“好”“欲”义相通,只能证明“好”为“喜好”义时与“欲”为同义词(此时“欲”仍是“想要”之义),而最终解释B句时提到的“与之好”,其中的“好”却是“达成友好关系”之义,此时“好”与“欲”绝不会义相通。因此,俞说绕了个圈,仍无法否定“欲”为“想要”之义,其新说反不如杜说来得直接明了。

那么杜说的问题出在哪里呢?还是先从B句说起。根据《左传》,“鄙我”只能理解为“以我为边邑”,该动作的发出者只能是楚国。这一点是上述三家的共识。王说和杜说的区别在于:根据前者,B句为一个小句,零形主语所指为楚,“鄙我”是“欲”的前置宾语,“是”为宾语前置的标志;根据后者(俞说亦同杜说),B句则为两个小句,“鄙我”的零形主语所指为楚,“是欲”零形主语所指为郑,其中的“是”为“欲”的前置宾语。两说的根本分歧在于,前置宾语到底是“鄙我”还是“是”。为了确定孰是孰非,我们考察了《左传》所有的“VP是V”句式。除该例之外,“VP是V”还有12例。其中有5例V的前置宾语为“是”,例如:

(8)有渝此盟,以相及也。明神先君,是纠是殛。(僖28.5)

(9)譬如农夫,是穮是蓘;虽有饥馑,必有丰年。(昭1.1)

(10)《诗》曰:“君子是则是效。”孟僖子可则效已矣。(昭7.12)

(11)晋为不道,是摄是赞,思肆其罔极。(昭26.9)

(12)社稷五祀,是尊是奉。(昭29.4)

7例V的前置宾语为"VP",例如:

(13)告之以临民,教之以军旅,不共是惧,何故废乎?且子惧不孝,无惧弗得立。修己而不责人,则免于难。(闵2.7)

(14)民不见德,而惟戮是闻,其何后之有?(僖23.4)

值得注意的是,当"是"为V的宾语时,"VP是V"整体为联合结构,VP本身均为"是V"形式;若VP不是"是V"形式,V的前置宾语均为"VP"。不管哪种情况,"VP是V"整体上都只陈述同一个主语。因此,"鄙我是欲"不能拆分为两个主语异指的小句。进一步来看,既然"鄙我"不是"是V"形式,"鄙我是欲"也不宜分析为联合结构,而只能将其中的"鄙我"分析为"欲"的前置宾语。因此,从句法角度来看,B句只能采取王氏的解读。

既然B句只能解为楚欲以郑为边邑,A、B两句之间也就不复存在杜预所构建的对比关系,因而A句的解读需重新考虑。该例楚伐郑之前,郑一直和晋保持着和好关系,所以并不存在杜预所言的"无成(没有媾和)"。因此,"无成"绝对不能解释为郑与晋无和好关系。相比之下,王念孙以"终"训"成",将A句解为楚亲郑有始无终,则文从字顺。而且,根据王说,楚之"亲郑无成",正好和下文晋之"不弃郑"在语义上形成对比,语义上存在照应关系。而按照杜解,则子展在围绕楚论证从楚之弊时,却横生出一句谓晋亲郑,显然很不搭调。

再看C句。首先,该句与上文"从楚""又从之"通过动词重复(动词“从”均为“顺从”义)构成动词性回指。该句为受事主语句,其主语与后二者宾语的论元相同,据此可推定C句主语所指为楚。[①] 而按照杜说,“不可从也”之“从”则为“听从”义,有别于“从楚”“又从之”之“从”,其主语所指为子驷,与“从楚”“又从之”的宾语异指。其次,“不可从也”之于“不如待晋”,犹如篇章开头“欲从楚”之于“欲待晋”之间的对比关系,构成了一组平行的篇章结构,据此也可推定“不可从也”的主语所指为楚,而非子驷。因此,从篇章照应来看,王说对C句的解读优于杜说。

最后,从整体上来看,根据王说,子展这段话的篇章结构显得更为清晰。该段话以D句为分界点,可以分为两个句群,“不如”二字指明了是在权衡两种行为之利弊:从D句开始是论证仗信待晋之利,具体有二,一者“晋必不弃郑”,二者“楚师必将速归”;D句之前则论证背信从楚之弊,具体亦有二,一者背信必招来晋之讨伐,如是则亡无日矣;二者楚之亲郑无成。而按照杜说,则子展在论证从楚之弊时而提及晋之亲郑和子驷之不可从,颇为突兀,明显游离于子展的整个论证。

① 同样在襄公八年,此段之前还有如下一段相关的记载:

庚寅,郑子国、子耳侵蔡,获蔡司马公子燮。郑人皆喜,惟子产不顺,曰:“小国无文德而有武功,祸莫大焉。楚人来讨,能勿从乎?从之,晋师必至。晋、楚伐郑,自今郑国不四五年,弗得宁矣。”子国怒之,曰:“尔何知!国有大命,而有正卿,童子言焉,将为戮矣!”(襄8.3)

该段子产因郑伐蔡而预言楚必来伐郑,其中的“勿从”“从之”跟上段的三个“从”字句遥相呼应,所从者均为楚国。此亦为C句解为“楚不可从”的一个佐证。

8.3 "其在乱乎"例

(15) 秋，齐侯盟诸侯于葵丘，曰："凡我同盟之人，既盟之后，言归于好。"宰孔先归，遇晋侯，曰："可无会也。齐侯不务德而勤远略，故北伐山戎，南伐楚，西为此会也。东略之不知，西则否矣，其在乱乎！君务靖乱，无勤于行。"晋侯乃还。(僖 9.3)

此段为宰孔劝晋献公无需参与齐桓公的葵丘之盟。其中"其在乱乎"句零形主语存在歧解。该句下《杜注》云："在，存也。微戒献公，言晋将有乱。"[①]杨伯峻亦主此说。据此，则"其在乱乎"零形主语所指为晋。宰孔之语可标注为(i = 齐侯，j = 晋侯)：

(君 j) 可无会也。[齐侯]i 不务德而勤远略，故 Φi 北伐山戎，Φi 南伐楚，Φi 西为此会也。Φi 东略之不知，Φi 西则否矣。Φj' 其在乱乎！[君]j 务靖乱，Φj 无勤于行。

对于杜说，刘文淇提出了质疑。他说："《水经注》引'在'作'有'，'有'义可通，形近而讹……郑玄《礼记注》'在，存也'，《杜注》用之，又云：'微戒献公，言晋将有乱。'《传》似无此意。谓齐将有乱，晋为靖之也。《齐世家》：'宰孔曰：齐侯骄矣，第无行。从之。'《晋世家》：'宰孔曰：齐桓公益骄，不务德而务远略，诸侯弗

① 《十三经注疏》，页 1800。

平。君第毋会,无如晋何。'"[①]据此,刘氏认为"其在乱乎"零形主语所指为齐,而且这也是司马迁的解读。这一解读之下,宰孔之语可标注为:

(君 j)可无会也。[齐侯]i 不务德而勤远略,故 Φi 北伐山戎,Φi 南伐楚,Φi 西为此会也。Φi 东略之不知,Φi 西则否矣。Φi' 其在乱乎!
[君]j 务靖乱,Φj 无勤于行。

从回指分布来看,如取刘说,则"其在乱乎"的零形主语为间接回指,指称距离为 1;如从杜解,亦为间接回指,但指称距离为 7。根据表 5－2,《左传》篇章零形回指中,指称距离为 1 的用例高达 9629 例,距离≥7 者总共才 13 例。据此来看,刘说更符合《左传》篇章零形回指的常规分布。

从宰孔这段话的篇章结构来看,也宜取刘说。对此,俞樾有详细论证,他说:"按上文'齐侯不务德而勤远略'云云,无一字及晋。此忽云晋将有乱,义不可通。盖宰孔之意谓齐将有乱,非谓晋将有乱也。《尔雅·释诂》曰:'在,终也。''其在乱乎',乃逆料之辞,言齐之将终于乱也。'君务靖乱',言君务靖齐国之乱。盖以代兴讽晋也。"[②]俞樾的意思是,"其在乱乎"之前一直都是在谈论齐侯,不应该突然转而提到晋国将发生动乱。具体来说,宰孔之论,中心论点是"晋侯可无与会",理由有二:一者齐桓公不务德而勤远略,二者齐桓公之远略也不会西至晋国。"其在乱乎",是预言齐国将乱,以申明齐桓公不能西略之由。若将该句解为预言晋国将乱,则显得非常突兀。

① 刘文淇《春秋左传旧注疏证》,页 293。

② 俞樾《群经平议》,页 1170。

另外,我们考察了《左传》所有“Φ 其 VP 乎”句式,其中有 32 例(不含此例)是预言将要发生的事件,指称距离均为 1。据此来看,“其在乱乎”主语所指也以分析为齐更妥。更为重要的是,该解读在“其在乱乎”与“西则否矣”之间建立因果关系,其中的“在乱”就直接理解为“在于乱”,而无需像俞樾那样将“在”解为“终”这一生僻义,更无需像刘文淇那样怀疑“在”是“有”之讹误。[①] 而若从杜说,不管如何训“在”,都无法建立起“其在乱乎”与整个篇章的连贯关系。[②]

8.4 “遭子良醉而骋”例

(16)齐惠栾、高氏皆耆酒,信内多怨,强于陈、鲍氏而恶之。夏,有告陈桓子曰:“子旗、子良将攻陈、鲍。”亦告鲍氏。A 桓子授甲而如鲍氏。B 遭子良醉而骋,C 遂见文子,D 则亦授甲矣。使视二子,则皆将饮酒。桓子曰:“彼虽不信,闻我授甲,则必逐我。及其饮酒也,先伐诸?”陈、鲍方睦,遂伐栾、高氏。子良曰:“先得公,陈、鲍焉往?”遂伐虎

① 刘文淇《春秋左传旧注疏证》,页 293。

② 需要指出的是,有人可能会反驳说,“其在乱乎”是逆料之辞,后必有应验之事,而同年九月晋国刚好发生内乱,据此不就可以推定此处“其在乱乎”的零形主语是指晋国了吗?可问题是,《左传》后文中也提到,齐国再过二三年也同样发生了内乱。因此,不管是齐乱还是晋乱,都应验了,只是时间早晚有所差异。另外,可能也有人又会质疑道,如是齐乱,那岂不成了晋君去平定他国之乱。这个质疑可以通过考察《左传》“靖”的用法来化解。《左传》所“靖”之乱,虽然多为本国之乱,但的确也存在一国靖他国之乱的用例,例如:公使子服惠伯对曰:“君舍有罪,以靖小国,君之惠也。寡君闻命矣。”(襄 25.3)/小国无罪,恃实其罪。将恃大国之安靖已,而无乃包藏祸心以图之。(昭 1.1)/宣子皆献马焉,而赋我将。子产拜,使五卿皆拜,曰:“吾子靖乱,敢不拜德!”(昭 13.3)

门。(昭10.2)

该例B句“遭子良醉而骋”的零形回指存在歧解。《杜注》:“欲及子良醉,故骋告鲍文子。”[①]据此,则醉者为子良,骋者为桓子,“遭子良醉而骋”可标注为(i=陈桓子,j=子良):

Φi遭[子良]j醉而Φi骋(Ⅰ)

对于上述解读,一些清人学者提出了不同看法。李慈铭说:“按醉而骋者子良也,加‘而骋’二字,醉状如见。故下文又云‘皆将饮酒’,情事宛然。若如《杜注》,则此时未遣人视二子,安知其醉?”[②]俞樾说:“按醉而骋者,子良醉而骋也。桓子遭之,但见其骋,不知其醉,则愈疑其将攻己矣。及见文子之后,使视二子,皆将饮酒,然后知其不然。而因授甲之故,势不容已,乃有及其饮酒先伐诸之谋。若遭子良时已知其醉,又何必使视二子乎?杜解于当日情事未得。”[③]李、俞二人皆从事态情理出发来否定杜说,认为醉者和骋者均为子良。杨伯峻亦赞成俞说。据此,李、俞之说,则“遭子良醉而骋”可标注为:

Φi遭[子良]j醉而Φj骋(Ⅱ)

据事态情理来论证,前提是先做到文从字顺,所以我们拟先从句法学和篇章学角度来审视上述二说,在此基础上再揆之以事态情理。具体来说,我们将先从句法角度论证“醉而骋”者只能是一人,其次从句法角度论证“遭”之宾语只能是“子良”,而非“子良醉而骋”,

① 《十三经注疏》,页2058。

② 李慈铭《越缦堂读书记》,页121。该点校本将“则此时未遣人视二子,安知其醉”点为“则此时未遣人视,二字安知其醉”,“二字”为“二子”之讹,误属下。

③ 俞樾《群经平议》,页1181。

最后从篇章角度论证"醉而骋"者为桓子,而非子良。

考《左传》"醉而VP",共9例,其余8例中,2例为"醉而ViP"(含上述"醉而骋"),"醉"均为自动用法,例如:

(17)将盟,鲍子醉而往。(哀6.6)

7例为"醉而VtP",其中:6例"醉"为使动用法,VtP含宾语"之",例如:

(18)公子不可。姜与子犯谋,醉而遣之。醒,以戈逐子犯。(僖23.6)

1例"醉"为自动用法,VtP不含宾语,例如:

(19)谷阳竖献饮于子反,子反醉而不能见。(成16.5)

值得注意的是,在这8例"醉而VP"中,"醉"不管是自动用法还是使动用法,其与"而"字后面的VP均共同陈述同一个实体。据此来看,"醉而骋"中,醉者和骋者宜分析为同指,李、俞之说较杜解略胜一筹。

但进而考察《左传》"遭(“遇”义)",却发现李、俞之解亦有可商之处。《左传》"遭"带宾语例共6例,除昭10.2例外,其余5例分别为"遭丧"(3例)、"遭闵凶"(1例)、"遭逆妻者"(1例),未见带小句宾语例。据此来看,李、俞将"子良醉而骋"视为"遭"的宾语也不妥当(杜解将"子良醉"视为"遭"的宾语,亦同)。我们又扩大范围,考察了《国语》、《论语》、《墨子》(不含《墨经》及《城守》以下诸篇)、《孟子》、(庄子》、《荀子》、《韩非子》、《战国策》、《吕氏春秋》和《晏子春秋》中的"遭",具体统计数据如下:

表8-1 先秦诸籍中的"遭"字句

典籍	国	论	墨	孟	庄	荀	韩	策	吕	晏	合计
"遭"带宾语用例数	3	0	0	1	12	0	0	2	4	3	25
"遭"带小句宾语用例数	(2)	0	0	0	(2)	0	0	0	0	0	4

由上表所见,"遭"带小句宾语的用例数,占其带宾语用例数的16%。这4例带小句宾语的"遭"字句分别如下:

(20)遭世之乱,而莫之能御也。(国语·楚语下)

(21)昔周室逢天之降祸,遭民之不祥,余心岂忘忧恤,不唯下土之不康靖。(国语·吴语)

(22)夫千金之珠,必在九重之渊而骊龙颔下。子能得珠者,必遭其睡也。(庄子·列御寇)

(23)今宋国之深,非直九重之渊也;宋王之猛,非直骊龙也。子能得车者,必遭其睡也。(庄子·列御寇)

值得注意的是,"遭"的小句宾语,均为"主之谓"结构(后2例的"其"相当于"主语+之"),未见"主谓"结构直接充当宾语例。① 据此来看,"遭子良醉而骋"的确不宜整体分析为动宾结构,应点断为"遭子良,醉而骋"。分析至此,"遭子良醉而骋"的标注,逻辑上只有如下两种可能:

B1Φi 遭[子良]j,B2Φi 醉而 Φi 骋(Ⅲ)

① 《诗经·闵予小子》:"闵予小子,遭家不造。"先秦传世文献中,"遭"所带小句宾语为主谓结构者只此1例。此为孤例,且不排除"家不造"是受韵律影响删除了助词"之"。

B1Φi 遭[子良]j，B2Φj 醉而 Φj 骋(Ⅳ)①

根据第Ⅲ种解读，A、B1、B2、C 的主语所指均为陈桓子，形成一个“Ni－Φi－Φi－Φi－Φi－Φi”的指称链，话题以 NP 形式引入后，延续时一直使用零形式。根据第Ⅳ种解读，A、B1、B2、C 的主语则形成一个“Ni－Φi－Φi－Φj－Φj－Φi”的指称链，中间有两次转换所指的零形回指。从篇章回指来看，第Ⅲ种解读更为连贯简洁。但要想彻底否定第Ⅳ种解读，还需要寻找其他证据。

现在我们可以回到该篇章，根据上下文语境来细究事态情理。先来讨论李慈铭所言的情事。他认为，陈桓子途中遭遇子良，之所以能推定子良已醉，是因为看到子良驰骋之状颇有醉意。据此，他认为骋者必须解读为子良，否则陈桓子在途中就无从判定子良已醉。李氏这一分析的缺陷在于，将驰骋之状视为陈桓子推定子良已醉的唯一根据，故而才武断地认为骋者必须为子良，不能是桓子自己。而从事理角度来看，陈桓子完全可以是根据其他外在表现(如脸色、气味等)先判定出子良已醉，而后驰骋而过。因此，李氏之说只是论证了其中一种可能，并不能否定另一种可能。

再来看俞樾所言的情事。他认为，按照杜说，桓子路遇子良既已知其醉，后来就没有必要再派人刺探二子之实。因此，他提出：桓子途中只是看到子良驰骋，并不知道他已经喝醉，因而才怀疑子良准备攻打自己；后来派人去刺探，看到子旗、子良将饮酒，方明白之前子良驰骋是因为喝醉了；但箭在弦上，不得不发，所以

① 《孟子·万章上》：“孔子不悦于鲁卫，遭宋桓司马，将要而杀之，微服而过宋。”其中“遭宋桓司马”的零形主语为“孔子”，“将要而杀之”的零形主语为“宋桓司马”。该例表明，第Ⅳ种解读的可能确实存在。

才决定趁子旗、子良饮酒之时先发制人，攻打他们。俞氏这一分析的缺陷有二：一者"遭子良醉而骋"这一表达是从桓子的视角来叙述其所见之事，既然承认"子良骋"为桓子之所见，也就无法否定"子良醉"亦为桓子之所见；二者若桓子所见果只是"子良骋"，则当取"遭子良骋"这一表达，不可用"遭子良醉而骋"这一表达。

值得注意的是，李、俞二氏在论证中均将"遭子良醉而骋"与下文"使视二子，则皆将饮酒"联系在一起。这是一个非常关键的线索。既然下文提到子良、子旗二人将饮酒，在没有其他额外信息的情况下，读者根据语用推理只能推出两人在此之前均未饮酒。因此，在与桓子遭遇之时，子良不应有醉态。据此醉者自然不是子良，而只能是桓子，"遭子良醉而骋"只宜采取第Ⅲ种解读，意谓：桓子偶遇子良，怕其警觉，佯醉胡乱奔跑，以免子良猜出自己的目标方向。

8.5 "使各居一馆"例

(24) 邾人愬于晋，晋人来讨。叔孙婼如晋，晋人执之。书曰"晋人执我行人叔孙婼"，言使人也。晋人使与邾大夫坐，叔孙曰："列国之卿当小国之君，固周制也。邾又夷也。寡君之命介子服回在，请使当之，不敢废周制故也。"乃不果坐。韩宣子使邾人聚其众，将以叔孙与之。叔孙闻之，去众与兵而朝。士弥牟谓韩宣子曰："子弗良图，而以叔孙与其雠，叔孙必死之。鲁亡叔孙，必亡邾。邾君亡国，将焉归？子虽悔之，何及？所谓盟主，讨违命也。A 若皆相执，焉用盟主？"乃弗与，B 使

> 各居一馆。士伯听其辞,而愬诸宣子,C乃皆执之。士伯御叔孙,从者四人,D过邾馆以如吏。E先归邾子。士伯曰:"以刍荛之难,从者之病,将馆子于都。"叔孙旦而立,期焉。F乃馆诸箕,G舍子服昭伯于他邑。(昭23.2)

该例"使Φ各居一馆",Φ之所指有二说。贾逵说:"使邾、鲁大夫各居一馆。"郑众说:"使叔孙、子服回各居一馆。"[①]此二说各有其支持者,主贾说者如服虔、于鬯等人,从郑说者如杜预、孔颖达等人。[②]

根据贾说,Φ之回指对象为邾方和鲁方,指称距离分别为2和4;根据郑说,Φ之回指对象为叔孙和子服回,指称距离分别为2和8,且先行语"子服回"不在叙述语内,而在直接引语之中。因此,从零形回指分布来看,贾说显然优于郑说。下面先对贾说加以申说,然后再检讨郑说之不足之处。

首先,"使各居一馆"之"馆"与D句"邾馆"之"馆"存在照应关系。这一点,于鬯已经指出,他说:"下文云:'士伯御叔孙,从者四人,过邾馆以如吏。'正照应此句。惟各居一馆,故御以过邾馆也。若以为叔孙、子服回各居一馆,则于上文既不可接,而下文'过邾馆'亦无本矣。"既然有"邾馆",当然也有"鲁馆";据此,则所各居之馆分别为邾馆和鲁馆,所居之人自然是邾、鲁双方。

其次,"使Φ各居一馆"以下四句之中,Φ与"其""诸""之"只有存在同指关系,四句之间才能建立相关性。而同时该篇章"若皆相执"(A句)和"皆执之"(C句)有照应关系(这一点于鬯已经指

① 贾、郑、服三家之观点均引自《孔疏》,见于《十三经注疏》,页2101。

② 于说均引自于鬯《香草校书》,页853。

出)，且前者谓邾鲁相执，故后者晋所执自然包括邾鲁双方。由是可推定，Φ 指邾鲁双方。另外，"皆执之"与"先归邾子"(E 句)亦有照应关系。通观《左传》，"归 NP(指人)"用于表达将某人归还其所属国时，只有以下两种情况：或者是该人从本国逃亡他国，而后被他国遣送回国，例如：

(25)成季以僖公适邾。共仲奔莒。乃入，立之。以赂求共仲于莒，莒人归之。(闵 2.3)

或者是该人被他国所俘或所执，而归放回国，例如：

(26)庚辰，赦郑囚，皆礼而归之。(襄 11.5)

(27)季孙犹在晋，子服惠伯私于中行穆子曰："……"乃归季孙。(昭 13.9)

以此例之，该篇章"先归邾子"属于第二种情况，且邾子并非被俘虏，因而可推知邾子在此之前已为晋所执。同时，一"先"字又表明邾子只是所归之一，另一部分后归之人非鲁人莫属。先后所归之人，亦正是之前一同被执之人。由此亦可确定上文皆执之人为邾鲁双方，进而推知各居一馆者亦为邾鲁双方。

最后，如于鬯所言："上文'韩宣子使邾人聚其众，将以叔孙与之'，因士弥牟云云乃弗与，则此句固兼承邾鲁而言。"

以上篇章分析均证明，各居一馆者应分析为邾鲁双方，并且"皆执之"中的"之"亦当指邾鲁双方。根据这一解读，我们把整个故事情节叙述如下：鲁叔孙认为邾大夫与自己地位不对等，所以不愿意与之同堂辩论，韩宣子就想干脆将之送给邾方发落。士弥牟认为这是让邾、鲁双方互相拘执对方，那晋国作为盟主也就失去仲裁作用了。于是，宣子放弃原先想法，让邾、鲁双方分住在不同的客馆(这一举措可能是担心双方住在一起会起冲突)[①],由士伯前往客馆分别听取双方的辩词。听完之后,士伯认为双方均有过失,并将这一判断禀报给韩宣子。于是,韩宣子决定将双方拘留,其中鲁方由士伯带人去执行。后来,郲君先被放回国,鲁国的叔孙和子服回则分别被拘留在两个不同的城市。

我们再来检讨一下郑说。根据《孔疏》,持郑说者的论据有以下三条[②]:

第一,郲、鲁大夫本不同馆,无需复言"使各居一馆"。

第二,"各居一馆"者与下文"皆执之"相承,各居一馆之人与所执之人应同指;既然承认所执者为叔孙、子服回,则各居一馆者亦当解为此二人。

第三,据下文"乃馆诸箕,舍子服昭伯于他邑"(F 句、G 句)明此"使各居一馆"是分别叔孙、子服回。

对于上述三条,我们结合于鬯的驳斥来进行分析。

对于第一条,于氏的驳斥很有力。他根据《左传》以下篇章证明,异国使者可住于同一客馆:

(28)公薨之月,子产相郑伯以如晋,晋侯以我丧故,未之见也。子产使尽坏其馆之垣而纳车马焉。士文伯让之,曰:"敝邑政刑之不修,寇盗充斥,无若诸侯之属辱在寡君者何?是以令吏人完客所馆,高其闬闳,厚其墙垣,以无忧客使。今吾子坏之,虽从者能戒,其若异客何?以敝邑之为盟主,缮完葺墙,以待宾客。若皆毁之,其何以共命?寡君使匄请命。"(襄 31.6)

① 相比之下,晋人实在没有必要因担心叔孙二人串供而让二人分馆居住,因为两人是一同前来晋国,对于如何对待晋国责问之事,必然早已统一口径。

② 以下三条均据《孔疏》,见于《十三经注疏》,页 2101。

该文中子产出使晋国,为纳车马而尽坏其客馆之垣。晋大夫士文伯责备这一行为,云:“今吾子坏之,虽从者能戒,其若异客何?”据此知,他国使者亦有与郑使团同馆而住者。

对于第二条,各居一馆之人与所执之人是应同指。但根据篇章分析,所执之人并非叔孙等人,而是鲁邾双方。因此,孔说的第二条,前一部分合理,后一部分不确。于氏则认为各居一馆之人与所执之人无需同指,前者指鲁邾双方,后者指叔孙等人。这刚好是接受了孔说的错误部分,抛弃了其合理部分。

对于第三条,于氏认为,各居一邑和使各馆本为二事,不可漫合为一,甚是。前者谓分居二馆,发生在归还邾子之前,后者谓分居二城,发生在归还邾子之后。两者确实不可随意牵连在一起。但他进而还认为,正因为原先叔孙、子服同居一馆,所以后来才有分拘二地之处置。这有待商榷。实际上,叔孙、子服分居二邑,与两者之前到底是否同居一馆并没有逻辑上的蕴涵关系。因此,我们既无法像《孔疏》那样由“各居一邑”倒推出原先叔孙、子服分居二馆,也无法像于鬯那样由之倒推出叔孙、子服同居一馆。

8.6 小结

通过对上述5例的分析可以看出,古人在阅读《左传》中之所以产生零形回指歧解,客观原因主要有二,一是以《左传》为代表的先秦汉语经常出现转换所指的零形回指,有时很难断定零形成分到底是用于延续旧话题还是设立新话题,结果导致零形回指歧解；二是文献记录形式中缺乏标识句界的符号，从而造成零形回指对象识解的差异，如例一、例二和例四。主观原因则主要有三：一是解读者忽视词在组合能力上的限制，如例一“许”字句、例二“是”字句和例四“遭”字句；二是该篇章中哪些句子存在照应关系，解读者有时未经论证而随意牵连，因而带来很多不必要的纠葛，如例五“各居一馆”句与下文“乃馆诸箕，舍子服昭伯于他邑”之间本为二事，无照应关系；三是解读者的百科知识存在差异，如例五“异国使者是否可同住一馆”这一知识，诸家有差异。

通过对上述 5 例的分析还可以看出，引进现代句法学和篇章学的分析方法，一定程度上可以避免解读中的前两个主观原因，并且有时也能克服第一个客观原因。具体的排歧步骤可归结如下：

首先，运用现代句法学方法来排除那些在句法组合上就无法成立的解读，如例二之“鄙我是欲”不可分析为两个小句，例四“遭子良醉而骋”不可分析为“遭”带小句宾语。

其次，当各种解读均符合句法时，再根据零形回指分布特点（第一种篇章信息）来预测哪种解读更有可能是正确的，这尤其适用于两种解读之下的零形回指分布呈现出明显差异的情况，如例二和例三。

再次，从篇章结构对各零形回指歧解句进行分析，具体包括两个方面：一是该句到底和本篇章中哪些句子存在照应关系（第二种篇章信息），如例二、例四和例五；二是从整部《左传》来看，该句的篇章使用环境有哪些特征（第三种篇章信息），如例一对“许”字句的分析。

最后，如果只有一种解读在句法上成立并且得到上述三种篇章信息的支持，那么排除歧解工作完成；反之，如果至少有两种解读符合上述条件，则需要进一步借助语义知识和百科知识来加以解决。

根据上述操作步骤，我们对上述五例的篇章零形回指一一做了排歧，其中例二、三、五只是在已有的解说中做取舍，而例一和例四则提出了新的解说。统观这一排歧过程，零形回指分布规律只具有参考价值，论定应该采取何种解读还是需要综合句法、篇章结构和语义。

毋庸讳言，《左传》也有极个别篇章零形回指歧解例，我们目前根据上述操作步骤只能确定哪一种解读更好些，但却无法断定一定就只能是这种解读，例如：

(29)初，宣子田于首山，舍于翳桑，见灵辄饿，问其病。曰："不食三日矣。"食之，舍其半。问之。曰："宦三年矣，未知母之存否，今近焉，请以遗之。"使尽之，而为之箪食与肉，寘诸橐以与之。既而与为公介，倒戟以御公徒而免之。问何故。对曰："翳桑之饿人也。"问其名居，不告而退，Φ遂自亡也。(宣2.3)

杜预于"遂自亡也"下注云："辄亦去。"据此，则杜氏认为自亡者为灵辄，王引之认为是赵盾，其文云："此谓盾亡，非辄去也。自'宣子田于首山'至'不告而退'，明盾得免之由。盾既免，遂出奔。出奔出于己意，不待君之放逐，故曰'自亡'。有亡乃有复，故下文言'宣子未出山而复'，而太史谓之'亡不越境'也。若以此为辄亡，则传尚未言盾亡，下文何以遽云'未出山而复'乎？"[①]王说从篇章回指

① 王引之《经义述闻》，页422。

角度提到了“自亡”与“宣子未出山而复”“亡不越境”在动词上的照应关系，进而确定“自亡”主语所指当为赵盾。这只是表明，从篇章连贯角度来看王说更好些而已，但仍无法完全驳倒杜预之解。这类歧解用例，相信随着对篇章信息更深入的分析，也能得到部分解决。

第9章 《左传》篇章零形回指的选用机制

前几章已经详细描写了《左传》篇章零形回指的分布，发现篇章零形回指强烈倾向使用于近距离（尤其是邻近小句）、低干扰（尤其是零干扰）、实体高可及的篇章环境。那么，反过来，这些篇章环境也强烈倾向使用零形回指吗？要回答这一问题，就需要进而考察这些环境中其他回指形式的采用情况。为此，本章拟先详细比较篇章零形回指与代词回指（限于指示代词）、名词回指的分布，在此基础上探讨《左传》篇章回指形式的选用机制。最后结合上述各章对《左传》的考察结果，在功能语言学框架内探讨零形回指的功能。

9.1 三种篇章回指形式的分布比较

本部分的分布比较分两步进行，先比较全书的零形回指和指示代词回指，然后分语体取一定样本来比较零形回指和名词回指。

9.1.1 零形回指与指示代词回指之比较

由于本文所研究的零形回指（ZA）基本只局限于主语位置（只有很少用例是位于“使”后的兼语），所以指示代词只研究主语位置的篇章回指用例(以下简称为IA)。指示代词"之、焉"无主语用例,"其VP"中的"其"则视为定语(参见魏培泉2002),所以本文研究的指示代词只有以下四个,即:是(97例)、此(44例)、彼(41例)、夫(19例)。四者作主语的用例共201例,这一用例数很小,所以本小节将从全书来比较零形回指和指示代词;四个指示代词则一并统计,不再进一步讨论其内部差异。

下面分别从先行语、指称距离、干扰项数、延续性四个方面来进行对比。

9.1.1.1 先行语的比较

先行语分两个角度进行比较:一是先行语的句法位置,只对比先行语主语(S)/非主语(NS)的比例,二是先行语的语义,只对比实体(Entity, E)/非实体(NE,由VP所表示的动作,或由小句及小句组合所表达的事件、命题乃至抽象的道理)。具体数据如下:

表9-1 《左传》ZA与IA先行语比较

回指形式	ZA	IA
先行语位置 S:NS	3.59	0.27
先行语语义 E:NE	13.17	1.05

由上表可见,与ZA相比,IA先行语在句法位置上强烈倾向于非主语位置,在语义上有将近一半回指的是动作、事件等抽象实体。例如:

(1)[秋七月,有神降于莘]i。惠王问诸内史过曰:"是i何故也?"对曰:"国之将兴,明神降之,监其德也;将亡,神又降之,观其恶也。故有得神以兴,亦有以亡,虞、夏、商、周皆有之。"(庄32.3)

(2)[昭公之难,君将以文之舒鼎、成之昭兆、定之鞶鉴,苟可以纳

之，择用一焉；公子与二三臣之子，诸侯苟忧之，将以为之质]i。[此]i群臣之所闻也。（定 6.2）

例（1）"是"的先行语为该段首句，回指的是"神降临莘地"这一事件。例（2）"此"回指的是"卫昭公逃难"这一事件，先行语是追述该事件的句群，其中包括五个小句。

《左传》IA 先行语的上述特点，英语 IA 也有体现。Givón（1983：350）的研究发现，在英语口语中，指示代词不大用于回指小句层面的事件参与者，而是更多用于回指上文刚刚得出的论题，这些论题一般都是用比小句大得多的言语单位来表达。Brown（1983：332）的研究发现，英语书面语中，指示代词更多的是用于回指有关行动的整个话语片段或者是动词本身，而不大用于回指名词语。

9.1.1.2　指称距离的比较

《左传》ZA 与 IA 在指称距离上的数据如下：

表 9－2　《左传》ZA 与 IA 指称距离比较

回指形式	ZA	IA
平均指称距离	1.41	2.14

IA 平均指称距离比 ZA 高 0.73。这个数值不是很显著。但需要注意的是，ZA 中距离为 1 的用例为 9857 例，占 81.36%；IA 中则为 109 例，只占 54.23%。根据这一点来看，ZA 强烈倾向于邻近回指，而 IA 则邻近回指和间隔回指都很常见。此外，IA 回指有很多是跨层级用例，这些大多数都是指示代词出现在直接引语中，先行语则出现在叙事语中。例如：

(3)子反欲取[之]i,巫臣曰:"[是]i不祥人也。是夭子蛮,杀御叔,弑灵侯,戮夏南,出孔、仪,丧陈国,何不祥如是?人生实难,其有不获死乎?天下多美妇人,何必是?"(成2.6)

IA跨层级用例共计78例,占总数的38.8%。这也说明,IA在指称距离上比ZA更远些。

Givón(1983:354)和Brown(1983:328)曾统计过英语口语和书面语中的回指,其中ZA和IA在指称距离上的数据如下:

表9-3 英语口语和书面语中ZA与IA指称距离比较

回指形式	ZA		IA	
	口语	书面语	口语	书面语
平均指称距离(小句数)	1.01	1.00	1.00	2.27

根据表9-3来看,在英语书面语中,ZA和IA在指称距离上有明显的差异,后者距离比前者远1.27;而在口语中,两者在指称距离上则差异很小。对比表9-2和表9-3,《左传》既然偏书面语,IA指称距离大于ZA也属正常。

9.1.1.3 干扰项的比较

《左传》ZA与IA在干扰项上的数据如下:

表9-4 《左传》ZA与IA干扰项比较

回指形式	ZA	IA
平均干扰项	0.3	1.09

上表中,IA的平均干扰项数明显高于ZA,两者相差0.61。这一情况也见于英语书面语。根据Brown(1983:328)的统计,在英语

书面语中,IA 和 ZA 的平均干扰项数分别是 1.70 和 1.12,两者相差0.58。值得注意的是,不管 ZA 还是 IA,《左传》的平均项数都要远低于英语书面语。

9.1.1.4 延续性的比较

《左传》ZA 与 IA 在延续性上的数据如下:

表 9-5 《左传》ZA 与 IA 延续性比较

回指形式	ZA	IA
平均延续性(小句数)	0.8	0.58

在《左传》中,ZA 在延续性上,只比 IA 高 0.22,优势不是很明显。但从延续性的极限来看,ZA 则明显大于 IA:前者最大延续性为 16 个小句,后者只有 7 个小句。例如:

(4)昔[先王]i 议事以制,不为刑辟,惧民之有争心也。犹不可禁御,是故 ΦiH17 闲之以义,ΦiH16 纠之以政,ΦiH15 行之以礼,ΦiH14 守之以信,ΦiH13 奉之以仁。ΦiH12 制为禄位,ΦiH11 以劝其从。ΦiH10 严断刑罚,ΦiH9 以威其淫。ΦiH8 惧其未也,故 ΦiH7 诲之以忠,ΦiH6 耸之以行,ΦiH5 教之以务,ΦiH4 使之以和,ΦiH3 临之以敬,ΦiH2 莅之以强,ΦiH1 断之以刚,ΦiH0 犹求圣哲之上、明察之官、忠信之长、慈惠之师,民于是乎可任使也,而不生祸乱。(昭 6.7)

(5)子反欲取[之]i,巫臣曰:"[是]i H7 不祥人也。[是] H6 夭子蛮,ΦiH5 杀御叔,ΦiH4 弑灵侯,ΦiH3 戮夏南,ΦiH2 出孔、仪,ΦiH1 丧陈国,何不祥如[是]iH0? 人生实难,其有不获死乎? 天下多美妇人,何必是?"(成 2.6)

相比之下,英语中 ZA 的延续性优势则要明显得多。根据 Givón(1983:354)和 Brown(1983:328),英语口语和书面语中的 ZA

和IA在延续性上的数据如下：

表9-6 英语口语和书面语中ZA与IA的延续性比较

回指形式	ZA		IA	
	口语	书面语	口语	书面语
平均延续性（小句数）	1.44	1.78	0.24	0.33

在书面语中，ZA在延续性上比IA高出1.45；而口语中，ZA则高出1.2。另一个值得注意的是，与英语相比，《左传》ZA和IA的延续性都明显较低。

9.1.1.5 小结

综上，《左传》ZA与IA在干扰项和延续性方面差异不大；在指称距离方面，后者平均距离更远一些；在先行语方面，后者有一半用于回指小句和小句组合，其回指对象多为事件、道理等抽象的实体。这些倾向都与英语类似，只不过具体数值有些差异。还有一点值得注意，《左传》IA基本出现在直接引语中，因而很难在叙事语篇中见到。

9.1.2 零形回指（ZA）与名词回指（NA）之比较

《左传》全书的名词回指数量很大，所以本小节在比较零形回指和名词回指时，将选取一定样本来进行比较。考虑到上文提到指示代词回指（IA）基本出现在直接引语（包括对话和君子曰的评论语）中，而第一、第二人称又只出现在对话中，因而不同语体类型语篇，其回指形式的选择余地其实并不一致。所以，本部分在选取样本时，还将语篇进一步分为叙事体、对话体、评说体三种，通过分语体比较观察语体差异是否会影响 ZA 和 NA 的分布。

具体来说，我们先抽取出全书所有的“君子曰”内容，以之作为评说体样本，总共有79个语篇，字数大约6500字。接着，比照这一样本容量，选取叙事语篇和对话语篇。叙事语篇共12篇，除去引语和篇末评说性文字，总字数6900字左右，选篇原则是：一、每一公选取一篇；二、每篇尽量不包含长篇对话；三、每篇长度均在300字以上；四、优先选取见于各种《古代汉语》教材的名篇。对话语篇共41篇，总字数6800字左右，选篇原则是：一、每一公至少选取两篇；二、对话内有长篇论述者，尽量不选。

下面按语体分别对比 ZA 和 NA。

9.1.2.1 叙事体语篇 ZA 和 NA 的分布比较

在我们选取的叙事体语篇样本中，名词语主语共322例，零形主语共422例。其中：前者有137例为引进新语篇实体，其余185例为重提语篇旧实体；后者则全部用于重提语篇旧实体。例如：

(6)初，郑武公 N1 娶于申，Φ1 曰武姜，Φ2 生庄公及共叔段。庄公 N2 寤生，Φ3 惊姜氏，故 Φ4 名曰寤生，Φ5 遂恶之。（隐1.4）

该例 N1 为引入新语篇实体，N2 为重提旧实体；Φ1、Φ2、Φ4、Φ5 均为重提郑武公之妻，Φ3 为重提“庄公寤生”这一事件。

下面分别从先行语位置、指称距离、干扰项数、延续性四个方面比较两者重提旧实体的用例分布情况。NA 的干扰项数为零，所以我们换了个角度，计算这些用例中 NA 改为 ZA 后增加的干扰项数；换句话说，我们统计了选用 NA 所排除的干扰项数，所以数值前以“-”标识。两者四项参数的具体情况如下：

表9－7 《左传》叙事体ZA和NA四项参数之比较

回指形式	指称距离		先行语＝S 用例数及比重	干扰项		平均延续性
	平均值	D1/D1－3用例数及比重		平均值	G0用例数及比重	
ZA	1.23	335(79.38%)/421(99.76%)	329(77.96%)	0.41	284(67.30%)	0.66
NA	4.4	43(22.70%)/119(64.32%)	129(69.7%)	－1.48	42(22.70%)	0.77

首先，从指称距离来看，两者差异十分显著：ZA平均指称距离为1.23，NA则高达4.4。这表明随着指称距离的扩大，已引入语篇实体的激活程度会不断衰减，因而远距离再次提及时往往倾向于选择名词语形式。在我们统计的数据中，当指称距离≥4时，ZA只有1个用例，而NA却高达66例。ZA几乎所有用例都分布在指称距离1—3之间，而NA指称距离1—3的用例只占其全部用例的64.32%。

其次，从先行语为主语的比例来看，ZA略高于NA，差8.26%，并不显著。需要指出的是，NA先行语句法位置比较单一，基本都是主语或宾语，其他位置只见1例是定语位置（例7），未见先行语为句子或句组的情况。

（7）子常i之卒奔，楚师j乱，吴师大败之j。子常i奔郑。（定4.3）

再次，从干扰项来看，ZA的平均干扰项数为0.41，67.30%的用例都是在零干扰情形下使用。而NA改为ZA后，平均干扰项数则会从0升至1.48，这表明，NA的使用明显具有排除干扰的作用。为了进一步确认这一判断，我们不妨进一步比较两者近距离回指的干扰项情况：

表 9－8 《左传》叙事体 ZA 和 NA 近距离回指的干扰项比较

回指形式	D＝1		D＝2		D＝3	
	G＝0	(＋)G≥1	G＝0	(＋)G≥1	G＝0	(＋)G≥1
ZA	232	103	49	30	3	4
NA	21	22	14	31	3	28

先看零干扰情形。分开来看，当 D＝1 时，在零干扰的 253 个用例中，232 个用例使用 ZA，占总用例的 91.70%；当 D＝2 时，在零干扰的 63 个用例中，49 个使用 ZA，占总用例的 77.78%；当 D＝3 时，零干扰只有 6 个用例，不具有统计意义。从总体来看，在零干扰的 322 个用例中，284 个用例使用 ZA，占总用例的 88.20%，倾向很明显。这表明零干扰情形时，除非有特别的语用目的，否则出于经济原则没有必要使用 NA。

再看存在干扰的情形。当 D＝1 时，存在干扰的用例共有 125 例，其中只有 22 例使用 NA，占总用例的 17.60%，与预期相反，但这一比重仍高于同等距离下 NA 在零干扰情形的比重(8.30%)。当 D＝2 时，存在干扰的用例共有 61 例，其中 31 例使用 NA，占总用例的 50.82%，NA 只体现出微弱优势，但明显高于同等距离下 NA 在零干扰情形的比重(22.21%)。而当D＝3时，存在干扰的 32 个用例中，28 个用例使用 NA，比重升至 87.50%，倾向十分明显，明显高于同等距离下 NA 在零干扰情形的比重(11.80%)。而当 D≥4时，几乎清一色使用 NA(98.51%，仅 1 例使用 ZA)。这说明，在同等距离下，与零干扰相比，有干扰情形明显倾向于使用 NA；并且，随着指称距离的加大，有干扰情形使用 NA 的倾向性就越明显。

最后,从平均延续性来看,ZA 略低于 NA,差 0.11 个小句,也不显著。根据 Brown(1983:328),英语书面语中 ZA 的平均延续性为 1.78 个小句,NA 的平均延续性为 1.17,ZA 反而高出 0.61 个小句。Brown 统计的也是叙事体,而且也剔除了对话内容。所以,这一数据差异与语体无关。而在具体统计中,Brown 将类指、不定指、带领属成分的 NA 另外加以统计,而这三类的平均延续性分别是 0.8、0.18 和 0.21,远远低于 1.17。如果将这些也放进 NA 的统计数据中,英语书面语 NA 的平均延续性必将进一步下降,因而 NA 之于 ZA 的差额将进一步扩大。基于对语料和统计方法的上述分析,我们认为《左传》叙事体中 ZA 平均延续性低于 NA 的现象,属于古汉语异于现代英语之处。进一步来看,这一现象可以从话题链角度得到解释,因为在《左传》中,新话题只在存在句之类特殊句式中才以宾语位置引入,大多数时候直接就在主语位置引入,然后接着使用零形回指形式来保持话题延续。在这一情形下,名词语等于是处在话题链的起始位置,而零形主语则是处于第二个位置。如此一来,NA 延续性自然会略高于 ZA。

9.1.2.2 评说体语篇 ZA 和 NA 的分布比较

在我们选取的评说体语篇样本中,名词语主语共 204 例,零形主语共 199 例。其中:前者有 186 例为引进新语篇实体,其余 18 例为重提语篇旧实体;后者则刚好相反,187 例用于重提语篇旧实体,12 例用于引进新语篇实体。两者引进新语篇实体之例如下:

(8)君子曰:"(狂狡)Φ 失礼违命,宜其为禽也……"(宣 2.1)

(9)a. 君子谓:"[羊斟] N 非人也……"(宣 2.1)

b. "[信]N 不由中,质无益也……"(隐 3.3)

需要注意的是,零指代引进的新语篇实体基本上是上文叙事语篇中的主要人物,如例(8)的"狂狡",而名词语引进的新语篇实体,除了上文叙事语篇中的主要人物,如例(9a)的"羊斟",还可以是为了评说引入的全新语篇实体,如例(9b)的"信"。

下面分别从先行语位置、指称距离、干扰项数、延续性四个方面来比较 ZA 和 NA 重提语篇旧实体的用例。两者四项参数的具体情况如下:

表 9-9 《左传》评说体 ZA 和 NA 四项参数之比较

回指形式	指称距离		先行语 = S 用例数及比重	干扰项		平均延续性
	平均值	D1/D1—3 用例数及比重		平均值	G0 用例数及比重	
ZA	1.12	173(92.5%)/184(98.40%)	121(64.70%)	0.23	147(78.61%)	1.01
NA	3.78	6(33.33%)/12(66.67%)	12(66.67%)	-1.72	0(0)	0.61

首先,从指称距离来看,两者差异十分显著:ZA 平均指称距离为 1.12,NA 则高达 3.78。这表明随着指称距离的扩大,已引入语篇实体的激活程度会不断衰减,因而远距离再次提及时往往倾向于选择名词语形式。而当指称距离≥4 时,ZA 有 3 例,只占 1.60%,而 NA 有 6 例,占 33.33%。

其次,从先行语为主语的比例来看,NA 略高于 ZA,差 1.97%,并不显著。

再次,从干扰项来看,ZA 的平均干扰项数为 0.23,78.61%

的用例都是在零干扰情形下使用。而 NA 改为 ZA 后,平均干扰项数则会从 0 升至 1.72,这表明,NA 的使用明显具有排除干扰的作用。而且,在评说语体中,NA 未见用于零干扰项的情形。这也从另一个侧面表明,评说语篇 NA 的使用首先是为了排除干扰。

最后,从平均延续性来看,ZA 高于 NA0.40 个小句。这一统计结果与 Brown(1983:328)英语书面语的研究结果基本一致。

9.1.2.3 对话体语篇 ZA 和 NA 的分布比较

在我们选取的对话体语篇样本中,名词语主语共 258 例,零形主语共 251 例。其中:前者有 163 例为引进新语篇实体,其余 95 例为重提语篇旧实体;后者均用于重提语篇旧实体。与叙事体相比,对话体名词语重提语篇旧实体的比例则并不算高。叙事体中,名词语重提语篇旧实体用例和引入语篇新实体用例的比值为 1.35。而与评说体相比,名词语用于重提语篇旧实体的用例有大幅度的增加,与引进新语篇实体的比值为 0.58。造成这一差异的一个原因是,对话体中名词语可以用于指称说者或者听者。在名词语用于指称说者/听者的用例中,引入新语篇实体的用例为 36 例,重提语篇旧实体的用例则是 33 例。要是将这 69 例排除掉,对话体语篇中名词语重提语篇旧实体用例和引进新语篇实体用例则分别为 62 例和 127 例,比值为 0.48。不过即使这样,其比值仍远高于评说体语篇,后者相应比值为 0.10。

下面分别从先行语位置、指称距离、干扰项数、延续性四个方面来比较 ZA 和 NA 重提语篇旧实体的用例。两者四项参数的具体情况如下:

表 9－10 《左传》对话体 ZA 和 NA 四项参数之比较

回指形式	指称距离		先行语 = S 用例数及比重	干扰项		平均延续性
	平均值	D1/D1—3 用例数及比重		平均值	G0 用例数及比重	
ZA	1.29	190(75.70%)/249(99.20%)	172(78%)	0.25	191(76.1%)	0.48
NA	3.84	25(28.41%)/56(63.64%)	56(63.64%)	－1.02	35(39.77%)	0.47

首先,从指称距离来看,两者差异十分显著:ZA 平均指称距离为 1.29,NA 则高达 3.84。这表明随着指称距离的扩大,已引入语篇实体的激活程度会不断衰减,因而远距离再次提及时往往倾向于选择名词语形式。而当指称距离≥4 时,ZA 有 2 例,只占 0.01%,而 NA 有 69 例,占 72.63%。以上两个趋势都和叙事语篇的考察结果一致。

其次,从先行语为主语的比例来看,ZA 高于 NA14.76%,差异很显著。

再次,从干扰项来看,ZA 的平均干扰项数为 0.25,78.61% 的用例都是在零干扰情形下使用。而 NA 改为 ZA 后,平均干扰项数则会从 0 升至 1.02,这表明,NA 的使用具有排除干扰的作用。

最后,从平均延续性来看,ZA 高于 NA0.01 个小句,差异很小。

9.1.2.4 三种语体 ZA 和 NA 的分布比较

以上三小节分别比较了三种语体内部 ZA 和 NA 的差异。本小节将讨论不同语体多大程度上影响到了 ZA 和 NA 的使用。

先比较三种语体不同信息状体语篇实体使用 ZA 和 IA 的情

况，结果如下：

表9－11 《左传》三种语体语篇实体的编码方式

<table>
<tr><td>语篇</td><td colspan="3">ZA</td><td colspan="3">NA</td><td rowspan="2">合计</td></tr>
<tr><td>实体</td><td>叙事体</td><td>评说体</td><td>对话体</td><td>叙事体</td><td>评说体</td><td>对话体</td></tr>
<tr><td>重提旧实体</td><td>325</td><td>189</td><td>251</td><td>185</td><td>18</td><td>95</td><td rowspan="2">1063</td></tr>
<tr><td>小计</td><td colspan="3">765</td><td colspan="3">298</td></tr>
<tr><td>引入新实体</td><td>0</td><td>12</td><td>0</td><td>137</td><td>186</td><td>163</td><td rowspan="2">498</td></tr>
<tr><td>小计</td><td colspan="3">12</td><td colspan="3">486</td></tr>
</table>

根据上表来看，引进新语篇实体的498例中，486例选用名词语形式，占97.59%。只有在评说语篇中，新实体才可以选用零形回指。但这些用例中，所谓的新实体只是就独立出来的评说部分而言，若结合上文的叙事语篇，上述新实体其实都是叙事语篇的主要人物。基于这一点，我们可以说，就全新的语篇实体而言，基本只能选用名词语形式。相比之下，旧实体重提用例共计1 063例，其中用零指代者765例，占71.97%，用名词语者298例，占28.03%。根据这一比例来看，重提旧实体的无标记形式应该是零形式，但是也有一定数量的用例使用了NA，值得注意的是，在评说体中，重提旧实体用NA的比例明显低于其他两种语体。这很大程度上是因为评说体中的旧实体基本都是被评说的人物，即上文叙事语篇中的主要人物，其凸显性很高，因而重提时一般倾向（即使是远距离时）使用零形回指。例如：

（10）君子谓："［狼瞫］i于是乎君子。［诗］j曰：'君子如怒，乱庶遄沮。'Φj又曰：'王赫斯怒，爰整其旅。'Φi怒不作乱，而Φi以从师，Φi可谓君子矣。"（文2.1）

接着我们来比较重提旧实体的所有用例，看看到底哪些因素在起作用。先看各语体 ZA 和 IA 在指称距离上的表现，具体结果如下：

表 9－12 《左传》三种语体回指语篇旧实体时的指称距离

语篇实体	ZA			NA		
	叙事体	评说体	对话体	叙事体	评说体	对话体
D＝1 用例数	335	173	190	43	6	25
2≤D≤3 用例数	86	11	59	76	6	31
D≥4 用例数	1	3	2	66	6	69
D 平均值	1. 23	1. 12	1. 29	4. 4	3. 78	3. 84

根据上表，总体来看，不管在何种语体中，在重提旧实体时，ZA 的平均指称距离都远低于 NA，ZA 与 NA 的比值随着距离的加大而不断降低。具体来看，D＝1 的总用例为 772 例，其中使用 ZA 者 698 例，占 90. 41%，使用 NA 者 74 例，占 9. 59%；2≤D≤3 的总用例为 269 例，其中使用 ZA 者 156 例，占 57. 99%，使用 NA 者 113 例，占 42. 01%；D≥4 的总用例数为 147 例，其中使用 ZA 者 6 例，占 4. 08%，使用 NA 者 141 例，占 95. 92%。由此可见，重提旧实体时到底选用何种回指形式，与距离有很大关系：D≥4 时强烈倾向使用 NA，D＝1 时则强烈倾向使用 ZA；2≤D≤3 的用例到底使用 ZA 还是 NA，则较为自由，主要和干扰项数有关，可参见表 9－5。

分语体来看，ZA 在各种语体中都强烈倾向用于 D＝1 的情形，很少用于 D≥4 的情形。而 NA 在不同语体则有较为明显的差异：对话体中 D≥4 的用例最多，略高于 1≤D≤3 的用例数，是后者的 1. 23 倍；叙事体和评说体中，则 1≤D≤3 的用例数占绝对优势，分别是相应语体 D≥4 用例数的 1.8 倍和 2 倍。这说明,在对话体中,重提旧实体且 D≥4 时选用 NA 的可能性要高于其他两种语体。

接着我们比较三种语体 ZA 和 NA 在干扰项上的表现,具体结果如下:

表 9-13 《左传》三种语体回指语篇旧实体时的干扰项数

语篇实体	ZA			NA		
	叙事体	评说体	对话体	叙事体	评说体	对话体
G=0 用例数	284	147	191	42	0	35
G 平均值	0.41	0.23	0.25	-1.48	-1.72	-1.02

根据上表,不管在何种语体中,使用 NA 明显具有排除干扰的作用。具体来看,在评说体中,使用 NA 的排除干扰作用最明显,平均排除的干扰项数为 1.72 个,而使用 ZA 的平均干扰数仅有 0.23,两种情形相差 1.47 个干扰项;其次是叙事体,平均排除干扰项为 1.48,两种情形相差 1.07;最后是对话体,平均排除干扰 1.02,两种情形只相差 0.87。根据这一分析来看,对话体使用 NA,受干扰项的影响要明显小于另外两种语体。进一步来看对话体 G=0 的用例,发现将近一半的用例(16 例)都是回指说者和听者;而在 G=1 的 39 例中,仅有 9 例回指的是说者和听者。由于说者和听者在对话体语篇中具有较高的指别性,此时选用 NA 显然主要不是为了排除干扰。通过分析这些用例,我们发现这些 NA 绝大多数都是"寡人、臣、子、吾子"之类的词语,这些词语主要是为了凸显说者和听者的交际身份,更多是出于礼貌原则之类的语用原则的驱动。

接下来我们比较三种语体 ZA 和 NA 在先行语和延续性上的表现,具体结果如下:

表 9 – 14 《左传》三种语体回指语篇旧实体时的先行语和延续性

语篇实体	ZA			NA		
	叙事体	评说体	对话体	叙事体	评说体	对话体
先行语为主语及其比重	329 (78%)	121 (64.7%)	172 (78%)	129 (69.7%)	12 (66.67%)	56 (63.64%)
延续性平均值	0.66	1.01	0.48	0.77	0.61	0.47

根据上表来看,就先行语而言,不管在何种语体中,ZA 和 NA 的先行语都倾向于主语位置。这意味着,不管在何种语体中,ZA 和 NA 先行语的句法位置都没有明显的差异。

就延续性而言,ZA 和 NA 只在评说体中有较为明显的差异,有 0.40 的差额,而在叙事体和对话体中则基本相当,分别只有 0.11 和 0.01 的差额。单就 ZA 而言,在评说体中的延续性最高,其次是叙事体,最后是对话体;单就 NA 而言,在叙事体中的延续性最高,其次是评说体,最后是对话体。据此来看,对话体中,不管是 ZA 还是 NA,延续性都较低。

9.1.2.5 小结

通过上述描写和比较,我们的基本看法是:就回指各项指标而言,ZA 和 NA 在回指对象信息度上的差异最为明显,其次是指称距离和干扰项,而在先行语句法位置和延续性上则差异不大明显;而就各语体来看,对话体中 ZA 和 NA 的表现与其他两种语体存在较多的差异,而叙事体和评说体相对更为接近,但也有细微差别。

9.2 三种篇章回指形式的选用机制

9.2.1 选用机制的归纳

现在我们可以在9.1分布比较的基础上,结合前文对篇章零形回指的分布描写和分析,归纳总结《左传》篇章回指形式的选用机制(不考虑人称代词回指)。

首先,语体对回指形式的选用有一定的影响。具体表现在两个方面。一方面不同语体可选用的回指形式有差异:在对话体和评说体中,名词回指(NA)、指示代词回指(IA)、零形回指(ZA)都可以选用;而在叙事体中,主要是在NA和ZA之间进行选择。另一方面,同样是在ZA和NA之间进行选择,不同语体也会带来一些影响。比如说,在对话体中,重提旧实体且D=1时选用NA的可能性要低于其他两种语体;对话体使用NA,受干扰项的影响要明显小于另外两种语体。

其次,任一语体的语篇中,语篇实体都可以分为两类,一类是引入的新实体,另一类是重提的旧实体。前者基本只使用名词语形式,后者则三种指称形式都可以选用。

其次,在重提旧实体时,若回指对象是抽象的事件或道理,则只能选用ZA和IA。具体来看,由于IA只能用于引语中,所以就叙事体语篇而言,此时只能使用ZA。而在对话体和评说体中,此时到底选择ZA还是IA,则受制于指称距离:距离为1时ZA、IA都可以选用,距离大于1时只能选用IA。

再次,不管在何种语体中,距离越近越倾向于使用ZA,距离越大越倾向于使用 NA 或 IA，其中 NA 的平均指称距离又明显高于 IA。特别是当距离大于 3 时，基本只能使用 NA 或 IA；而在距离为 1 时，无标记状态下选用 ZA。

最后，随着干扰项增多，回指形式越来越倾向使用 NA 或 IA，其中前者排除干扰的作用又明显高于后者。因此，就干扰项而言，零干扰时优先使用 ZA，高干扰时优先使用 NA，IA 只居于两者之间。

至于先行语位置和延续性，对回指选用并没有多大影响。

下面我们将上述选用机制应用于叙事语篇和评说语篇，着重分析 ZA 和 IA 的选用机制，其中叙事语篇选取的是《郑伯克段》，评说语篇选取的是《秦穆不为盟主》。

9.2.2 《郑伯克段》ZA 和 NA 的选用分析

结合 Ariel 的可及性理论及短时记忆“7 ± 2”模块的极限，我们不妨进一步以指称距离 3 为临界点，建立如下回指形式选用模型：D≥4 时，NA 是无标记形式，ZA 是有标记形式，需要语篇有明显的语段界限标志，如句法结构或语段结构的平行，韵律结构的整齐化，中心动词的重复，等等（详见第 7 章）；1≤D＜4 时，ZA 是无标记形式，特别是距离为 1 先行语为主语时，只有当干扰项无法排除时才必须选用 NA。现在我们可以根据上述选用模型来具体分析《郑伯克段》语篇，看看哪些地方是必用 ZA/NA，哪些地方是可用 ZA/NA，在此基础上再进一步提出限制 ZA/NA 选用的其他因素。

我们先对语篇进行以下两项操作：将所有主语位置掏空，并标上序号，共计 58 处；引语内容和评说性文字则以省略号表示。

(11)初，(Z1)娶于申，(Z2)曰武姜，(Z3)生庄公及共叔段。(Z4)寤生，(Z5)惊姜氏，故(Z6)名曰寤生，(Z7)遂恶之。(Z8)爱共叔段，

(Z9)欲立之。(Z10)亟请于武公,(Z11)弗许。及庄公即位,(Z12)为之请制。(Z13)曰:"……"(Z14)请京,(Z15)使居之,(Z16)谓之京城大叔。(Z17)曰:"……"(Z18)曰:"……"(Z19)对曰:"……"(Z20)曰:"……"既而(Z21)命西鄙、北鄙贰于己。(Z22)曰:"……"(Z23)曰:"……"(Z24)又收贰以为己邑,(Z25)至于廪延。(Z26)曰:"……"(Z27)曰:"……"(Z28)完聚,(Z29)缮甲兵,(Z30)具卒乘,(Z31)将袭郑,(Z32)将启之。(Z33)闻其期,(Z34)曰:"……"(Z35)命子封帅车二百乘以伐京。(Z36)叛大叔段。(Z37)入于鄢。(Z38)伐诸鄢。五月辛丑,(Z39)出奔共。……(Z40)遂置姜氏于城颍,而(Z41)誓之曰:"……"(Z42)既而悔之。(Z43)为颍谷封人,(Z44)闻之,(Z45)有献于公。(Z46)赐之食。(Z47)食舍肉。(Z48)问之,(Z49)对曰:"……"(Z50)曰:"……"(Z51)曰:"……"(Z52)语之故,且(Z53)告之悔。(Z54)对曰:"……"(Z55)从之。(Z56)入而赋:"……"(Z57)出而赋:"……"(Z58)遂为母子如初。……(隐1.4)

我们先进行第一轮回填,将引入新实体的地方(Z1、Z17、Z22、Z43)和 D≥4 的地方(Z21、Z27、Z28、Z32、Z33、Z40、Z57)填上相应的名词形式;回指小句的地方(Z5)及指称距离为1且先行语为主语的地方(Z7、Z8、Z9、Z10、Z16、Z29、Z30、Z31、Z34、Z35、Z41、Z42、Z44、Z45、Z53)填上 Φ,结果如下:

(11')初,郑武公娶于申,(Z2)曰武姜,(Z3)生庄公及共叔段。(Z4)寤生,Φ 惊姜氏,故(Z6)名曰寤生,Φ 遂恶之。Φ 爱共叔段,Φ 欲立之。Φ 亟请于武公,(Z11)弗许。及庄公即位,(Z12)为之请制。(Z13)曰:"……"(Z14)请京,(Z15)使居之,Φ 谓之京城大叔。祭仲曰:"……"(Z18)曰:"……"(Z19)对曰:"……"(Z20)曰:"……"既而大叔命西鄙、北鄙贰于己。公子吕曰:"……"(Z23)曰:"……"

(Z24)又收贰以为己邑,(Z25)至于廪延。(Z26)曰:"……"公曰:"……"大叔完聚,Φ缮甲兵,Φ具卒乘,Φ将袭郑,夫人将启之。公闻其期,Φ曰:"……"Φ命子封帅车二百乘以伐京。(Z36)叛大叔段。(Z37)入于鄢。(Z38)伐诸鄢。五月辛丑,(Z39)出奔共……公(Z40)遂置姜氏于城颍,而Φ誓之曰:"……"Φ既而悔之。颍考叔为颍谷封人,Φ闻之,Φ有献于公。(Z46)赐之食。(Z47)食舍肉。(Z48)问之,(Z49)对曰:"……"(Z50)曰:"……"(Z51)曰:"……"(Z52)语之故,且Φ告之悔。(Z54)对曰:"……"(Z55)从之。(Z56)入而赋:"……"姜出而赋:"……"(Z58)遂为母子如初……

第一次总共回填了27个位置,只有Z40与实际所用形式不同:该位置前面有一大段评说文字(11个小句),若着眼于线性距离对短时记忆的干扰,应该用名词语形式;若着眼于语段之间的穿插关系,充分考虑层级差异,则应该选用零形式。

接着我们再进行第二次回填,指称距离为1且零干扰的地方(Z2、Z3、Z6、Z11、Z25、Z36、Z37、Z39、Z46、Z47、Z49、Z54、Z56、Z58)填上Φ,指称距离为1且零形式时干扰无法排除的地方(Z4)填上名词语形式,结果如下:

(11")初,郑武公娶于申,Φ曰武姜,Φ生庄公及共叔段。庄公寤生,Φ惊姜氏,故Φ名曰寤生,Φ遂恶之。Φ爱共叔段,Φ欲立之。Φ亟请于武公,Φ(Z11)弗许。及庄公即位,(Z12)为之请制。(Z13)曰:"……"(Z14)请京,(Z15)使居之,Φ谓之京城大叔。祭仲曰:"……"(Z18)曰:"……"(Z19)对曰:"……"(Z20)曰:"……"既而大叔命西鄙、北鄙贰于己。公子吕曰:"……"(Z23)曰:"……"(Z24)又收贰以为己邑,Φ至于廪延。(Z26)曰:"……"公曰:"……"大叔完聚,Φ缮甲兵,Φ具卒乘,Φ将袭郑,夫人将启之。公闻其期,Φ曰:"……"Φ命子封帅车二百乘以伐京。Φ(Z36)叛大叔段。Φ(Z37)入于鄢。(Z38)伐诸鄢。五月辛丑,Φ(Z39)出奔共……公(Z40)遂置姜氏于城颍,而Φ誓之曰:"……"Φ既而悔之。颍考叔为颍谷封人,Φ闻之,Φ有献于公。公(Z46)赐之食。Φ食舍肉。(Z48)问之,Φ对曰:"……"(Z50)曰:"……"(Z51)曰:"……"(Z52)语之故,且Φ告之悔。Φ对曰:"……"(Z55)从之。Φ(Z56)入而赋:"……"姜出而赋:"……"Φ遂为母子如初……

第二次总共回填了15个位置,其中有6处(Z11、Z36、Z37、Z39、Z46、Z56)与原文不一致,其中Z36、Z39、Z56实际上涉及叙事时空的转换,因而使用名词语实际上是为了凸显这一转换。相应地,Z12、Z18、Z23、Z24、Z26、Z38也都涉及时空转换,原文除Z12之外,其余均使用NA来凸显这一转换。考虑到这一点,以上9处时空转换处就可以改用NA,得到调整后的结果如下:

(11''')初,郑武公娶于申,Φ曰武姜,Φ生庄公及共叔段。庄公寤生,Φ惊姜氏,故Φ名曰寤生,Φ遂恶之。Φ爱共叔段,Φ欲立之。Φ亟请于武公,Φ(Z11)弗许。及庄公即位,姜氏(Z12)为之请制。(Z13)曰:"……"(Z14)请京,(Z15)使居之,Φ谓之京城大叔。祭仲曰:"……"公曰:"……"(Z19)对曰:"……"(Z20)曰:"……"既而大叔命西鄙、北鄙贰于己。公子吕曰:"……"公曰:"……"大叔又收贰以为己邑,Φ至于廪延。子封曰:"……"公曰:"……"大叔完聚,Φ缮甲兵,Φ具卒乘,Φ将袭郑,夫人将启之。公闻其期,Φ曰:"……"Φ命子封帅车二百乘以伐京。京叛大叔段,Φ(Z37)入于鄢,公伐诸鄢。五月辛丑,段出奔共。……公(Z40)遂置姜氏于城颍,而Φ誓之曰:"……"Φ既而悔之。颍考叔为颍谷封人,Φ闻之,Φ有献于公。公(Z46)赐之食。Φ食舍肉。(Z48)问之,Φ对曰:"……"(Z50)曰:"……"(Z51)

曰:"……"(Z52)语之故,且Φ告之悔。Φ对曰:"……"(Z55)从之。公入而赋:"……"姜出而赋:"……"Φ遂为母子如初。……

至此已经回填了48处,和原文一致43处,不一致5处。这5处选用ZA还是NA其实两可。拿Z11来说,《左传》"请……许……"格式共39例,"许"字句采取ZA20例,NA19例。

最后看剩余的10处,都是在叙述对话场景,其中8例直接就是"曰"字句;指称距离为2,干扰均为零,因此无标记形式应该是ZA,据此填入的话,则结果如下:

(11"")初,郑武公娶于申,Φ曰武姜,Φ生庄公及共叔段。庄公寤生,Φ惊姜氏,故Φ名曰寤生,Φ遂恶之。Φ爱共叔段,Φ欲立之。Φ亟请于武公,Φ(Z11)弗许。及庄公即位,姜氏(Z12)为之请制。Φ(Z13)曰:"……"Φ请京,Φ使居之,Φ谓之京城大叔。祭仲曰:"……"公曰:"……"Φ对曰:"……"Φ(Z20)曰:"……"既而大叔命西鄙、北鄙贰于己。公子吕曰:"……"公曰:"……"大叔又收贰以为己邑,Φ至于廪延。子封曰:"……"公曰:"……"大叔完聚,Φ缮甲兵,Φ具卒乘,Φ将袭郑,夫人将启之。公闻其期,Φ曰:"……"Φ命子封帅车二百乘以伐京。京叛大叔段,Φ(Z37)入于鄢,公伐诸鄢。五月辛丑,段出奔共……公(Z40)遂置姜氏于城颍,而Φ誓之曰:"……"Φ既而悔之。颍考叔为颍谷封人,Φ闻之,Φ有献于公。公(Z46)赐之食。Φ食舍肉。Φ(Z48)问之,Φ对曰:"……"Φ(Z50)曰:"……"Φ(Z51)曰:"……"Φ(Z52)语之故,且Φ告之悔。Φ对曰:"……"Φ(Z55)从之。公入而赋:"……"姜出而赋:"……"Φ遂为母子如初……

其中:一致3处,不一致7处,分别是Z13、Z20、Z48、Z50、Z51、Z52、Z55。这表明交替引出对话双方行为的句子,其主语更倾向选择NA。若考虑到这一点,则回填结果可以调整为:

(11‴″)初,郑武公娶于申,Φ曰武姜,Φ生庄公及共叔段。庄公寤生,Φ惊姜氏,故Φ名曰寤生,Φ遂恶之。Φ爱共叔段,Φ欲立之。Φ亟请于武公,公弗许。及庄公即位,姜氏(Z12)为之请制。公曰:“……”Φ请京,公(Z15)使居之,Φ谓之京城大叔。祭仲曰:“……”公曰:“……”祭仲(Z19)对曰:“……”公曰:“……”既而大叔命西鄙、北鄙贰于己。公子吕曰:“……”公曰:“……”大叔又收贰以为己邑,Φ至于廪延。子封曰:“……”公曰:“……”大叔完聚,Φ缮甲兵,Φ具卒乘,Φ将袭郑,夫人将启之。公闻其期,Φ曰:“……”Φ命子封帅车二百乘以伐京。京叛大叔段,Φ(Z37)入于鄢,公伐诸鄢。五月辛丑,段出奔共……公(Z40)遂置姜氏于城颍,而Φ誓之曰:“……”Φ既而悔之。颍考叔为颍谷封人,Φ闻之,Φ有献于公。公(Z46)赐之食。Φ食舍肉。公问之,颍考叔(Z49)对曰:“……”公曰:“……”颍考叔曰:“……”公语之故,且Φ告之悔。颍考叔(Z54)对曰:“……”公从之。公入而赋:“……”姜出而赋:“……”Φ遂为母子如初……

综上,按照以上原则和程序,充分考虑时空转换因素及引语的间隔效果,58处回填,一致可以达到50处,高达86.21%。

9.2.3 《秦穆不为盟主》ZA和NA的选用分析

《秦穆不为盟主》是君子曰中篇幅长度位列第三的语篇,先列出原文,将主语的回指情况标注如下(君子曰三字省去):

(12)[秦穆]i之不为盟主也宜哉!ΦiD1G0死而弃民。[先王]j违世,ΦjD1G0犹诒之法,而况ΦjD1G1夺之善人乎?《诗》k云:[“……”]lΦlG0H0无善人之谓。若之ΦiD6G1何夺之?[古之王者]m知命之不长,ΦmD1G0是以并建圣哲,ΦmD1G0树之风声,ΦmD1G0分之采物,ΦmD1G0著之话言,ΦmD1G0为之律度,ΦmD1G0陈之艺极,

ΦmD1G0 引之表仪,ΦmD1G0 予之法制,ΦmD1G0 告之训典,ΦmD1G0 教之防利,ΦmD1G0 委之常秩,ΦmD1G0 道之礼则,ΦmD1G0 使毋失其土宜,[众隶]n 赖之,而后 ΦmD2G1 即命。[圣王]o 同之。ΦiD24G0 今纵无法以遗后嗣,而 ΦiD1G0 又收其良以死,ΦiD1G0 难以在上矣。(文 6.3)

接着我们仍然掏空所有主语,共 28 处,标注如下(凡新语篇实体以 new 表明,回指小句则以 Clause 标明):

(12')(Z1)i/new 之不为盟主也宜哉!(Z2)iD1G0 死而弃民。(Z3)j/new 违世,(Z4)jD1G0 犹诒之法,而况(Z5)jD1G1 夺之善人乎?(Z6)k/new 云:[“……”]l(Z7)l/clauseD1G0 无善人之谓。若之(Z8)iD6G1 何夺之?(Z9)m/new 知命之不长,(Z10)mD1G0 是以并建圣哲,(Z11)mD1G0 树之风声,(Z12)mD1G0 分之采物,(Z13)mD1G0 著之话言,(Z14)mD1G0 为之律度,(Z15)mD1G0 陈之艺极,(Z16)mD1G0 引之表仪,(Z17)mD1G0 予之法制,(Z18)mD1G0 告之训典,(Z19)mD1G0 教之防利,(Z20)mD1G0 委之常秩,(Z21)mD1G0 道之礼则,(Z22)mD1G0 使毋失其土宜,(Z23)n/new 赖之,而后(Z24)mD2G1 即命。(Z25)o/new 同之。(Z26)iD24G0 今纵无法以遗后嗣,而(Z27)iD1G0 又收其良以死,(Z28)iD1G0 难以在上矣。

其中引入新实体 6 处,均需选用 NA;回指 U1 处,若不使用 IA 的话,就需要使用 ZA,不能使用 NA。D = 1 且 G = 0 者 17 处,选用 ZA;D≥4 者 2 处,选用 NA。结果如下:

(12")秦穆公之不为盟主也宜哉!死而弃民。先王违世,犹诒之法,而况(Z5)jD1G1 夺之善人乎?《诗》云:[“……”]无善人之谓。若之<u>秦穆公(Z8,D6)</u>何夺之?古之王者知命之不长,是以并建圣哲,树之风声,分之采物,著之话言,为之律度,陈之艺极,引之表仪,予之法制,告之训典,教之防利,委之常秩,道之礼则,使毋失其土宜,众隶赖之,而后(Z24)mD2G1即命。圣王同之。<u>秦穆公(Z26,D24)</u>今纵无法以遗后嗣,而又收其良以死,难以在上矣。

共计回填26处,其中Z8和Z26与原文不一致,指称距离分别为8和24。此二处使用ZA和NA两可。原文之所以可以使用ZA,是因为秦穆公是整个语篇的评说对象,凸显性最高。剩余二处(Z5和Z24)指称距离分别是1和2,干扰项数为1,其中:Z5是在话题连续情形下,无标记状态下仍应选用ZA;Z24则ZA/NA两可。

如此来看,根据我们提出的回指选用机制,该语篇28处主语回填时,与原文一致处至少可以达到24处,高达85.71%。若进一步考虑到话题的连续性以及实体的凸显性,则一致处可以提高到27处,高达96.43%。

9.3 交际功能对回指形式选用的制约作用:说者转换与ZA/NA的选用

上文9.2.2在分析《郑伯克段》时,假定叙事语篇中直接引语发生说者转换时,倾向于使用名词回指(NA)。那这一假定是否符合《左传》整本书呢?先看下面四个例子:

(13)冬,秦饥,使乞籴于晋,晋人弗与。庆郑曰:"背施无亲,幸灾不仁,贪爱不祥,怒邻不义。四德皆失,何以守国?"虢射曰:"皮之不存,毛将安傅?"庆郑曰:"弃信背邻,患孰恤之?无信患作,失援必毙。是则然矣。"虢射曰:"无损于怨,而厚于寇,不如勿与。"庆郑曰:"背施幸灾,民所弃也。近犹雠之,况怨敌乎?"(僖14.4)

(14)孟懿子会城成周。庚寅,栽。宋仲几不受功,曰:“滕、薛、郳,吾役也。”薛宰曰:“宋为无道,绝我小国于周,以我适楚,故我常从宋。晋文公为践土之盟,曰:‘凡我同盟,各复旧职。’若从践土,若从宋,亦惟命。”仲几曰:“践土固然。”薛宰曰:“薛之皇祖奚仲居薛,以为夏车正。奚仲迁于邳,仲虺居薛,以为汤左相。若复旧职,将承王官,何故以役诸侯?”仲几曰:“三代各异物,薛焉得有旧?为宋役,亦其职也。”(定1.1)

(15)后子见赵孟。赵孟曰:“吾子其曷归?”对曰:“针惧选于寡君,是以在此,将待嗣君。”赵孟曰:“秦君何如?”对曰:“无道。”赵孟曰:“亡乎?”对曰:“何为?一世无道,国未艾也。国于天地,有与立焉。不数世淫,弗能毙也。”赵孟曰:“夭乎?”对曰:“有焉。”赵孟曰:“其几何?”对曰:“针闻之:国无道而年谷和熟,天赞之也。鲜不五稔。”赵孟视荫,曰:“朝夕不相及,谁能待五?”(昭1.8)

(16)楚子登巢车,以望晋军。子重使大宰伯州犁侍于王后。王曰:“骋而左右,何也?”曰:“召军吏也。”“皆聚于中军矣。”曰:“合谋也。”“张幕矣。”曰:“虔卜于先君也。”“彻幕矣。”曰:“将发命也。”“甚嚣,且尘上矣。”曰:“将塞井夷灶而为行也。”“皆乘矣,左右执兵而下矣。”曰:“听誓也。”“战乎?”曰:“未可知也。”“乘而左右皆下矣。”曰:“战祷也。”伯州犁以公卒告王。(成16.5)

例(13)是庆郑和虢射的对话,共5个话轮,全部以“N曰”导入所说的话。因此,该语篇说者转换时采取的回指形式构成了以下回指链条:Ni–Nj–Ni–Nj–Ni。这完全符合9.2.2所提的假定。例(14)和例(13)基本相同,唯一的差异是仲几的第一次话轮用“Φ曰”导入,而非“N曰”,这是因为其前一句主语就是仲几,属于话题连续,故而使用“Φ曰”。

例(15)是赵孟和后子的对话,共11个话轮,其中赵孟的话,除最后一次以“曰”标明之外，其余都用“赵孟曰”导入，后子的话全部以“对曰”导入。因此，该语篇说者转换时采取的回指形式构成了以下回指链条：Ni – Φj – Ni – Φj – Ni – Φj – Ni – Φj – Ni – Φj – Ni。该例赵孟的情况基本符合假定，后子的情况则全部与假定相反。

例（16）是楚王和伯州犁的对话，共 16 个话轮，其中楚王的话，除第一次用“王曰”标明，其余均直接导入，伯州犁的话则全部以“曰”标明。因此，该语篇说者转换时采取的回指形式构成了以下回指链条：Ni – Φj – Φi – Φj – Φi – Φj – Φi – Φj – Φi – Φj – Φi – Φj – Φi – Φj – Φi – Φj。该例完全与假定相反。

根据上面例子来看，9.2.2 的假定显得有些草率，因而有必要对同类语篇进行全面分析。考虑到对话中，前两次话轮说者的标明方式会受到上文比较大的影响（如例（14）的第一个“曰”字句），所以我们的分析将从第三次话轮开始。相应地，我们提取出的语料将全部是话轮数≥3 的语篇。另外，《左传》有极少数语篇的说者数多于两个，这时说者基本都使用名词回指，这些语篇本小节不计入统计分析。

最终我们能提取出的语篇共计 154 篇，具体情况如下：

表 9 – 15 《左传》话轮数≥3 的语篇分布情况

话轮数	3	4	5	6	7	8	9	10	11	12—15	16	大于 16
语篇数	72	39	20	13	4	1	1	1	1	0	1	0

根据上表来看，话轮数≥7 的语篇数不多，所以我们合在一起分析，其他则分别按照不同的话轮数分别加以讨论。

9.3.1 话轮数≥7的语篇

话轮数≥7的语篇共计9篇,说者回指形式构成的回指链条分别如下:

话轮数=16:Ni－Φj－Φi－Φj－Φi－Φj－Φi－Φj－Φi－Φj－Φi－Φj－Φi－Φj－Φi－Φj(1例)

话轮数=11:Ni－Φj－Ni－Φj－Ni－Φj－Ni－Φj－Ni－Φj－Ni(1例)

话轮数=10:Ni－Nj－Ni－Φj－Ni－Φj－Ni－Φj－Ni－Φj(1例)

话轮数=9:Ni－Φj－Ni－Φj－Ni－Φj－Ni－Φj－Ni(1例)

话轮数=8:Ni－Φj－Ni－Φj－Ni－Φj－Ni－Φj(1例)

话轮数=7:Ni－Φj－Ni－Φj－Ni－Φj－Ni(1例)/Φi－Nj－Φi－Nj－Φi－Nj－Φi(1例)

Ni－Φj－Φi－Φj－Φi－Φj－Φi(1例)/Ni－Φj－Φi－Φj－Φi－Φj－Φi(1例)

根据上述结果来看,从第三个话轮开始,全部使用NA的语篇一篇都没有,全部使用ZA的语篇共计3例,间隔使用ZA的语篇6例。据此来看,9.2.2所假定的连续使用NA,并不成立。那么剩余两种选用方案,各自适切什么语篇呢?

先看连续使用ZA的语篇。例(16)上文已举,其余2例如下:

(17)告潘崇曰:"信矣。"潘崇曰:"能事诸乎?"曰:"不能。""能行乎?"曰:"不能。""能行大事乎?"曰:"能。"(文1.7)

(18)还无社与司马卯言,号申叔展。叔展曰:"有麦曲乎?"曰:"无。""有山鞠穷乎?"曰:"无。""河鱼腹疾奈何?"曰:"目于眢井而拯之。""若为茅绖,哭井则己。"(宣12.6)

这3例语篇中，例(16)是答者省“曰”字，例(17)和例(18)是问者省“曰”字。但3个语篇有个共同点，不管是答话还是问话都非常简短，最多不过两个小句。

间隔使用ZA的6例语篇，除了例(15)，其余5例如下：

(19)齐侯与晏子坐于路寝。公叹曰：“美哉室！其谁有此乎！”晏子曰：“敢问何谓也？”公曰：“吾以为在德。”对曰：“如君之言，其陈氏乎！陈氏虽无大德，而有施于民。豆、区、釜、钟之数，其取之公也薄，其施之民也厚。公厚敛焉，陈氏厚施焉，民归之矣。诗曰：‘虽无德与女，式歌且舞。’陈氏之施，民歌舞之矣。后世若少惰，陈氏而不亡，则国其国也已。”公曰：“善哉！是可若何？”对曰：“唯礼可以已之。在礼，家施不及国，民不迁，农不移，工贾不变，士不滥，官不滔，大夫不收公利。”公曰：“善哉！我不能矣。吾今而后知礼之可以为国也。”对曰：“礼之可以为国也久矣，与天地并。君令臣共，父慈子孝，兄爱弟敬，夫和妻柔，姑慈妇听，礼也。君令而不违，臣共而不贰；父慈而教，子孝而箴；兄爱而友，弟敬而顺；夫和而义，妻柔而正；姑慈而从，妇听而婉：礼之善物也。”公曰：“善哉，寡人今而后闻此礼之上也！”对曰：“先王所禀于天地以为其民也，是以先王上之。”(昭26.11)

(20)晋人归楚公子谷臣与连尹襄老之尸于楚，以求知罃。于是荀首佐中军矣，故楚人许之。王送知罃，曰：“子其怨我乎？”对曰：“二国治戎，臣不才，不胜其任，以为俘馘。执事不以衅鼓，使归即戮，君之惠也。臣实不才，又谁敢怨？”王曰：“然则德我乎？”对曰：“二国图其社稷，而求纾其民，各惩其忿，以相宥也。两释累囚，以成其好。二国有好，臣不与及，其谁敢德？”王曰：“子归，何以报我？”对曰：“臣不任受怨，君亦不任受德，无怨无德，不知所报。”王曰：“虽然，必告不穀。”对曰：“以君之灵，累臣得归骨于晋，寡君之以为戮，死且不朽。若从君之惠而免之，以赐君之外臣首，首其请于寡君，而以戮于宗，亦死且不朽。

若不获命，而使嗣宗职，次及于事，而帅偏师，以修封疆。虽遇执事，其弗敢违，其竭力致死，无有二心，以尽臣礼，所以报也。”王曰：“晋未可与争。”重为之礼而归之。（成 3.4）

（21）秋，龙见于绛郊。魏献子问于蔡墨曰：“吾闻之，虫莫知于龙，以其不生得也，谓之知，信乎？”对曰：“人实不知，非龙实知。古者畜龙，故国有豢龙氏，有御龙氏。”献子曰：“是二氏者，吾亦闻之，而不知其故，是何谓也？”对曰：“昔有飂叔安，有裔子曰董父，实甚好龙，能求其耆欲以饮食之，龙多归之，乃扰畜龙，以服事帝舜，帝赐之姓曰董，氏曰豢龙，封诸鬷川，鬷夷氏其后也。故帝舜氏世有畜龙。及有夏孔甲，扰于有帝，帝赐之乘龙，河、汉各二，各有雌雄。孔甲不能食，而未获豢龙氏。有陶唐氏既衰，其后有刘累，学扰龙于豢龙氏，以事孔甲，能饮食之。夏后嘉之，赐氏曰御龙，以更豕韦之后。龙一雌死，潜醢以食夏后。夏后飨之，既而使求之。惧而迁于鲁县，范氏其后也。”献子曰：“今何故无之？”对曰：“夫物，物有其官，官修其方，朝夕思之。一日失职，则死及之。失官不食。官宿其业，其物乃至。若泯弃之，物乃坻伏，郁湮不育。故有五行之官，是谓五官，实列受氏姓，封为上公，祀为贵神。社稷五祀，是尊是奉。木正曰句芒，火正曰祝融，金正曰蓐收，水正曰玄冥，土正曰后土。龙，水物也，水官弃矣，故龙不生得。不然，周易有之：……①。若不朝夕见，谁能物之？”献子曰：“社稷五祀，谁氏之五官也？”对曰：“少皞氏有四叔，曰重、曰该、曰修、曰熙，实能金、木及水。使重为句芒，该为蓐收，修及熙为玄冥，世不失职，遂济穷桑，此其三祀也。颛顼氏有子曰犁，为祝融；共工氏有子曰句龙，为后土，此其二祀也。后土为社。稷，田正也。有烈山氏之子曰柱为稷，自夏以上祀之。周弃亦为稷，自商以来祀之。”（昭 29.4）

① 此处有 7 句的卦象说明，涉及卦符，不容易排版，故省略。

(22)乃入见,问:“何以战?”公曰:“衣食所安,弗敢专也,必以分人。”对曰:“小惠未徧,民弗从也。”公曰:“牺牲玉帛,弗敢加也,必以信。”对曰:“小信未孚,神弗福也。”公曰:“小大之狱,虽不能察,必以情。”对曰:“忠之属也,可以一战。战,则请从。”(庄10.1)

(23)王曰:“余杀人子多矣,能无及此乎?”右尹子革曰:“请待于郊,以听国人。”王曰:“众怒不可犯也。”曰:“若入于大都,而乞师于诸侯。”王曰:“皆叛矣。”曰:“若亡于诸侯,以听大国之图君也。”王曰:“大福不再,衹取辱焉。”(昭13.2)

上述6个例子中,例(15)(19)(20)(21)的答话明显较长,有些甚至可以长达包含三四十个小句(如例(21))。这和连续使用ZA的3例形成强烈反差。例(22)(23)的问话和答语都简短,最多不过4个小句,但和连续使用ZA的3例相比,问话和答语还是要稍微复杂一些。因此,保守些可以说,答语和问语均简短是连续使用ZA的必要条件,但不是充分条件;而答语复杂则是间隔使用ZA的充分条件。在《左传》中,很少会看到一个完整对话语篇答语问话都很简短的情形。据此,我们认为:间隔使用ZA是无标记形式,连续使用ZA是有标记形式。

那么,在间隔使用ZA时,哪个说者选用ZA,哪个说者选用NA,有没有规律可循呢?我们可以从简短一些的例(22)(23)开始。前一例的对话者分别是鲁君和曹刿,其中鲁君是答者,用NA;曹刿是问者,用ZA;后一例的对话者分别是楚王和子革,其中楚王是问者,用NA,子革是答者,用ZA。据此来看,使用ZA还是NA,与说者是问方还是答方没有关系。值得注意的是,这两例使用NA的说者在地位和权势上都高于使用ZA的说者。据此,我们不妨假定,ZA和NA的选用与说者之间的社会关系有关,位高者使用NA,

位低者使用 ZA。

接着看其余 4 例的情况。例(21)问者是位高的魏献子,使用的是 NA,答者是位低的蔡墨,使用的是 ZA。例(20)问者是位高的楚王,使用的是 NA,答者是位低的知罃(时为楚国的俘虏),使用的是 ZA。例(19)问者是位高的齐君,使用的是 NA,答者是位低的晏子,使用的是 NA。例(18)问者是晋国执政赵孟,使用的是 NA,答者是流亡到晋的秦后子,使用的是 ZA。显然,上述 4 例均符合位高者用 NA、位低者用 ZA 的选用原则。有意思的是,除例(23)之外,其余 5 例使用 ZA 的说者,其话语都是用"对曰"导入,而"对"字是用于地位较低的说者。这也从另一个角度证明 ZA 用于回指位低者。

综上,我们可以把对话双方回指选用机制概括为如下两条:

(甲)无标记状态下,交替使用 ZA 和 NA,连续使用 ZA 只有在问话答话都很简短的情形下才有可能,但不要求强制性使用。

(乙)在交替使用 ZA 和 NA 时,位高者用 NA,位低者用 ZA。

接下来,我们可以观察其他话轮数的语篇,看看上述选用机制多大程度上适用。

9.3.2 话轮数 =6 的语篇

《左传》话轮数 =6 的对话语篇共有 13 篇,其中 2 篇从第三个话轮开始连续使用 ZA,例如:

(24)晏平仲端委立于虎门之外,四族召之,无所往。其徒曰:"助陈、鲍乎?"曰:"何善焉?""助栾、高乎?"曰:"庸愈乎?""然则归乎?"曰:"君伐,焉归?"(昭 10.2)

(25)晏子立于崔氏之门外,其人曰:"死乎?"曰:"独吾君也乎哉,吾死也?"曰:"行乎?"曰:"吾罪也乎哉,吾亡也?"曰:"归乎?"曰:"君死,安归?君民者,岂以陵民?社稷是主。臣君者,岂为其口实?社稷是养。故君为社稷死,则死之;为社稷亡,则亡之。若为己死,而为己亡,非其私昵,谁敢任之?且人有君而弑之,吾焉得死之?而焉得亡之?将庸何归?"(襄25.2)

此二例基本符合上述第一条选用机制,只是例(25)的最后一个话轮很长。据此来看,连续使用ZA并不需要所有问话答话都很简短,最后一个话轮不受篇幅限制。第一条选用机制可修改为:

(甲')无标记状态下,交替使用ZA和NA,连续使用ZA只有在问话答话都很简短的情形下(最后一个话轮可不考虑)才有可能,但不要求强制性使用。

其余11例都交替使用ZA和NA,其中10例从第三个话轮开始,均是地位高者选用NA,地位低者选用ZA。例如(为简明起见,凡引语内小句数超过四句者以省略号表示):

(26)初,景公欲更晏子之宅,曰:"子之宅近市,湫隘嚣尘,不可以居,请更诸爽垲者。"辞曰:"……"公笑曰:"子近市,识贵贱乎?"对曰:"既利之,敢不识乎?"公曰:"何贵?何贱?"于是景公繁于刑,有鬻踊者,故对曰:"踊贵,屦贱。"既已告于君,故与叔向语而称之。景公为是省于刑。(昭3.3)

(27)右尹子革夕,王见之,去冠、被,舍鞭,与之语曰:"……"对曰:"……"王曰:"……"对曰:"与君王哉!周不爱鼎,郑敢爱田?"王曰:"……"对曰:"……"(昭12.11)

(28)楚子问于子产曰:"晋其许我诸侯乎?"对曰:"……"王曰:"诸侯其来乎?"对曰:"……"王曰:"然则吾所求者无不可乎?"对曰:"求逞于人,不可;与人同欲,尽济。"(昭4.1)

(29)晋侯问于士文伯曰:"谁将当日食?"对曰:"鲁、卫恶之。卫大,鲁小。"公曰:"何故?"对曰:"……"公曰:"诗所谓'彼日而食,于何不臧'者,何也?"对曰:"……"(昭7.4)

(30)十一月,季武子卒。晋侯谓伯瑕曰:"吾所问日食,从矣。可常乎?"对曰:"……"公曰:"何谓六物?"对曰:"岁、时、日、月、星、辰是谓也。"公曰:"多语寡人辰而莫同,何谓辰?"对曰:"日月之会是谓辰,故以配日。"(昭7.14)

(31)子干归,韩宣子问于叔向曰:"子干其济乎!"对曰:"难。"宣子曰:"同恶相求,如市贾焉,何难?"对曰:"……"宣子曰:"齐桓、晋文不亦是乎?"对曰:"……"(昭13.2)

(32)秦伯问于士鞅曰:"晋大夫其谁先亡?"对曰:"其栾氏乎!"秦伯曰:"以其汏乎?"对曰:"然。栾黡汏虐已甚,犹可以免,其在盈乎!"秦伯曰:"何故?"对曰:"……"(襄14.3)

(33)及宋向戌将平晋、楚,声子通使于晋,还如楚。令尹子木与之语,问晋故焉,且曰:"晋大夫与楚孰贤?"对曰:"……"子木曰:"夫独无族姻乎?"对曰:"……"子木曰:"是皆然矣。"声子曰:"……"子木惧,言诸王,益其禄爵而复之。声子使椒鸣逆之。(襄26.10)

(34)晋侯曰:"戎狄无亲而贪,不如伐之。"魏绛曰:"……"公曰:"后羿何如?"对曰:"……"于是晋侯好田,故魏绛及之。公曰:"然则莫如和戎乎?"对曰:"……"(襄4.7)

(35)子大叔见赵简子,简子问揖让周旋之礼焉。对曰:"是仪也,非礼也。"简子曰:"敢问,何谓礼?"对曰:"……"简子曰:"甚哉,礼之大也!"对曰:"……"简子曰:"鞅也,请终身守此言也。"(昭25.3)

只有1例是母子之间的对话,其中儿子是介子推,使用ZA,其母使用NA。例如:

(36)推曰:"……"其母曰:"盍亦求之?以死,谁怼?"对曰:"尤而效之,罪又甚焉。且出怨言,不食其食。"其母曰:"亦使知之,若何?"对曰:"言,身之文也。身将隐,焉用文之?是求显也。"其母曰:"能如是乎?与女偕隐。"(僖24.1)

9.3.3 话轮数=5的语篇

《左传》话轮数=5的对话语篇共有20篇,其中1篇从第三个话轮开始连续使用ZA,例如:

(37)女子曰:"君免乎?"曰:"免矣。"曰:"锐司徒免乎?"曰:"免矣。"曰:"苟君与吾父免矣,可若何?"(成2.3)

此例完全符合上述第一条选用机制,四个话轮只有一个小句,最后一个话轮为两个小句。

交替使用ZA和NA者有14例,其中13例从第三个话轮开始都是位高者使用NA,位低者使用ZA。只有以下这例是身份对当者中显著人物(叔向)使用NA,非显著人物(齐人)使用ZA:

(38)叔向告于齐曰:"诸侯求盟,已在此矣。今君弗利,寡君以为请。"对曰:"诸侯讨贰,则有寻盟。若皆用命,何盟之寻?"叔向曰:"……"齐人惧,对曰:"……"叔向曰:"诸侯有间矣,不可以不示众。"(昭13.3)

剩余5例从第三个话轮开始均连续NA,如上文例(13)(14),又如:

(39)既成昏,晏子受礼,叔向从之宴,相与语。叔向曰:"齐其何如?"晏子曰:"……"叔向曰:"……"晏子曰:"子将若何?"叔向曰:"……"(昭3.3)

(40)十一月,越围吴,赵孟降于丧食。楚隆曰:"三年之丧,亲昵之极也。主又降之,无乃有故乎?"赵孟曰:"黄池之役,先主与吴王有质,曰:'好恶同之。'今越围吴,嗣子不废旧业而敌之,非晋之所能及也,吾是以为降。"楚隆曰:"若使吴王知之,若何?"赵孟曰:"可乎?"隆曰:"请尝之。"(哀20.3)

(41)子皮欲使尹何为邑。子产曰:"少,未知可否。"子皮曰:"……"子产曰:"……"子皮曰:"……"子产曰:"……"子皮以为忠,故委政焉,子产是以能为郑国。(襄31.12)

上述诸例中,例(13)(14)(39)说话双方地位相当,后二例则地位有高低,其中例(40)是赵孟高于楚隆,例(41)是子皮高于子产。值得注意的是,上述五例都没有出现"对曰"导入引语的情形。据此来看,即使两个说者地位有高低之别,但作者若无意凸显两者之间的地位差异,则可以全部采用NA形式。因此,根据上述5例,说者转换的回指选用机制,第二条需要修改为:

(乙')两位说者地位有差异且作者意欲凸显这一差异时,位高者用NA,位低者用ZA。

结合例(13)(38)(39),还需要补充第三条:

(丙)若两位说者地位相当,则无标记状态下均使用NA,除非为了凸显显著人物,才可以显著人物用NA,非显著人物用ZA。

9.3.4 话轮数=4的语篇

《左传》话轮数=4的对话语篇共有39篇,其中4篇从第三个话轮开始连续使用ZA,例如:

(42)既葬,其徒曰:"行乎?"曰:"吾与杀吾父,行将焉入?"曰:"然则臣王乎?"曰:"弃父事雠,吾弗忍也。"(襄22.6)

(43)夏,陈辕颇出奔郑。初,辕颇为司徒,赋封田以嫁公女;有余,以为己大器。国人逐之,故出。道渴,其族辕咺进稻醴、粱糗、腶脯焉。喜曰:"何其给也?"对曰:"器成而具。"曰:"何不吾谏?"对曰:"惧先行。"(哀11.2)

(44)及楚,楚子飨之,曰:"公子若反晋国,则何以报不穀?"对曰:"……"曰:"虽然,何以报我?"对曰:"……"(僖23.6)

(45)复使薳子冯为令尹,公子齮为司马,屈建为莫敖。有宠于薳子者八人,皆无禄而多马。他日朝,与申叔豫言,弗应而退。从之,入于人中。又从之,遂归。退朝,见之,曰:"……"对曰:"吾不免是惧,何敢告子?"曰:"何故?"对曰:"昔观起有宠于子南,子南得罪,观起车裂,何故不惧?"(襄22.6)

其中例(42)(43)问话答话都很简短,例(44)(45)都有部分引语篇幅较长。值得注意的是,此4例对话双方地位都有高低之别,其中后3例都出现"对曰"来导入地位较低一方的话语。据此,第一条选用机制可再次修订如下:

(甲")无标记状态下,交替使用ZA和NA;在问话答话都很简短的情形下(最后一个话轮可不考虑)可连续使用ZA,但不要求强制性使用;部分话语较长情形下也可连续使用ZA,但地位较低一方需要用"对曰"来标明。

交替使用ZA和NA者有21例,其中20例从第三个话轮开始都是位高者使用NA,位低者使用ZA。只有以下这例是身份对当者中显著人物(文子)使用ZA,非显著人物(众人)使用NA:

(46)文子致众而问焉,曰:"君以蛮夷伐国,国几亡矣,请纳之。"众曰:"勿纳。"曰:"弥牟亡而有益,请自北门出。"众曰:"勿出。"(哀26.1)

剩余14例从第三个话轮开始均连续NA,其中说者地位相当者8例,符合丙条选用机制。其余6例说者地位虽有高低之别,但均不使用“对曰”,由此可见作者并不意欲凸显这一地位差异。因此,这六例也没有违背(乙')。不过,为了解释这6例,(乙')可以进一步修订为:

(乙")两位说者地位有差异时,若作者意欲凸显这一差异,位高者用NA,位低者用ZA;若作者不意欲凸显这一差异,则两位说者均使用NA。

9.3.5 话轮数=3的语篇

话轮数=3的语篇共72篇,第三个话轮使用ZA者31例,使用NA者41例。结合前两个话轮,所构成的回指链条共有8种形式,即:

Ni - Nj - Ni(17);Ni - Nj - Φi(15);Φi - Nj - Φi(13);Φi - Φj - Ni(9);Φi - Nj - Ni(8) ;Ni - Φj - Ni;(7)Ni - Φj - Φi;(2)Φi - Nj - Φi(1)

在第三个话轮使用ZA的用例中,27例的说者地位关系都是$i<j$,符合(乙")。4例是$i>j$,例如:

(47)胜谓石乞曰:“王与二卿士,皆五百人当之,则可矣。”乞曰:“不可得也。”曰:“市南有熊宜僚者,若得之,可以当五百人矣。”乃从白公而见之。与之言,说。告之故,辞。承之以剑,不动。胜曰:“不为利谄,不为威惕,不泄人言以求媚者,去之。”(哀16.5)

(48)九月,葬齐归,公不戚。晋士之送葬者,归以语史赵。史赵曰:“必为鲁郊。”侍者曰:“何故?”曰:“归,姓也,不思亲,祖不归也。”(昭11.7)

(49)州吁未能和其民,厚问定君于石子。石子曰:"王觐为可。"曰:"何以得觐?"曰:"陈桓公方有宠于王。陈、卫方睦,若朝陈使请,必可得也。"厚从州吁如陈。(隐4.5)

(50)既免,复踞转而鼓琴,曰:"公孙!同乘,兄弟也,胡再不谋?"对曰:"曩者志入而已,今则怯也。"皆笑,曰:"公孙之亟也!"(襄24.8)

上述4例中,前3例都没有出现"对曰",只有例(50)出现了"对曰"。这说明语篇一般不凸显说话者地位差异时,位高者有时也可以选用ZA。因此,(乙")可以进一步修订为:

(乙‴)两位说者地位有差异时,若作者意欲凸显这一差异,位高者用NA,位低者用ZA;若作者不意欲凸显这一差异,则两位说者一般均使用NA,只有在话轮数=3的情形下,位高者才偶尔可以选用ZA。

在第三个话轮使用NA的用例中,5例是i>j,符合(乙‴);12例的说者地位关系是i<j,均不使用"对曰",也符合(乙‴);8例说者地位对当,符合"丙"。

9.3.6 说者转换中ZA/NA的选用机制

综上,我们将说者转换中的回指选用机制概括如下:

首先,交替使用ZA和NA是无标记形式,连续使用ZA或NA都是有标记形式。

其次,交替使用ZA和NA有两种情形:说者地位有差异时,地位高者用NA,地位低者用ZA;说者地位相当时,显著人物用NA,非显著人物用ZA。

再次,连续使用ZA的必要条件是问话答话都很简短(最后一个话轮可不考虑);部分话语较长情形下也可连续使用 ZA,但地位低一方需要用"对曰"来标明。

最后,连续使用 NA 主要是在以下两种情形:或者是两位说者地位相当,或者是两位说者地位虽有差异,但作者无意凸显这一差异。

以上选用机制归结为一个总原则的话,即:地位低者的回指形式不能比地位高者的回指形式复杂,非凸显人物的回指形式也不能比凸显人物的回指形式复杂。简言之,名词形式的选用有凸显说者地位或显著性的交际功能。相比之下,连续使用 ZA 是最大限度考虑经济原则,连续使用 NA 则是最大限度考虑区别原则。而交替使用则在两种原则中取得平衡,并借此来达到凸显说者社会关系的作用。

上述论断同样适用于以下两个个案。我们对"问—曰"类主语异指关系进行了考察。在不妨碍篇章理解的条件下,后一小句使用零形回指 8 例,使用名词回指 18 例。如:

(51)[孙文子]i 卜追之,Φi 献兆于[定姜]j。[姜氏]j 问繇。Φi 曰:"兆如山陵,有夫出征,而丧其雄。"(襄 10.5)

(52)[厚]i 问定君于[石子]j。[石子]j 曰:"王觐为可。"(隐 4.5)

(53)[文子]i 致[众]j 而问[焉]j,Φ 曰:"君以蛮夷伐国,国几亡矣,请纳之。"[众]j 曰:"勿纳。"(哀 26.1)

在后一小句使用名词回指的 18 例当中,尊者 5 例(国君 3 例、大子 1 例,夫君 1 例)、贤臣 12 例(子产 5 例、叔向 1 例、仲尼 1 例、子罕 1 例、石子 1 例、高柴 1 例、士贞伯 1 例、周大史 1 例)、众人 1 例,并且这些小句的动词都不是包含上下等级含义的"对",只用了普通言语动词“曰”。可见,在话题转换能够使用零形回指的前提下使用名词回指,的确有强调答者身份地位的意味。

再以谓语“弗听”为例。一般在以“弗听”为谓语的小句前都有一个以其他实体(多为劝谏者)充当话题的小句,“弗听”小句的主语在语义角色上都属于被劝谏者,其地位一般较高,多为“王侯”或“权臣”,作为转换后的话题可以有名词回指(8例)和零形回指(33例)两种形式,值得注意的是,当“弗听”的主语为“王”时,无一例外地使用了名词回指。如:

(54)[王]i德[狄人]j,Φi将以[其]j[女]k为后。[富辰]l谏曰:“……”[王]i又弗听。(僖24.2)

(55)[楚子]i示[诸侯]j侈。[椒举]k曰:“……”[王]i弗听。(昭4.3)

而其他四例“弗听”的主语使用名词回指的用例也都有强调主语的作用。

(56)[我襄公]i未忘[君]j之旧勋,而Φi惧社稷之陨,Φi是以有殽之师。Φi犹愿赦罪于[穆公]k。[穆公]k弗听,而Φk即楚谋我。(成13.3)

(57)[武子]i曰:“[吾]i言于[君]j,[君]j弗听也。Φj以为盟主,而Φj利其难。[群臣]k若急,Φk君于何有?[子]l姑止[之]m。”(襄23.4)

(58)[庆嗣]i闻之,Φi曰:“祸将作矣。”Φi谓[子家]j:“速归,祸作必于尝,归犹可及也。”[子家]j弗听,Φj亦无悛志。(襄28.9)

(59)[吴人]i曰:“……”[景伯]j曰:“……”[吴人]i弗听。(哀7.3)

9.4 篇章零形回指的功能

至此，我们想基于《左传》篇章零形回指的上述研究，讨论篇章零形回指的功能。徐赳赳（2010：334—338）将回指功能概括为连句成篇、简洁生动、显示人际关系等。这显然有些宽泛：一者，该概括没有具体指明是否各种回指形式都有这些功能；二者，对于各种回指形式都有的某种功能，该概括没有具体指明各自进一步又有什么更细微的差异。从目前的研究来看，“简洁生动”显然不是所有回指的共同功能——比如零形回指就无所谓“生动”，专名回指以及“修辞语＋名词”之类的回指也说不上“简洁”。连句成篇和人际功能的确是各种回指形式共有的功能，但具体差异还缺乏较为深入的分析。上述两种功能正好分属韩礼德功能语言学所言的语篇功能和人际功能，独缺概念功能。零形回指属于指称，自然具有概念功能，因而我们需要去追问零形回指和其他两种回指在概念功能上有何区别。因此，我们拟基于语言项目功能三分的功能语言学框架来分析《左传》零形回指的功能，重在探求零形回指与另外两种回指的功能差异，基本不涉及三者的共有功能。

9.4.1 概念功能

根据《左传》篇章零形回指语例，我们认为零形回指在概念功能上有两个特点：一是低指别度指称形式；二是标识高可及语篇实体。分述如下。

回指是一种特殊的指称。既然是指称，就有指别度问题。那么,三种回指形式之中,哪些指别度最高,哪些最低,哪些在两者之间呢?指别度具体又根据哪些指标来判定高低呢?我们认为,判定回指形式的指别度首先可以根据潜在干扰值。根据前文的统计结果,零形回指的潜在干扰值最低,名词回指的潜在干扰值最高,指示代词回指介于两者之间。也就是说,干扰值低的语境适合零形回指,干扰值高的语境适合名词回指。据此可以判定,零形回指抗干扰能力比较差,属于低指别度的回指形式;名词回指抗干扰能力比较强,属于高指别度的回指形式。进一步来看,这一区分刚好与回指形式的复杂程度相关。很显然,名词回指最为复杂,能够表达的语义信息也最多,因而指别度也最高;其次是代词回指,可以表达性、数、格、远近之类的语义信息,指别度在中间;而零形回指没有语音形式,所表达的语义信息自然最少,所以指别度最低。综上,无论从潜在干扰值还是形式的复杂度来看,零形回指都是低指别度指称形式。

接着讨论零形回指标识高可及性语篇实体的功能。如上文所述,Ariel 将潜在干扰列为可及性的一个参数,这实际上混淆了指别性和可及性两个概念。一方面,指别度高的实体不一定是高可及的,比如该实体只是偶尔提及,或者是处所、时间、性格、精神之类的抽象事物。另一方面,高可及的实体只是激活程度最高而已,指别度不一定高。

具体来说,可及性反映的是语篇实体从记忆中提取的速度和容易程度。这一属性可以从两个层面来加以分析。

首先,提取的环境有多种,最容易的是从上下文语境提取,其次是从言说现场的语境来提取,最后是从百科知识中提取。根据上文分析,间接回指的形式以名词语形式最为多见,其次是代词,最后是零形式。而就《左传》而言，零形回指中，直接回指 12 222 例，间接回指仅 51 例，两者比值悬殊；相比之下，名词回指之中的间接回指相对要常见一些。据此来看，零形回指是语篇实体高可及的标志，名词回指则是低可及的标志，代词回指则介于两者之间。

其次，在某一类型的语境下，在可供选择的语篇实体中，激活程度越高、显著度越高的，可及性也就越高。分而言之，从所回指实体的激活程度来看，在缺省情况下，随着时间的推移，距离的加大，语篇实体的激活程度会不断下降。据此，回指距离越近，实体的激活程度越高，因而越容易提取，可及性自然也就越高；反之，回指距离越远，激活程度就越低，因而提取难度就会越大，可及性自然也就越低。根据上文的统计来看，《左传》中零形回指的平均指称距离最小，其次是指示代词，最后是名词。据此来看，可及性最高的形式还是零形回指。

而从显著度来看，仍是零形回指可及性最高。显著性进一步可以区分为两个层面：一是在小句层面；二是在语篇层面。

在小句层面，主要是观察先行语占据显著位置的比例。根据上文的统计，在《左传》中先行语为主语与先行语为非主语的比值，零形回指最高，指示代词最低，名词回指介于两者之间，很靠近零形回指。

从语篇层面来看，语篇主要人物一般会更多选用零形回指，次要人物或偶现人物会更多选择名词回指或代词回指。为此，我们统计了以下五个选篇，结果如下（PN 表示代词回指）：

《郑伯克段》（隐 1.4）：郑庄公 10 次 N，1 次 PN，4 次 Φ；武姜 2 次 N，1 次 PN，11 次 Φ；共叔段 8 次 N，9 次 PN，3 次 Φ。据此来看，

共叔段虽然被提及的次数最多，达 20 次，但是使用 Φ 只占 15%；武姜被提及 14 次，其中 11 次用了 Φ；郑庄公，被提及 15 次，4 次用了 Φ，Φ 有些偏低，主要是因为曰字句受凸显说者位尊需求的促动而使用“公”来回指。至于郑武公则提及 3 次，全部都用 N。综上，武姜是第一主角，郑庄公是第二主角，共叔段是第一配角，郑武公则是偶现角色。

《晋灵公不君》（宣 2.3）：赵盾 8 次 N，6 次 PN，16 次 Φ；晋灵公 6 次 N，0 次 PN，11 次 Φ。相比之下，赵盾是第一主角，晋灵公则是第二主角。

《齐襄公被弑》（庄 8.3）：齐襄公 5 次 N，1 次 PN，12 次 Φ；徒人费 3 次 N，3 次 PN，6 次 Φ。相比之下，齐襄公是第一主角，徒人费则是第二主角。

《晋文公周游列国》（僖公 23.6）：重耳 13 次 N，13 次 PN，24 次 Φ；狐偃 7 次 N，0 次 PN，3 次 Φ；赵衰 4 次 N，0 次 PN，2 次 Φ；颠颉、魏武子、司空季子均是 2 次 N，2 次 Φ，且都是合指用法。据此来看，重耳是第一主角，从者之中狐偃最为重要，其次是赵衰，其他三者则并列。而该篇列举从者姓名的顺序（“从者狐偃、赵衰、颠颉、魏武子、司空季子”）刚好和上述分析吻合，先列狐偃，次列赵衰，最后列其他三位。

《叔孙豹之死》（昭公 4.8）：叔孙豹 8 次 N，8 次 PN，39 次 Φ；牛 15 次 N，3 次 PN，14 次 Φ；孟丙 4 次 N，3 次 PN，3 次 Φ；仲任 5 次 N，3 次 PN，2 次 Φ。据此来看，叔孙豹是第一主角，其三个儿子中，牛是叙述重点，孟丙、仲任的重要性最低，两者没有显著差别。

根据上述统计来看，大致上提及次数最多的人物，其用零形回指的次数也最多，只有共叔段是个例外。据此来看，零形回指倾向用于指称主要人物,这再一次证明零形回指标识的是高显著性的语篇实体。相比之下,次要人物用名词回指的比重相对较高,这表明名词回指用于标识低显著度的语篇实体。

综上,不论从语境类型还是语篇实体的激活度和显著度来看,零形回指都可视为语篇实体高可及的标识。

9.4.2 语篇功能

自韩礼德、哈桑《英语的衔接》以来,语篇衔接一直被视为回指的一个显著功能。但问题是,同样是为了衔接,为何有时采用零形式,有时采用代词形式,有时则采用名词形式?即不同的回指形式所反映的衔接度或连贯性是否基本相当,还是说有明显区别?对此,我们的基本看法是,零形回指所反映的语篇连贯性最高,名词回指反映的语篇连贯性最低,代词则介于两者之间。在这一意义上,零形回指可视为语篇高连贯性的标志。对于这一点,Givón 的连续性理论其实已有所揭示,只不过局限于话题或主语位置,且未对连贯性进行量化比较。有鉴于此,我们想引入语篇向心理论(具体介绍详见王德亮 2015)进一步将连贯性的考察拓展到宾语、定语等其他句法位置,基于两个选篇来量化分析零形回指和名词回指在连贯性上的差异。这两个选篇分别是《郑伯克段》与《晋灵公不君》:前者选文从开头截止到“大叔出奔共”;后者从开头截止到“孔子曰”之前(引文内容全部不计在内)。由于《左传》主语位置代词回指很少见,同一语篇中指示代词回指也不多见,所以我们未纳入研究范围。

具体来说,我们的研究分三步进行。

第一步,按照语篇向心理论,将每句话与前一句的连贯方式分为五类，即：延续、保持、流畅转换、唐突转换和完全转换。前四者是基于回指中心和偏好中心的关系划分所得。给定某语篇小句（Ui），若该句的某语篇实体是上一句（Ui－1）中出现过或隐含的最显著的语篇实体，则称为该句（Ui）的回指中心，记作 Cb（Ui）；而该句（Ui）中最有可能在下句中继续被提及的语篇实体则称为偏好中心，记作 Cp（Ui）。不考虑语篇首句的话，语篇小句根据连贯性（或者说根据过渡方式）可以分类如下（不考虑首句）：

Cb（Ui）＝Cb（Ui－1）且 Cb（Ui）＝Cp（Ui），则为延续；

Cb（Ui）＝Cb（Ui－1）且 Cb（Ui）≠Cp（Ui），则为保持；

Cb（Ui）≠Cb（Ui－1）且 Cb（Ui）＝Cp（Ui），则为流畅转换；

Cb（Ui）≠Cb（Ui－1）且 Cb（Ui）≠Cp（Ui），则为唐突转换。

至于完全转换，则该句和前一句没有任何语篇实体是相同的，这种情况一般出现在篇首或者段首。

第二步，给每一种连贯方式赋值。根据语篇向心理论，五种连贯方式按照连贯程度由高到低可排列如下：延续＞保持＞流畅转换＞唐突转换＞完全转换。前四者按照王德亮（2009）的赋值法分别赋予 4、3、2、1 四个数值，完全转换则是我们新补充的，赋值为 0。例如：

（60）1 大叔完聚，2 缮甲兵，3 具卒乘，4 将袭郑。5 夫人将启之。6 公闻其期，7 曰："可矣。"8 命子封帅车二百乘以伐京。9 京叛大叔段，10 段入于鄢。11 公伐诸鄢。12 五月辛丑，大叔出奔共。（《郑伯克段》）

该例 U3 的回指中心和偏好中心都是［共叔段］，之前小句的回指中心也是［共叔段］，所以 U3 的连贯方式属于延续，赋值为 4；U5 的回指中心是[共叔段],偏好中心是[武姜],U4 的回指中心是[共叔段],所以 U4 的连贯方式属于保持;U9 的回指中心和偏好中心是[京],U8 的回指中心为[郑庄公],所以 U9 的连贯方式属于流畅转换。又如:

(61)1 公嗾夫獒焉,2 明搏而杀之。3 盾曰:"……"4 鬭且出,5 提弥明死之。(《晋灵公不君》)

该例 U1 和 U3 为完全转换,赋值为 0;U2 和 U5 为唐突转换,赋值为 1;U4 为延续,赋值为 4。

第三步,分别统计主语为名词语和零形式的句子(合计 107 例),计算各种赋值的小句数量,然后分别进行加权平均,在此基础上,对所得数据加以对比分析。两个语篇的相关统计结果如下:

表 9 – 16 《郑伯克段》《晋灵公不君》两个语篇的回指形式与连贯方式

选篇名称	主语形式	延续(4)	保留(3)	流畅转换(2)	唐突转换(1)	完全转换(0)	平均
郑伯克段	零形主语	13 句	1 句	1 句	2 句	3 句	2. 95
	名词语主语	1 句	1 句	5 句	0 句	12 句	0. 63
晋灵公不君	零形主语	29 句	0 句	7 句	5 句	11 句	2. 60
	名词语主语	0 句	0 句	2 句	1 句	13 句	0. 56

根据上表来看,一方面,零形回指明显倾向使用在延续类连贯,共 42 例,占其总用例(72 例)的 58. 73%;名词回指则明显倾向使用在完全转换类连贯,共 25 例,占其总用例(35 例)的 71. 43%。另一方面,用零形主语的句子,其平均连贯度在两个选文中分别为 2. 95 和 2. 60,高于流畅转换的赋值;而用名词语主语的句子,则分别为 0. 63 和 0. 56,低于唐突转换的赋值。合而观之,我们有理由

认为,零形回指实际上是语篇高连贯性的标志,其中所谓的用于话题链则是延续连贯的特殊一种。相比之下,所谓的名词回指,与其说它是语篇弱连贯的标识,还不如直接说它是用于标识语篇或语段大大小小的各种界限,所以才会大多时候用于完全转换。

还有一点需要指出,根据上表来看,《左传》零形回指所指发生转换的用例中,其实有很大一部分仍保持有相当高的连贯性:《郑伯克段》中有 2 例是保持和流畅转换,《晋灵公不君》有 7 例是保持和流畅转换,占非延续性连贯的 42.86%;相比之下,名词语主语的用例中,保持和流畅转换的用例共计 8 例,占非延续性连贯的 23.53%。据此来看,《左传》所指发生转换的零形回指,其实仍保持着语篇衔接的作用,只不过没有构成话题链时那么明显和强烈罢了。

顺带指出,回指的语篇功能,除了衔接作用之外,还有信息组织方面的作用。一方面,与名词回指和代词回指一样,零形回指主要也是用于表征旧信息。前文已多有论述,此不赘述。另一方面,无论名词回指还是代词回指都有增加新信息的作用,而零形回指则绝对不会增加任何新的信息。这也是零形回指与其他两种回指在语篇功能上的区别。例如:

(62)那一晚,他始终不能成眠第二天的深夜,他潜入伊的房间,在伊的枕头边留下三万元的存折,悄悄地离队出走了。一路上,他明明知道决不是心疼着那些退伍金的,却不知道为什么止不住的流着眼泪。(陈映真《将军族》,转引自池昌海、曹沸)

该例"退伍金"和"三万元的存折"同指,但语义侧重各有不同:后者突出的是钱数巨大,前者突出的是钱的性质,来源光荣。显然,同一个指称对象,采用不同的名词语形式,有时还可以起到增补新信息的作用。《左传》名词回指同样也有这类用法,比如《郑伯克段》中同一个人,先称子封,是为其字,后面又称为公子吕,是为其名。又如:

(63)[武伯]i问于[高柴]j,Φi曰:"诸侯盟,谁执牛耳?"[季羔]j曰:"……"(哀17.6)

(64)[晋侯]i有疾,[郑伯]j使[公孙侨]k如晋聘,Φk且问疾。[叔向]l问[焉]k,Φl曰:"……"[子产]k曰:"……"(昭1.12)

上面两例中,"高柴"和"季羔"同指,"公孙侨"和"子产"同指。此类用例在《左传》中甚多,不再多举。

9.4.3 人际功能

上文9.3对零形回指的人际功能已有所涉及,本小节想再做进一步的讨论。回指的人际功能,指的是回指表现说者/作者主观情态的作用,包括说者对社会的情态,以及说者对听者的情态。对此,已有很多学者加以研究(徐赳赳,2010:334—338;王义娜,2006;梁晋鲁,2008;池昌海、曹沸,2012),这些研究大多将注意力放在名词回指上,例如(转引自王义娜,2006):

(65) Attorney: You didn' t tell us, Doctor, whether you determined the baby as alive or dead. Did you?

Doctor: The fetus had no signs of life.

这是一段律师与医生的法庭对话。当指控医生违法堕胎时,律师选择了"the baby(婴儿)"这个凸现实体生命度的指称手段;而医生对此也有觉察,所以没有选择形式简略的代词指称语"he / she /

it"来回指,而是故意使用了"the fetus"这一凸现实体低生命度的指称形式。这反映了医生竭力表明自己不是在杀人的主观意图。

特别值得一提的是梁晋鲁(2008:第5章)的研究。她对英语人称代词回指的人际功能做了比较全面的分析,零形回指也偶有涉及,提出了一些很有启发的看法。比如,说者/作者可以用第一人称代词单数来突显自己主观态度的特异性,用"我们"来寻求与听者的共享背景/一致信念,而第一、第二人称代词的省略则有时可以显现出说者/作者的谦卑情态。

那么,以《左传》为代表的古代汉语,其中的零形回指是否也有一定的人际功能呢?我们认为也有,不过主要不是用于表示谦卑情态,而是发挥避讳作用,具体表现在三个方面:说者避开用第一人称代词来指称自己而选用零形回指;说者避开使用第二人称代词来指称听者;说者尽量避开使用名词形式来直接指称某个与不好行为(如叛乱)密切相关的说者/听者之外的第三者。下面分别举例加以说明。

先看用零形回指指称说者的人际功能。《左传》中,如果某个语篇大面积使用"我"这个人称代词,这多是说者为了刻意强调说者与听者之间的对立和反差。这可以举《吕相绝秦》作为代表,例如:

(66)夏四月戊午,晋侯使吕相绝秦,曰:"昔逮我献公及穆公相好,戮力同心,申之以盟誓,重之以昏姻。天祸晋国,文公如齐,惠公如秦。无禄,献公即世。穆公不忘旧德,俾我惠公用能奉祀于晋。又不能成大勋,而为韩之师。亦悔于厥心,用集我文公,是穆之成也。文公躬擐甲胄,跋履山川,踰越险阻,征东之诸侯,虞、夏、商、周之胤而朝诸秦,则亦既报旧德矣。郑人怒君之疆埸,我文公帅诸侯及秦围郑。秦大夫不询于我寡君，擅及郑盟。诸侯疾之，将致命于秦。文公恐惧，绥静诸侯，秦师克还无害，则是我有大造于西也。无禄，文公即世，穆为不吊，蔑死我君，寡我襄公，迭我殽地，奸绝我好，伐我保城，殄灭我费滑，散离我兄弟，挠乱我同盟，倾覆我国家。我襄公未忘君之旧勋，而惧社稷之陨，是以有殽之师。犹愿赦罪于穆公。穆公弗听，而即楚谋我。天诱其衷，成王陨命，穆公是以不克逞志于我。穆、襄即世，康、灵即位。康公，我之自出，又欲阙翦我公室，倾覆我社稷，帅我蝥贼，以来荡摇我边疆，我是以有令狐之役。康犹不悛，入我河曲，伐我涑川，俘我王官，翦我羁马，我是以有河曲之战。东道之不通，则是康公绝我好也。及君之嗣也，我君景公引领西望曰：'庶抚我乎！'君亦不惠称盟，利吾有狄难，入我河县，焚我箕、郜，芟夷我农功，虔刘我边陲，我是以有辅氏之聚。君亦悔祸之延，而欲徼福于先君献、穆，使伯车来命我景公曰：'吾与女同好弃恶，复修旧德，以追念前勋。'言誓未就，景公即世，我寡君是以有令狐之会。君又不祥，背弃盟誓。白狄及君同州，君之仇雠，而我昏姻也。君来赐命曰：'吾与女伐狄。'寡君不敢顾昏姻，畏君之威，而受命于吏。君有二心于狄，曰：'晋将伐女。'狄应且憎，是用告我。楚人恶君之二三其德也，亦来告我曰：'秦背令狐之盟，而来求盟于我："昭告昊天上帝、秦三公、楚三王曰：'余虽与晋出入，余惟利是视。'"不穀恶其无成德，是用宣之，以惩不壹。'诸侯备闻此言，斯是用痛心疾首，昵就寡人，寡人帅以听命，惟好是求。君若惠顾诸侯，矜哀寡人，而赐之盟，则寡人之愿也，其承宁诸侯以退，岂敢徼乱？君若不施大惠，寡人不佞，其不能以诸侯退矣。敢尽布之执事，俾执事实图利之。"（成 13.3）

该例使用了 43 个"我"，而且还有些是多个"我"字句连用，如："穆为不吊，蔑死我君，寡我襄公，迭我肴地，奸绝我好，伐我保城。殄灭我费滑，散离我兄弟，挠乱我同盟，倾覆我国家。"这种"我"的反复出现，是为了极力彰显晋国与秦国的心志不同、势不两立。相比之下，将可用"我"的地方尽量改为零形回指，自然可以减少说者/听者之间的紧张关系，增加两者之间的共同立场或一致关系。这在进谏时体现得比较明显。《左传》臣下向君上进言时，提及说者本身时或者是使用"吾""臣"之类的谦称，或者是直接使用零形回指，很少高频使用"我（单数用法）"。

有时说者言及自身某些不光彩的行动时，也会使用零形回指来达到避讳的效果。例如：

(67)潘崇曰："能事诸乎？"曰："不能。""能行乎？"曰："不能。""能行大事乎？"曰："能。"（文1.7）

该例六句引语内的主语，其所指都是时为太子的商臣。之所以都用零形式，是因为这一系列对话是商臣在和潘崇秘密谋划弑君（即楚成王）。

再看《左传》用零形回指称听者的用例。有时，说者倾向于少用第二人称代词来指称听者，是为了减少给对方带来的冒犯感，同时也能减少说者与听者之间的对立性。这体现在很多谏言上。例如：

(68)"夏四月，取郜大鼎于宋。戊申，纳于大庙"，非礼也。臧哀伯谏曰："君人者，将昭德塞违，以临照百官，犹惧或失之，故昭令德以示子孙。是以清庙茅屋，大路越席，大羹不致，粢食不凿，昭其俭也。衮、冕、黻、珽，带、裳、幅、舄，衡、紞、纮、綖，昭其度也。藻、率、鞞、鞛，鞶、厉、游、缨，昭其数也。火、龙、黼、黻，昭其文也。五色比象，昭其物也。钖、鸾、和、铃，昭其声也。三辰旂旗，昭其明也。夫德，俭而有度，登降有数，文、物以纪之，声、明以发之，以临照百官。百官于是乎戒惧而不敢易纪律。今Φ灭德立违，而Φ寘其赂器于大庙，以Φ明示百官。百官象之，Φ 其又何诛焉？国家之败，由官邪也。官之失德，宠赂章也。郜鼎在庙，章孰甚焉？武王克商，迁九鼎于雒邑，义士犹或非之，而况 Φ 将昭违乱之赂器于大庙，其若之何？"公不听。（桓 2.2）

该例臧哀伯在批评鲁桓公的行为时，其实有 5 处主语说的是鲁桓公，但都全部采用零形回指。又如：

(69) 赵同、赵括欲战，请于武子，武子将许之。知庄子、范文子、韩献子谏曰："不可。吾来救郑，楚师去我，吾遂至于此，是迁戮也。Φ 戮而不已，Φ 又怒楚师，战必不克。Φ 虽克，Φ 不令。Φ 成师以出，而 Φ 败楚之二县，Φ 何荣之有焉？Φ 若不能败，Φ 为辱已甚，Φ 不如还也。"乃遂还。（成 6.11）

该例知庄子等三人在劝阻赵武子许战行为时，"戮而不已"以下其实都是在提醒作为主帅的赵武子应该何作何为，却不用一个第二人称代词，甚至连"吾子"这样的敬称也不用，而是运用零形回指故意伪装成是在陈述包括说者、听者在内的"我们"应该采取什么行动。如此一来，既可以降低批评和阻止听者行为给听者带来的不快情绪，又可以尽量展现说者与听者的一致立场。

再看零形回指指说者/听者之外实体的例子。比如在上举《郑伯克段》中，郑庄公在答复祭仲、公子吕时，都没有直接提及共叔段，而是全部使用零形回指。其中"多行不义必自毙""厚将崩"之类言说方式，通过模糊所指给人一种泛言普遍道理之感，从而大大降低了所言说内容的具体性和特指性。这显然是作者为了彰显当时郑国各方讳言共叔段的微妙时局。

综上，《左传》零形回指的交际功能，主要体现在与第一、第二人称代词的对比上，也体现在与名词回指的对比上：第一、第二人称代词的少用以及零形回指的增用，是为了造成一种指称的模糊性或宽泛性，从而有利于提高说者与听者之间认识和信仰的一致性，减少说者对自身个性的张扬程度，以及降低说者对听者的冒犯色彩；而与名词回指的交替使用，则主要体现在说者对陈述内容的讳言如深。

9.5 小结

通过上述分析可以看出，在制约三种回指形式选用的各种因素中，指称距离和干扰项的作用最大，其次是回指实体的性质，再次是语体和交际原则；至于先行语位置和延续性，则几无影响。

对于任一语篇，其篇章回指形式可以遵循以下选用模型来分析：

首先是确定语体。叙事语体只需考虑 ZA 和 NA 的选用；评说体和对话体则还需要考虑 IA 的选用。

其次是确定回指对象的性质。新实体基本选用名词语，旧实体则可在 IA 和 ZA 中进行选择。若旧实体为抽象事理，则优先选用 IA，距离大于 1 时只能选用 IA；若旧实体不是抽象事理，则优先选用 ZA。

再次考虑指称距离，以指称距离 3 为临界点。$D \geq 4$ 时，NA 是无标记形式，ZA 是有标记形式，需要语篇有明显的语段界限标志（如句法结构或语段结构的平行，韵律结构的整齐化，中心动词的重复，等等）。$1 \leq D < 4$ 时，ZA 是无标记形式，特别是 $D = 1$ 先行语为主语时。

再次考虑干扰项，$1 \leqslant D < 4$ 时，若干扰项无法排除，则必须选用 NA。

最后考虑交际原则。$1 \leqslant D < 4$ 时，出于礼貌原则，可选用 NA 来标识尊卑。

至于《左传》零形回指的功能，则可概括如下：从概念功能角度看，零形回指是用于标识高可及语篇实体的低指别度指称形式；从语篇功能角度看，零形回指是语篇高连贯度的标志，并且只用于表征旧信息；从人际功能看，零形回指的增用，或者是为了体现说者对所陈述内容的讳莫如深（相对于名词回指），或者是旨在提高说者与听者之间认识和信仰的一致性，减少说者对自身个性的张扬程度，降低说者对听者的冒犯色彩（相对于第一、第二人称代词）。

第 10 章　结语

本文基于动词配价理论来确定《左传》所存在的篇章零形回指(ZDA),并且在 ZDA 释义方面也将动词配价视为最为基本的词义 - 句法信息;而在量化描写《左传》ZDA 篇章分布时,则主要采用话题连续性理论,并以层级结构理论和可及性理论作为补充。

第 4 章详细讨论了上述理论框架的确立过程。在这一理论框架内,第 5 章对《左传》12273 例 ZDA 的总体分布进行了描写和分析,重点是量化统计其指称距离、先行语句法位置和潜在干扰。第 6 章着重描写分析了其中的转化话题类 ZDA,分析零形话题转换的实现条件和制约要素,并以《左传》远距离 ZDA 为基础对可及性理论再次进行检讨。在上述研究基础上,第 7 章进一步探讨了《左传》ZDA 的释义机制,重点是分析先行语的搜索顺序、范围和方式,并根据《左传》ZDA 语例的分布情况,构建了《左传》的 ZDA 释义模型;第 8 章以个案研究的方式,重点分析了《左传》存在歧解的 ZDA 用例。第 9 章则拓展研究范围,比较了《左传》零形回指、代词回指、名词语回指三种回指形式,探讨《左传》回指形式的选用机制。

通过第 5—9 章的描写和分析,我们得到了如下考察结果:

1.《左传》ZDA 可分类如下(括号内为用例数):

- ZDA(12273)
  - 间接回指(51)
  - 直接回指(12222)
    - 合指(190)
    - 单指(12032)
      - 先行语为小句或小句组合(938)
      - 先行语为词语(11094)

上述各类 ZDA 的语例分布可图示如下：

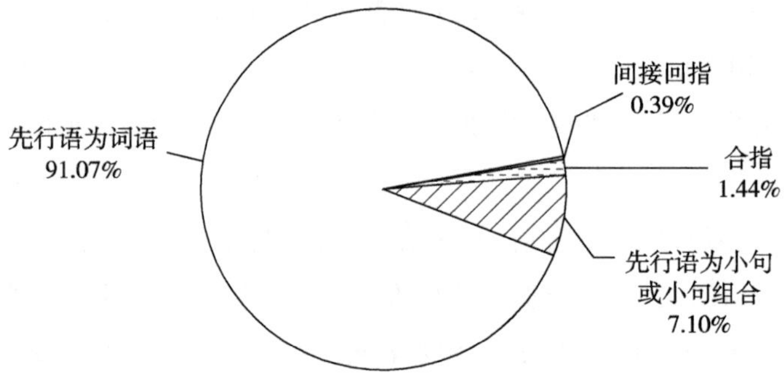

图 10－1　《左传》各类 ZDA 的语例分布图

根据上述统计来看,《左传》绝大多数 ZDA 用例(91.07%)都属于先行语为词语的单指类直接回指。毫无疑问,这些用例是本文研究对象的主体部分。但同时我们也注意到,《左传》ZDA 有 0.39% 的用例属于间接回指,这表明,间接回指也可以选用零形式,并非如王军(2013)所言的“绝无仅有”。结合王军的研究成果,我们认为间接回指在选用回指形式上存在以下优先序列:名词语 > 代词 > 零形式。此外,我们还注意到:《左传》有 7.10% 的 ZDA 用例,其先行语是小句或小句组合;与之相反,《左传》指示代词回指却有近一半用例的先行语是小句或小句组合。这类回指大致相当于回指研究学界所谓的“抽象回指”。这表明,《左传》抽象回指的回指语虽然以指示词语(指示代词或含指示代词的短语)为常,但也可以采用零形式。而熊学亮、刘东虹(2007)在研究英语和汉语抽象回指时,都忽略了回指语为零形式的情形。

2. 就先行语为词语的用例(11 094 例),我们详细考察了其先行语的句法位置、指称距离,以及潜在干扰。考察结果表明:

1)先行语为主语的用例最多,占11094例的86.79%,占绝对优势;其次是先行语为宾语的用例,占9.52%;先行语在旁语、定语、子句主语、述宾短语的用例总共只占3.69%。根据用例数来看,《左传》ZDA先行语所占据的句法位置构成如下优先序列:主语 > 宾语 > 旁语 > 定语 > 子句主语 > 述宾短语。而在现代汉语方面,相应序列却是主语 > 定语 > 宾语。(石艳华,2014:113、114、132、133、148、149、150)古今汉语的差异在于,《左传》回指语为定语的ZDA用例不仅低于宾语,甚至还低于旁语。而且在这些用例中,定语一般都是表示领属关系的有生词语,且很多用例使用的都是指示代词“其”。这又从另一个侧面表明,《左传》ZDA指向定语位置的先行语,实际上是一种较为受限的用法。相比之下,在现代汉语中,“主语位置上的领格(领属)名词在延续话题方面的地位仅次于主语,表现为,后续句常常承前定语而省。”(方梅,2005)为何古今汉语会有这个差异?是否跟语料选择相关?这是一个值得进一步研究的问题。

2)在指称距离方面,距离越近,零形回指使用频率越高。先行语为小句或小句组合的ZDA(共938例),D=1的用例共934例,D=2的用例3例,D=6的用例1例。这表明用ZDA来回指事件或事理,指称距离很受限制,基本只能用于邻近回指,所占比重高达99.57%。英语情况类似,D=1的篇章抽象回指有77.14%(根据熊学亮、刘东虹(2007)的数据计算所得)。相比之下,先行语为词语的ZDA在指称距离上的要求要宽松得多,其中D=1的用例占85.78%,D=2的用例占11.36%,两者共占97.14%。D=3的用例1.90%,三者合计占99.04%。不过,ZDA要实现远距离分布,对先行语句法位置有一定要求:当D≥4时,先行语基本占据主语或宾语位置(定语位置仅1例)。

3)在潜在干扰方面,潜在的干扰越少,零形回指的使用频率越高。《左传》ZDA的潜在干扰值基本分布范围是0≤潜在的干扰≤1,其中64.40%分布在G=0的篇章,G=1的用例占22.63%,两者相加,所占比重为87.03%。G>1的ZDA用例只有382例,占12.97%。

3.《左传》ZDA直接用于回指前一句主语S(Ui-1)的用例共计8 259例,占74.45%。这说明,ZDA的基本功能还是用于标识话题连续性。但《左传》ZDA也有相当比例(25.55%)的用例用于主语转换的情形。因此,《左传》ZDA实际上兼有现代汉语零形回指和第三人称代词回指的功能。之所以出现这种情况,显然与《左传》中第三人称代词不发达有密切关系。对于这些零形转换话题的用例,我们进行了专章考察和讨论,基本结论是:

1)《左传》零形话题转换分为新话题的设立(SNT)和旧话题的回归(ROT)两大类,其实现条件主要有三:一者V(Ui-1)或者具有启后性,或者与V(Ui)之间存在词义对立或语义特征对立;二者篇章结构层次有限制,或者Ui与Ui-1之间存在并列或解说关系;或者核心动词重现;或者句法结构的平行;三者篇章语境及百科知识得足够帮助排除干扰找到先行语。

2)两类零形话题转换共有的制约因素主要有二:一者转换后的话题在篇章中有明确的回指对象;二者话题显著度高,或者是在小句占据主语和宾语(微观层面的显著),或者所指篇章实体是篇章叙述或议论的主要人物(宏观层面的显著)。SNT类零形话题转换另外还有两个重要的制约因素:一是指称距离,约87%的用例为D=1;二是潜在干扰,原则上不超过2个。

3)就长距离ROT类零形转换来看,伴随着指称距离的扩大和由此所导致的干扰项数的增加,先行语的显著性并没有明显提高。由此可见,Ariel可及性理论的第二、第三因素其实在可及性判定与零形回指使用中并没有明显作用。若综合考虑近距离和远距离ZDA,篇章结构分析应该视为零形回指解读的前提,篇章宏观结构和语段界限的明晰性,以及语段之间各组成部分的对应性和平行性,是远距离篇章零形回指得以便捷准确解读的重要保证。

4. 基于《左传》ZDA在先行语、指称距离、干扰项的总体分布,我们分析了《左传》ZDA释义的基本问题,构建了如下的ZDA释义模型:

1)基于动词配价确定Ui存在篇章零形回指(ZA)。

2)根据Ui动词语义特征,确定Ui-1和Ui-2中的潜在先行语:

2a)若潜在先行语有且只有1个,则释义完成;

2b)若潜在先行语有多个,则运行第三步;

2c)若潜在先行语0个,则运行第四步。

3)根据Ui、Ui-1、Ui-2动词的语义关系及各自论元的匹配关系进行筛选,一般按照S(Ui-1)>S(Ui-2)>O(Ui-1)>O(Ui-2)>A(Ui-1)>A(Ui-2)的序列,依次对上述句法位置上的潜在干扰进行排除——若谓语动词构成对立关系，则优先考虑S(Ui－1)之外的句法位置：

3a)若最后只剩一个合格的成员，则释义完成；

3b)若潜在干扰不能全部排除，则继而运用其他语义－句法信息；

3c)若经过3b)还不能排除，则继而动用语用信息和百科全书知识；

3d)若经过3c)还不能排除，则按照S(Ui－1)>S(Ui－2)>O(Ui－1)> O(Ui－2)>A(Ui－1)>A(Ui－2)的序列进行优选，同时参照整个篇章的话题连续性，选择连续性最高的解读方案。

4)启动层级分析，在确定语段关系之后，只对语段交接处(即语段头一小句或末一小句)进行搜索，具体步骤重复第二步和第三步，直至确定唯一的先行语或回指对象为止。

5. 基于《左传》篇章零形回指的分布规律和选用机制，我们在功能语言学的框架内对零形回指的概念功能、语篇功能和人际功能进行了讨论，认为：从概念功能角度看，零形回指是用于标识高可及语篇实体的低指别度指称形式；从语篇功能角度看，零形回指是语篇高连贯度的标志，并且只用于表征旧信息；从人际功能看，与第一、第二人称代词的少用相比，零形回指的增用是为了造成一种指称的模糊性或宽泛性，从而有利于提高说者与听者之间认识和信仰的一致性，减少说者对自身个性的张扬程度，以及降低说者对听者的冒犯色彩；与名词回指的少用相比，零形回指的增用主要体现说者对陈述内容的讳言如深。

6. 本文还特意分析了古人在阅读《左传》时产生歧解的5个零

形回指用例,认为产生歧解主要不是因为干扰太多,而是因为:《左传》经常出现转换所指的零形回指;文献记录形式中缺乏标识句界的符号;解读者的句法分析和篇章分析有误。我们认为,引进现代句法学和篇章学的分析方法,《左传》零形回指歧解用例基本可以达到定解,排歧步骤如下:

1)排除句法组合上无法成立的解读。

2)当各种解读均符合句法时,再根据零形回指分布特点(第一种篇章信息)来预测哪种解读更有可能是正确的。

3)分析零形回指歧解句和本篇章中哪些句子存在照应关系(第二种篇章信息);以及归纳该句在整本《左传》的篇章使用环境(第三种篇章信息)。

4)如果只有一种解读在句法上成立并且得到上述三种篇章信息的支持,那么排除歧解工作完成;反之,如果至少有两种解读符合上述条件,则需要进一步借助语义知识和百科知识来加以解决。

7. 通过对比《左传》三种回指形式的分布(其中与名词语回指对比时还区分了不同语体),我们认为,在制约回指形式选用的各种因素之中,指称距离和潜在干扰的作用最大,其次是回指实体的性质,再次是语体和交际原则;至于先行语位置和延续性,则几无影响。而对于任一语篇的任一篇章位置,其回指形式可以遵循以下步骤来选用:

1)确定语体。叙事语体只需考虑ZA(零形回指)和NA(名词语回指)的选用;评说体和对话体则还需要考虑IA(代词回指)的选用。

2)确定回指对象的性质。新实体基本选用名词语,旧实体则可在IA和ZA中进行原则。若旧实体为抽象事理,则优先选用IA,

距离大于 1 时只能选用 IA；若旧实体不是抽象事理，则优先选用 ZA。

3）考虑指称距离，以指称距离 3 为临界点：

3a）$D \geqslant 4$ 时，NA 是无标记形式，只有在语篇有明显语段界限标志（如句法结构或语段结构的平行，韵律结构的整齐化，中心动词的重复，等等）时，才可以选用 ZA。

3b）$1 \leqslant D < 4$ 时，ZA 是无标记形式，特别是 $D = 1$ 先行语为主语时。只有在以下两种情形之下，才选择 NA：或者潜在干扰无法排除，或者出于礼貌原则，选用 NA 来标识尊卑。

当然，本文也有一些不足之处：一是层级分析中没有充分关注不同修辞关系对零形回指使用的影响；二是理论建构时没有充分吸收中心理论（Centering Theory）的合理部分，只在零形回指功能的分析中有所借鉴。希望以后有机会可以在这两个方面有所改进。此外，非主语位置（尤其是宾语位置）的篇章零形回指如何？句内的零形回指又如何？古今汉语零形回指有何差异？这些都是下一步需要展开的课题，通过这些研究，可以更全面深入地理解古代汉语的零形回指。

参考文献

古籍：

李慈铭．越缦堂读书记[M](申云龙辑)．北京:中华书局,2006.

刘文淇．春秋左传旧注疏证[M].北京:科学出版社,1959.

陆德明．经典释文[M].上海:上海古籍出版社,2013.

阮元校勘本《十三经注疏》．北京:中华书局,1980.

王绍兰．王氏经说[M].见《丛书集成初编》(王云五主编),北京:商务印书馆,1937.

王引之．经义述闻[M].南京:江苏古籍出版社,2000.

徐德明、吴平主编．《清代学术笔记丛刊》[M].北京:学苑出版社,2005.

许慎．说文解字[M](徐铉校订)．北京:中华书局,2013.

于鬯．香草校书[M].北京:中华书局,1984.

俞樾．群经平议[M].见《清经解续编》(王先谦主编)．上海:上海书店,1988.

专著和论文：

曹逢甫著、王静译．汉语的句子与子句结构[M].北京:北京语言大学出版社,2005.

陈平．汉语零形回指的话语解析[J].中国语文,1987(5),363—378.

陈平．话语分析说略[J].语言教学与研究,1987(3),4—19.

陈平．现代汉语语言学研究:理论、方法与事实[M].重庆:重庆出版

社,1991.

陈平．引进・结合・创新——关于国外语言学与中国语言学研究关系的几点思考[J].当代语言学,2006(2),165—173.

陈克炯．左传详解词典[M].郑州:中州古籍出版社,2004.

戴浩一、薛凤生．论汉语普通话的所谓“主宾动”词序——语篇定量研究及其意义[A].功能主义与汉语语法[C].北京:北京语言学院出版社,1994.

丁声树．现代汉语语法讲话[M].北京:商务印书馆,2002(1961).

方经民．现代汉语第三人称代词指称及其语境制约——兼与日语第三人称代词比较[J].语言文字学,2004(12),73—84.

方梅．篇章语法与汉语篇章语法研究[J].中国社会科学,2005(6),165—172.

方梅．汉语篇章语法与汉语篇章语法研究[J].语言文字学,2006(2),60—70.

方梅．由背景化触发的两种句法结构——主语零形反指和描写性关系从句[J].中国语文,2008(04),291—303.

方琰、Mcland,E. 论汉语小句的功能结构[J].外国语,2001(1),42—46.

桂诗春．实验心理语言学纲要[M].长沙:湖南教育出版社,1991.

桂诗春．新编心理语言学[M].上海:上海外语教育出版社,2000.

郭锡良．汉语史论集[M].北京:商务印书馆,2005.

何洪峰．先秦介词“以”的悬空及其词汇化[J].语言研究,2008(10),74—82.

何乐士．左传虚词研究[M].北京:商务印书馆,1989.

何乐士.《左传》范围副词[M].长沙:岳麓书社,1994.

何乐士．汉语语法研究论文集[C].北京:商务印书馆,2000.

洪波．周秦汉语“之s”的可及性及相关问题[J].中国语文,2008(3),304—316.

胡壮麟．小句与复句[A].语言系统与功能[C].北京:北京大学出版

社,1990.

胡壮麟．语篇的衔接与连贯[M]. 上海:上海外语教育出版社,1994.

胡壮麟等．系统功能语言学概论[M]. 北京:北京大学出版社,2005.

黄国文．语篇分析概要[M]. 长沙:湖南教育出版社,1988.

黄南松．论省略[J]. 汉语学习,1995(6),37—41.

姜望琪．主位概念的嬗变[J]. 语言文字学,2008(7),25—32.

蒋平．影响先行词可及性的因素[J]. 外国语,2003(5),43—50.

蒋平．零形回指的句法和语法特征研究[D]. 上海外国语大学博士学位论文,2004.

蒋绍愚．汉语词汇语法史论文续集[M]. 北京:商务印书馆,2012.

卡罗尔(Carroll, D. W.)著、缪小春等译,语言心理学[M]. 上海:华东师范大学出版社,2007.

克里斯特尔·戴维(Crystal, D.)著、沈家煊译．现代语言学词典[Z]. 北京:商务印书馆,1997.

黎锦熙．比较文法[M]. 北京:中华书局,1986.

黎锦熙．新著国语文法[M]. 北京:商务印书馆,1992.

廖秋忠．现代汉语中动词的支配成分和省略[J]. 中国语文,1984(4).

廖秋忠．现代汉语篇章中指同的表达[J]. 中国语文,1986(2),88—96.

廖秋忠．廖秋忠文集[M]. 北京:北京语言学院出版社,1992.

李晋荃．话题连贯和述题连贯[J]. 语言教学与研究,1993(1),100—113.

李临定．语义的隐含性和制约性[A]. 语法研究与探索[C]. 北京:北京大学出版社,1988.

李艳惠．空语类理论和汉语空语类的辨识与指称研究[J]. 语言科学,2007(02),37—47.

李佐丰．先秦汉语实词[M]. 北京:北京广播学院出版社,2003.

刘大祥．汉语零形回指的多视角研究[D]. 四川师范大学,2006.

刘伟．代词隐现的动态解决方案[J]. 外国语,2005(5),24—31.

刘哲．论话语的衔接手段与话语的连贯及语义分层[J]. 解放军外国语学院学报,1994(3),52—56.
陆俭明、沈阳．汉语和汉语研究十五讲[M].北京:北京大学出版社,2005.
吕叔湘．中国文法要略[M].北京:商务印书馆,1982.
吕叔湘．汉语语法论文集[M].北京:商务印书馆,2002(1984).
吕叔湘．汉语语法分析问题[M].北京:商务印书馆,2005(1979).
马建忠．马氏文通[M].北京:商务印书馆,2004(1983).
孟维智．主谓谓语句的范围[A].语法研究和探索[C].北京:北京大学出版社,1984.
苗兴伟．论衔接与连贯的关系[J].外国语,1998(4),44—49.
潘允中．汉语语法史概要[M].河南:中州书画社,1982.
蒲立本著、孙景涛译．古汉语语法纲要[M].北京:语文出版社,2006.
屈承熹著、潘文国等译．汉语篇章语法[M].北京:北京语言大学出版社,2006.
任绍曾．语篇的多维分析[J].外国语,2003(3),35—42.
邵敬敏．"语义价""句法项"及其相互关系[J].汉语学习,1996(4),3—9.
申小龙．语文的阐释——中国语文传统的现代意义[M].沈阳:辽宁教育出版社,1991.
申小龙．中国句型文化[M].沈阳:东北师范大学出版社,1988.
沈阳．现代汉语空语类研究[M].济南:山东教育出版社,1991.
沈阳．现代汉语句法结构中的"隐含型空语类"[A].语言研究与应用[C].北京:北京语言学院出版社,1994.
沈玉成．左传译文[M].北京:中华书局,2008(1981).
施关淦．关于"省略"和"隐含"[J].中国语文,1994(2),125—128.
石艳华．认知激活框架下的汉语篇章回指研究[M].北京:中国社会科学出版社,2014.
宋宏．人称代词语篇回指研究[M].北京:国防工业出版社,2010.
宋柔．汉语叙述文中的小句前部省略现象初析[J].中文信息学报,1992(3),62—68.

宋亚云．汉语从综合到分析的发展趋势及其原因初探[J]．语言学论丛，2006（33）．

孙良明．据历代专书注释语法分析谈高校古代汉语语法教学（上）[J]．语文研究，2008（3），24—30．

孙良明．据历代专书注释语法分析谈高校古代汉语语法教学（下）[J]．语文研究，2008（4），38—46．

王灿龙．现代汉语照应系统研究[D]．中国社会科学院研究生院博士学位论文，1999．

王大方．修辞结构框架下的远距离回指研究[J]．外语与外语教学，2013（1），31—36．

王德亮．汉语零形回指解析—基于向心理论的研究[J]．现代外语，2004（04），350—359．

王德亮．语篇连贯性的量化测量——基于向心理论的研究[A]．见《中国计算语言学研究前沿进展（2007—2009）》（孙茂松、陈群秀主编）[C]．北京：清华大学出版社，2009，280—286．

王德亮．基于向心理论的汉语回指消解研究[M]．北京：外语教学与研究出版社，2011．

王德亮．语篇向心理论研究[M]．北京：外语教学与研究出版社，2015．

王军．英汉语篇间接回指[M]．北京：商务印书馆，2013．

王力．汉语史稿[M]．北京：中华书局，1980．

王力．中国现代语法[M]．北京：商务印书馆，1985（1947）．

王力．汉语语法史[M]．北京：商务印书馆，1989．

王宁．先秦汉语实词的词汇意义与语法分类[A]．第一届国际先秦汉语语法研讨会论文集[C]．长沙：岳麓书社，1994．

王维贤．说"省略"[J]．中国语文，1985（6），409—414．

王艳秋．《儒林外史》句首零形照应研究——兼与《骆驼祥子》句首零形照应比较[D]．浙江大学，2008．

王义娜．指称的概念参照视点：认知语篇学的探索[M]．北京：外文出版

社,2006.

魏培泉．先秦主谓间的助词“之”的分布与演变[J]．台北:中研院历史语言研究所集刊第七十一本,第三分,2002.

翁依琴．汉语零形回指的认知研究[D]．复旦大学博士论文,2006.

乌云赛娜、潘海华,汉语被字句与回指中心过渡关系的研究[J]．Language and Linguistics (语言暨语言学), 15(2) (2014), 265—293.

向熹．简明汉语史[M]．北京:高等教育出版社,1993.

熊学亮．从指代研究看新格赖斯语用学的实用性[J]．外国语,1997(3),13—19.

熊学亮．认知语境的语用可及程度分析[J]．外国语,1999(6),17—23.

熊学亮．英汉前指对比研究[M]．上海:复旦大学出版社,1999.

熊学亮、刘东虹．论证文中抽象实体的回指研究[J]．四川外语学院学报,2007(1),75—79.

徐赳赳、Webster, J. J. 复句研究和修辞结构理论[J]．外语教学与研究．1999(4),16—22.

徐赳赳．现代汉语篇章回指研究[M]．北京:中国社会科学院出版社,2003.

徐赳赳．现代汉语联想回指分析[J]．中国语文,2005(3),195—204.

徐赳赳．关系小句的语法和篇章特征分析[J]．汉语学习,2008(5),3—8.

徐赳赳．现代汉语篇章语言学[M]．北京:商务印书馆,2010.

徐烈炯、刘丹青．话题的结构和功能[M]．上海:上海教育出版社,1998.

许宁云．汉语篇章零回指的解析与生成:一项基于语料的向心研究[M]．上海:上海译文出版社,2010.

许仰民．古汉语语法[M]．开封:河南大学出版社,1988.

许余龙．汉英篇章中句子主题的识别[J]．外国语,1996(6),3—9.

许余龙．语篇回指的认知语言学探索[J]．外国语,2002(1),28—37.

许余龙．语篇回指的认知语言学研究与验证[J]．外国语,2003(2),17—24.

许余龙．篇章回指的功能语用探索[M]．上海:上海外语教育出版社,2004.

杨伯峻．春秋左传注(修订本)[M]．第2版,北京:中华书局,2009.

杨伯峻．文言语法[M]．北京:北京出版社,1962.

杨伯峻．古汉语虚词[M]．北京:中华书局,1981.

杨伯峻、何乐士．古汉语语法及其发展(修订本)[M]．北京:语文出版社,2001.

杨宁．汉语零形回指消解的心理语言学研究[D]．广东外语外贸大学博士学位论文,2008.

杨树达．高等国文法[M]．北京:商务印书馆,1984.

殷国光．《吕氏春秋》低频语法现象考察[J]．清华大学学报(哲社版),2008(1),135—138.

殷国光．《吕氏春秋》词类研究[M]．第2版．北京:商务印书馆,2008(1997).

殷国光．《庄子》动词配价研究[M]．北京:商务印书馆,2009.

殷国光、刘文霞．《左传》篇章零形回指研究——以隐公为例[J]．语文研究,2009(3),6—12.

殷国光、刘文霞、华建光、郑路．《左传》篇章零形回指研究再探讨[J]．语文研究,2013(1),31—37.

曾立英．影响"零形回指"的结构因素[J]．湖北大学学报(哲学社会科学版),2008(3),98—102.

张伯江、方梅．汉语功能语法研究[M]．南昌:江西教育出版社,1996.

张伯江．功能语法与汉语研究[J]．语言科学,2005(06),42—53.

赵诚．甲骨文简明词典——卜辞分类读本[M]．北京:中华书局,2009.

赵大明．《左传》介词研究[M]．北京:首都师范大学出版社,2007.

赵元任．汉语口语语法[M]．北京:商务印书馆,2005.

周法高．中国古代语法(称代编、造句编、构词编)[M]．台北:"中研院"历史语言研究所专刊,1959、1962.

朱德熙．语法讲义[M]．北京:商务印书馆,1982.

朱勘宇．汉语零形回指的句法驱动力[J]．汉语学习,2002(4),73—80.

朱淑华．上古汉语指示代词研究[D]．中国人民大学．2009.

朱永生、严世清．系统功能语言学的多维思考[M].上海:上海外语教育出版社,2001.

Ariel, M. Referring and Accessibility [J], *Journal of Linguistics*, 65-87, 1988 (24).

Ariel, M. *Accessing Noun-phrase Antecedents*[M]. London: Routledge,1990.

Ariel, M. Interpreting Anaphora Expressions: a Cognitive Versus a Pragmatic Approach[J]. *Linguistic*,3-42,1994 (30).

Ariel, M. Referring and Accessibility[J]. *Liguistic*,65-78,1998(24).

Fox, B. A. *Studies in Anaphora*[C]. Amsterdam: John Benjamins Publishing Company,1984.

Fox, B. A. *Discourse Structure and Anaphora Written and Conversational English* [M]. Cambridge: Cambridge University Press, 1987.

Chen, P. *A Discourse Analysis of Third Person Zero Anaphora in Chinese*[D]. UCLA, 1984.

Chen, P. *Referent Introducing and Tracking in Chinese Narratives* [D]. UCLA,1986.

Coulthard, M. *An Introduction to Discourse Analysis*[M]. 2nd ed. London: Longman,1985.

Farmer, A. K. & Harnish, R. M. Communicative Reference with Pronouns. In J. Verschueren & M. Bertuccelli-Papi (eds.) *The Pragmatic Perspective.* Amsterdam:John Benjamins. 547-565,1987.

Brown, G. & Yule, G. *Discourse Analysis* [M].北京:外语教学与研究出版社,2000.

Just, M. A. & Carpenter, P. A. A Theory of Reading: From Eye Fixzations to Comprehension[J]. *Psychological Review*,87,329-354,1980.

Keenan, E. L. & Comrie, B. Noun Phrase Accessibility and Universal Grammar[J]. *Linguistic Inquiry* 8. 63-99,1977.

Li, C. N. & Thompson, S. A. Third-person Pronouns and Zero Anaphora in Chinese Discourse. [A] In T. Givón (ed.) *Syntax and Semantics* (vol. 12) [C]. New York : Academic Press, 299-344, 1979.

Tao, L. Topic Discontinuity and Zero Anaphora in Chinese Discourse: Cognitive Strategies in Discourse Processing [A]. In Barbara Fox (ed.) *Studies in Anaphora* [C]. Amsterdam: John Benjamins Publishing Company, 487-513, 1996.

Mao, C. M. *Zero Anaphora in Zuozhuan Discourse*[D]. UMI, 2003.

Halliday, M. A. K. & Hansan, R. *Cohesion in English*[M]. 北京:外语教学与研究出版社, 2006.

Mann, W. & Thompson, S. A. *Rhetorical Structure Theory: Describe and Construction of Text Structure.* ISI Reprint Series (ISI/RS-86-174), 1986.

Mann, W. & Thompson, S. A. *Rhetorical Structure Theory: A Theory of Text Organization.* USC Information Sciences Institute. Technical Report (ISI/RS-87-190), 1987.

Miller, G. A. The Magical Number Seven, Plus or Minus Two: Some Limits on Our Capacity for Processing Information, *Psychological Review*, 63, 81-97, 1956.

Pu, M. M. Zero Anaphora and Grammatical Relations in Mandarin[A]. In T. Givón (ed.). *Grammatical Relations a Functionalist Perspective*[C]. Amsterdam: John Benjamins Publishing Company, 281-322, 1997.

Tai, J. H-Y. Anaphoric Constraints in Mandarin Chinese Narrative Discourse [A]. In John Hinds (ed.) *Anaphora in Discourse*[C]. Edmonton: Linguistic Research Inc, 279-338, 1978.

Givón, T. *Topic Continuity in Discourse: A Quantitative Cross-Language Study* [M]. Amsterdam: John Benjamins Publishing Company, 1983.

Givón, T. *Grammatical Relations: A Functionalist Perspective*[C]. Amsterdam: John Benjamins Publishing Company, 1984.

Givón, T. *Syntax and Semantics*[C]. London: Academic Press, 1979.

Huang, Y. *Anaphora: A Cross-Linguistic Approach* [M]. London: Oxford University Press, 2000.

Huang, Y. *The Syntax and Pragmatics of Anaphora: A Study with Special Reference to Chinese* [M]. London: Cambridge University Press, 1994.

后记

本书是国家社科基金项目“〈左传〉篇章零形回指研究——基于配价语法理论和篇章语言学理论”的最终成果。该项目 2011 年立项,2017 年结项,历时 6 年之久。在该成果即将问世之际,有必要对该项目的展开过程做一个简短的回顾。

本项目的立项基础是刘文霞的博士学位论文《〈左传〉篇章零形回指研究》,该论文对于本项目的立项、本项目的研究、以及本项目的完成,都功不可没。

本项目在重新全面审视刘文的基础上,对刘文的理论框架、语料标注、研究方法、研究内容等方面,均做出了重大调整和更新,最终结论亦有突破。简述如下:

1. 理论框架的完善

篇章零形回指研究需要分两个步骤:一是确定存在零形回指及其先行语、回指对象;二是运用相关理论对零形回指的分布规律进行量化描写和分析。刘文已针对第二阶段构建了以话题连续性理论为基础、辅以可及性理论和层级理论的理论框架。而在本项目中,我们深感第一步的操作偏差会极大影响第二步研究结果的可信度和有效性。因此,我们结合之前研究《庄子》动词配价的研究经验,致力于构建基于动词配价理论的零形回指句法 - 语篇分析框架,通过最大限度地利用动词配价信息来保证零形回指及其先行语、回指对象确定过程的客观性和准确性。当然，本项目对第二阶段的理论框架也有调整，具体包括三个方面：一是引入语篇向心理论对零形回指的语篇衔接功能进行了量化分析，弥补了连续性理论的不足（9.4.2）；二是基于《左传》远距离回指用例对可及性理论进行了更进一步的检讨（6.5）；三是将层级理论主要限制在远距离回指用例的分析中，从而减少了很多不必要的描写工作。

2. 基本概念的调整及语料的重新标注

影响篇章零形回指量化分析的另一大因素就是小句、语段之类语篇概念的界定。刘文基本是以句法标准来界定语篇小句，碰到一些棘手的句子（如"而"字句、"曰"字句），则根据具体情况临时设立一些处理方法。在本项目中，我们试图提出一个界定小句的统一标准。为此，我们决定重新审视语料标注，重点围绕一些疑难标注来展开讨论。在这一过程中，不断困扰我们的是，在纷繁复杂的语料面前，问题层出不穷，我们不得不根据语料标注的经验，多次修改小句、语段等语言单位的界定标准，然后再应用新的标准重新加以标注。可在新一轮的标注过程中，我们又会遭遇一些新的问题，其中很多语例都需要进行专门研究才能确定其标注原则。就这样来回反复，我们花了一年多的时间，才完成了重新标注语料的工作，为项目的各项量化研究提供了可靠的数据。与此同时，我们也逐渐形成了一个兼顾语音（前后自成一读、被语音停顿隔开）、功能（具有表述性、至少含有一个主谓结构）和结构（句法独立性）的小句界定，以此来切分《左传》所有语篇，从而保证了具体操作的可行性和一致性。最终，我们基于动词配价确定了《左传》所有主语/兼语位置的零形回指，共计 12 273 例，与原博士论文的 10 629 例相比，新增了 1 644 例，在此基础上一一标注这些语例的先行语位置、先行语语义、指称距离、层级数、潜在干扰项、延续性等参数。

3. 研究方法和研究内容的变化

在确定理论框架和标注完语料之后,我们分头展开了具体研究。在研究方法上,本项目继承了刘文量化分析的基本方法,同时在多个层面加大了个案分析的力度:词语和小句层面的个案分析如7.4.2对常见连词和副词的量化分析,以及散见的对高频动词句(如"问"字句、"曰"字句、"许"字句、"请"字句)的分析;语篇层面的个案分析主要见于第9章,尤其体现在零形回指和名词回指的对比研究上。之所以有这一研究方法上的调整,主要是担心量化统计如果过分强调研究对象的同质性,就容易遮蔽一些更为隐蔽的规律,因而希望通过个案分析来尽量挖掘一些只在更微观层面起作用的规律。

在研究内容方面,本项目保留了刘文对《隐公》及《左传》整本书回指分布的量化分析,但有所深化,重点分析了回归旧话题和设立新话题的功能和制约因素,专门讨论了回指距离大于3的远距离旧话题回归类零形回指例;新增了三个全新议题,分别是零形回指的释义机制和选用机制,零形回指的功能,以及零形回指的歧解现象;二是对原有议题进行了拓展和深化。

4. 结论的拓展和深化

刘文对《左传》篇章零形回指已经有比较全面仔细的考察,有一些很有价值的结论。本项目在此基础上又有所拓展和深化,主要表现在:

在篇章零形回指的分布方面,刘文已有比较细致的描写,本项目则重点分析了其中的间接零形回指和远距离零形回指,认为:间接回指也可以选用零形式,并非如一些学者所言的在各语言中"绝无仅有”,远距离零形回指的使用条件是,篇章宏观结构和语段界限的明晰性,以及语段之间各组成部分的对应性和平行性。

在篇章零形回指释义和选用方面,刘文已全面提到了各种制约因素(如句法结构、篇章结构、语义信息、语用特征、百科知识等),本项目则进一步厘清了释义和选用的区别,分析了上述制约因素的权重,构建了《左传》篇章零形回指释义模型和选用模型。

至于篇章零形回指的功能,刘文已分析了其替代功能和衔接功能。本项目则进而在功能语言学的框架内有所细化,逐一分析了篇章零形回指的概念功能、语篇功能和人际功能。

本书是集体合作的成果。分工大体如下:

殷国光为本项目的主持者,参与了本书文稿的总体设计、问题研讨以及文稿的修改、审定工作。

华建光执笔:第1、2、6、7、8、9章;

刘文霞执笔:第1、2、3、4、5章;

郑路执笔:第2、3、5、6章。

闫华博士为本项目的成员之一,参与了项目的论证、理论框架的构建等工作,亦为本项目的研究做出了贡献。

最后,诚挚感谢徐赳赳教授、潘海华教授在本项目研究过程中所给予的指导和帮助,他们的宝贵意见和建议使我们获益匪浅;感谢国家社科基金、大连理工大学科研专项基金对本项目的研究和本书的出版所给予的资助。也诚挚感谢商务印书馆对本书的出版所给予的支持,感谢本书的责任编辑宿娟女士所付出的一切辛劳。没有他们的支持,本书的问世是不可能的。

借鉴当代的语言学理论,去观察、描写古代汉语的语言现象,并力图揭示其背后的规律,这是一个长期的课题,任重道远;本书以《左传》为例,在这方面做了初步的尝试,希望能够引起学界同仁的关注。果真如此,于愿足矣。

由于笔者的学识有限,本书尚留下不少遗憾,一些相关问题还有待于做进一步探讨,其不完备、不成熟原在意料之中,错误和疏漏亦固所难免,恳切希望得到学界前辈和同仁的批评指正。

2018 年 6 月